복음은 어떤 식으로 교회라는 새로운 삶의 터전을 만들어 가는 것일까? 가령 로마 제국의 고린도라는 도시에서 바울이 선포했던 예수 복음은 어떤 식으로 교회 즉, 에클레시아를 만들어 냈을까? 본서는 공간과 시간, 그리고 의례라는 세 겹의 시선으로 에클레시아를 바라볼 것을 제안한다. 당시 사회가 제공하던 다양한 삶의 공간들 내에서 예수를 믿었던 에클레시아는 어떤 식으로 그 나름의 복음적 공간을 형성해 갔을까? '그리스도 안'이라는 새로운 실존은 기존의 시간을 어떻게 변형시켜 경험하게 했을까? 그리고 공동체 내의 독특한 복음적 의례들은 이렇게 변혁된 공간과 시간을 어떻게 매개할 수 있었을까? 이 삼중의 질문에 대한 답을 찾아내고 하나로 모으면서, 저자는 1세기 로마 제국 속 고린도에서 메시아의 복음이 만들어 낸 에클레시아의 역동을 매우 생생하게 그려낸다. 본서를 천천히 읽다보면 복음이 빚어내는 교회의 모습에 대해 이전보다 더욱 선명한 그림을 그릴 수 있을 것이다. 교회가 무엇인가를 묻는 위기의 시기에, 올바른 교회를 열망하는 모두에게 좋은 대화 상대자가 되리라 생각한다.

권연경 교수
숭실대학교

우리는 본서의 저자인 정동현이라는 신약학자를 주목할 필요가 있다. 정동현 교수는 이미 해외 학계에서 많은 업적을 이루었고, 바울에 관한 국제적인 토론에도 활발하게 참여하고 있다. 본서는 고린도전서에 대한 하나의 중요한 밑그림을 그리며, 공간, 시간, 의례라는 관점에서 통찰력 있게 조망한다. 또한 고린도의 교회가 세상과 구별된 공간이라는 점을 부각시키며, 의례가 교회 곧 하나님의 신전을 어떻게 형성하며 경계를 설정하는지 논한다. 그리고 "그리스도 안"이라는 바울의 표현이 하나의 공간이며 동시에 새로운 시간성을 나타낸다는 것을 통찰력 있게 제시한다. 저자는 고린도전서와 바울에 관한 최신의 자료들을 사용하고, 1차 자료들도 능숙하게 활용한다. 본서는 고린도전서에 대한 많은 오해들을 교정해줄 뿐 아니라, 향후의 토론을 위한 중요한 발판을 마련한다. 본서를 통해서 독자들은 고린도전서의 핵심을 새롭고 명료하게 파악할 수 있을 것이다.

김규섭 교수
아신대학교

난해 본문이 많은 고린도전서를 공간, 의례, 시간이라는 렌즈로 참신하고 일목요연하게 읽어 낸 책이다. 그리스도 안에서 새롭게 태어난 공간인 에클레시아, 그 에클레시아 안에 질서와 경계와 정체성을 부여한 의례(와 의례 해석), 그리고 에클레시아 안에 흐르는 질적으로 다른 시간성과 단축된 시간, 이 세 요소로 직조한 캔버스에 그려진 바울의 교회론은 생생하고 입체적이다. 본서가 고린도전서 본문 이해에 입각해 한국 교회 현실을 날카롭게 지적하는 지점은 소중하다. 한국 연구자들의 연구물을 적극적으로 인용하고 해외의 수많은 연구를 성실하게 소화한 각주가 백미이다. 본서 『건축자 바울』의 저자 정동현 박사 자신도 지혜로운 건축자로 불릴 만하다.

김선용 박사
독립연구자

바울은 건축가다. 믿음의 공동체를 세우는 일이 그의 필생의 사명이었다. 바울이 처음부터 완전한 도면을 가지고 있었던 것은 아니다. 오히려 도면은 없는데 문제는 많았다. 실제로 고린도전서는 수많은 문제들을 우리에게 들려준다. 세례, 계층 갈등, 남녀의 차이, 재정 지원, 음란한 이들의 처리, 부활에 대한 혼란 등…. 바울은 그 문제들을 다루면서 고민하고 길을 찾아가며 성도들과 대화한다. 때로는 얼버무리고, 때로는 윽박을 지르면서. 그리고 그 과정에서 교회가 무엇인지, 어떤 현실적인 목표를 가지고 성도들과 소통해야 하는지, 그리고 어떻게 세상과 적절한 경계를 세워야 시대를 외면하지 않을 수 있는지를 배워갔다. 본서는 저자가 이 과정을 들여다 보며 씨름한 기록이다. 21세기의 실존을 떠나지 않으면서, 1세기의 상황으로 깊이 들어가는 책이다. 무엇보다 그 모든 자료들을 활용하여 본문과 직접 씨름하고, 자신의 논지를 쌓아가는 저자의 뚝심이 돋보인다. 복잡다단한 문제들을 다루면서 일관되게 "그리스도 안"의 삶과 "교회 안"에 사는 삶의 소망을 설득해 나갔던 바울의 뚝심과 닮았다. 슬기로운 건축가 한 명을 만난 기쁨과 그가 앞으로 지어갈 집에 대한 기대를 심어준 책이다.

박영호 목사
포항제일교회

의례와 시공간이라는 주제를 다루는 저자의 학문적 탁월함은 영문으로 출간된 그의 박사 학위 논문에서 이미 잘 드러났다. 저자가 이

번에는 같은 화두를 가지고 한국의 독자들과 대화의 문을 열었다. 본서는 의례의 정체성 형성 기능(자기지시적 메시지)과 윤리적 기능(규범적 메시지)이 고린도 교회의 시공간을 어떻게 형성했는지를 잘 보여준다. 에클레시아, 신전(성전), 경계, 몸, 세례, 은사, 젠더 등 다양한 주제에 관한 논의가 모두 흥미진진하지만, 그 가운데서도 우상에게 바쳤던 음식의 문제를 다루는 제4장에서 저자의 관점이 지닌 해석적 유용성이 특히 더 빛난다. 저자는 단순히 자신의 생각을 한글로 풀어내는 것에 그치지 않고 한국 성서학자들의 논의를 함께 인용해가며 해석자의 삶의 자리와 결합된 학문적 대화를 시도한다. 그것은 이 책의 프롤로그가 잘 보여주듯, 성서 해석에 그 자신의 정체성을 담기 위한 시도의 일환으로 보인다. 그가 자주 사용하는 표현을 빌리자면 본서는 한국적인 것과 서구적인 것을 둘러싸고 이루어지는 "끊임없는 민족적, 언어적, 제의적, 공간적, 경계적, 사회계층적 정체성 협상 과정"의 일부이다. 내가 보기에 본서에서 보여준 저자의 면모는 구성주의 역사가에 가깝다. 앞으로 계속되는 "협상" 과정에서 저자의 삶의 자리가 그의 성서 해석을 어떻게 규정하며 확고하게 자리잡아가게 될 지 기대가 크다.

안용성 목사
그루터기교회

한국의 자랑스러운 신학자 정동현 교수의 국내 첫 작품이다. 『건축자 바울: 공간, 시간, 의례』를 통해 신학적으로 탁월하고, 신앙적으로 겸손하며, 인간적으로 따뜻한 정동현 교수를 만날 수 있었다. 본서를 통해 배운 바가 크지만 지면의 한계상 세 가지만 언급하도록 한다. 첫째, 본서는 고린도전서의 교회론을 새로운 관점으로 이해하도록 돕는다. 신학의 범주를 통해 서신서에 접근하는 다수의 학자와는 달리 저자는 바울의 텍스트가 제시하는 공간, 시간, 의례의 범주를 사용해 고린도전서에 다가간다. 본인의 방법론이 학계의 절충주의와 자신의 특정한 관점을 융합한 것임을 밝힌 저자는 자신이 소개하는 독법이 고린도전서를 바라볼 수 있는 여러 관점 중 하나라고 설명한다. 그가 제시하는 방법에 따라 그려지는 고린도 교회는 세상과 분리되는 경계를 가지고 있지만 동시에 세상을 품는 성스러운 공동체이다. 본서의 첫 장부터 마지막 장까지 일관되게 흐르는 저자의 방법론은 전문적이고 신중한 자료 사용법이 무엇인지를 보여주는 모범 답안과도 같다. 둘째, 본서는 바울이 알던 고린도와 오늘날의 독자가 안다고 짐작하는 고린도가 사뭇 다를 수 있다는 점을 상기시켜 준다. 따라서 우리는 우리의 고린도를 잠시 내려놓고 바울의 고린도를 먼저 배워야 한다. 저자는 적절한 방법론을 사용하여 세밀하게 바울의 고린도를 복구한다. 그의 복구 작업은 학자의 탁월함과 신중함, 그리고 겸손함을 모두 보여준다. 셋째, 본서는 바울을 통해 독자의 신학과 신앙을 돌아보게 한다. 바울에 관한 전통은 바울이 "로마의 시민권자"요, "길리기아 지방의 다소 사람"이라고 밝힌다. 그러나 "바울 서신에 그려진 바울은 정작 떠돌아다니는 존재, 곧 집도 조국도 없는 존재"처럼 나타난다. 바울은 "계속해서 길 위에 있었던" 나그네였다.

하지만 저자는 "기억이 머무는 곳, 그곳이 집, 고향"이라고 말한다. 그리고 "어디를 가든지, 바울은 그리스도라는 공간과 시간 안에 있었"기 때문에 "그리스도가 바울의 집"이었다고 말한다. 바울의 육신은 늘 떠돌아다녔지만, 그의 영혼은 항상 고향에 있었다는 의미이다. 이러한 사유는 오늘을 사는 우리가 지금 어디에 있는지를 살피도록 이끈다. 우리는 지금 어디에 있는가? 우리의 기억은 예수님 안에 머물고 있는가? 우리의 집과 고향은 정말로 예수님인가? 정교한 신학의 바탕 위에 남겨진 섬세한 신앙의 질문은 우리를 깊은 사색에 잠기게 한다. 『건축자 바울』에는 위에 언급한 부분 외에도 주옥같은 내용이 많이 들어있다. 학자들에게는 신중하게 자료를 사용하는 방법을 보여주고, 일반인들에게는 그동안 잘못 알고 있던 고린도에 대한 정보를 바로잡아 준다. 또한 성도들이 바울이 사랑한 고린도 교회를 이해하고, 바울이 사랑한 예수님을 사랑하도록 돕는다. 이처럼 귀한 책이 탄생했다는 점은 가히 기쁘고 즐거운 일이 아닐 수 없다. 바울을 사랑하고, 바울이 사랑한 교회를 사랑하고, 바울이 사랑한 예수님을 사랑하는 모든 성도에게 기쁘게 추천한다.

이상환 교수
미드웨스턴침례신학대학원

성실하고 세심한 학자가 자신만의 독특한 관점을 가지고 고린도전서를 해석한다면, 어떤 책이 나올까? 독자 앞에 놓인 본서가 이 질문에 대한 모범 답안 중 하나다. 저자는 본서에 고린도전서와 고대 세계에 대한 최근 중요한 논의를 성실하게 담았을 뿐만 아니라, 거기에 본문을 자신만의 시선으로 이리저리 살펴보며 신중하게 주석한 내용을 덧입혔다. 특별히 "교회(에클레시아)란 무엇인가"라는 질문과 씨름하며, 바울이 이해한 그리스도, 시공간, 의례, 경계, 관계, 정체성, 몸 등의 상관 관계를 오밀조밀하게 엮어 흥미진진하면서도 묵직한 이야기로 풀어 놓았다. 바울이 이해한 교회나 고린도전서에 대한 심화 연구를 이 책으로 시작해도 좋을 것이다.

정은찬 교수
장로회신학대학교

건축자 바울: 공간, 시간, 의례

Paul the Builder: Space, Time, and Ritual in 1 Corinthians

정동현 지음
Donghyun Jeong

1. 한국어 역서를 인용한 경우를 제외하면, 외국어 서적이나 논문에서 인용한 문장은 필자의 사역입니다.

2. 성경 인용은 개역개정판을 기준으로 했습니다. 다른 역본을 사용하거나 사역을 한 경우에는 따로 표시를 했습니다.

3. 그리스어 단어는 원어의 알파벳이나 영어의 음역을 쓰는 대신, 한글로 음역하고 굵은 글씨로 표기했습니다(예: οἰκοδομή나 *oikodomē*가 아니라 **오이코도메**로 표기).

4. 특정한 절에 나오는 그리스어 동사를 언급할 경우, 사전형이 아니라 부정사형을 사용했습니다(예: 고전 8:1에서 **오이코도메오**가 아니라 **오이코도메인**). 그리고 그리스어 명사나 명사구를 언급할 경우, 주격으로 꼴을 전환하여 인용했습니다(예: 1:20에서 "세상"에 해당하는 명사를 인용할 때, **코스무**가 아니라 **코스모스**).

5. 그리스어나 라틴어로 된 고대 지명이나 인명은 가급적 해당 언어의 발음 체계를 따라 한글로 음역해서 표기했습니다(예: 어거스틴이 아니라 아우구스티누스). 그러나 개역개정에서의 인명/지명 표기 방식이 널리 알려진 경우, 개역개정을 따랐습니다(예: 코린토스가 아니라 고린도).

6. 흔히 "교회"로 번역되는 그리스어 단어 **에클레시아**를 음역 그대로 사용하거나, 문맥에 따라 "(고린도)공동체", "제의 그룹", "하나님의 신전", "회중", "회합", "조합" 정도의 표현으로 유연하게 지칭했습니다.

1세기 중엽 고린도에 있는 이방인 출신 그리스도 신자들에게 쓴 한 편지에서 바울은 스스로를 "지혜로운 우두머리 건축자"에 빗대었습니다(고전 3:10). 바울이 자기 호칭으로 자주 사용하는 "사도"나 "그리스도의 노예"에 비하면 이례적인 용어입니다. 저는 이 건축자라는 흔치 않은, 그러나 흥미로운 은유를 출발점으로 삼아 고린도전서 읽기를 시작해 보려 합니다. 물론 바울은 다양한 표현으로 자기 자신과 공동체, 그리고 하나님의 일하심을 표현했기에, "건축자 바울"은 바울이라는 세계의 한 부분일 뿐입니다.

고린도전서에서 건축 이미지는 바울 자신을 묘사하는 것에만 국한되지 않았습니다. 그것은 수신자들을 향한 권면의 중요한 요소였습니다. 바울은 자신의 다른 편지에서는 매우 드물게 사용했던 "짓다", "건축하다"라는 의미의 동사인 **오이코도메인**을 고린도전서에서 여섯 차례 사용했습니다(고전 8:1, 10; 10:23; 14:4[두 번], 17). 완성된 건물, 혹은 건축 과정을 가리키는 명사인 **오이코도메** 역시 고린도전서와 고린도후서에 집중적으로 사용되었습니다.

바울이 나무나 돌을 손에 들고 건물을 쌓은 것은 아닙니다. 바울은 자신의 사역을 건축의 은유를 통해 표현했던 것입니다. 은유는 단순한 장식이 아니라, 언어가 작동하는 기본 방식입니다. 건축자 바울이 쌓은 것은 눈에 보이는 물리적 건물 못지 않게 실제적입니다. 바울은 자신이 기초를 놓았다고 말하며, 다른 이들이 여러 재료로 그 위에 건물을 지었다고 말합니다. 또한 수신자들 역시 사랑이나 은사로서 그 건물을 올바로 세우는 데 기여해야 합니다. 이들은 도대체 고린도에서 무엇을 짓고 있었던 것일까요? 바로 하나님의 영이 거하는 집, 하나님의 신전(고전 3:16)이라 불리는 교회 공동체일 것입니다.[1]

바울이 공동체를 세우고 있었다는 이 포괄적인 진술 안에 들어 있는 세부적 측면을 조금 더 들여다 보는 것이 이 책의 목표입니다. 저는 급진적 구성주의자는 아니지만, 실재가 언어를 통해 구성된다는 개념에 대체로 동의합니다. 저는 본서에서 고린도의 신자들을 향한 바울의 텍스트가 그들의 공간과 시간을 어떻게 구성하는가에

---

[1] 더 범위를 확장해서 생각해 본다면, 초기 기독교 전체가 하나의 "기호 언어"이자 "역사의 과정 한가운데에서 건립된 '기호론적 건축물'"이라고도 볼 수 있습니다. 게르트 타이쎈, 『기독교의 탄생: 예수 운동에서 종교로』, 박찬웅, 민경식 옮김(대한기독교서회, 2018), 59. 그러나 저는 1세기 중엽에 고린도의 특정한 신자들을 위해 기록된 바울의 텍스트의 건축 활동을 주로 분석하려 합니다.

초점을 맞추려 합니다. 그리고 바울이 해석해서 제시하는 의례가 그 시공간의 구성에 있어서 어떤 역할을 하는지도 살펴보려 합니다. 어떤 면에서, 이것은 고린도전서의 교회론에 관한 책이라고도 할 수 있습니다. 그러나 저는 일부러 신학의 범주들이 아니라 다른 범주들, 곧 공간, 시간, 의례라는 안경을 착용하고 고린도전서에 입장합니다.

공간, 시간, 그리고 의례를 각각 전문적으로 다루는 학자들의 연구는 방대하며, 그러한 이론들을 성경 해석과 연결시키는 학자들의 논의를 덧붙인다면, 참고 문헌 목록은 끝없이 늘어날 것입니다. 본서는 특정한 종류의 사회과학 이론을 날카롭게 가다듬어 성경의 몇 몇 본문을 면밀히 분석하기보다는, 공간, 시간, 의례에 관한 상이한 이론들의 통찰을 부분적으로 취사선택하여 고린도전서 전체 해석에 활용했습니다. 저는 방법론적 절충주의(eclecticism)가 꼭 부정적인 것이 아니라는 웨인 믹스의 말에 위로를 받습니다. 실은 어떠한 단일한 접근방식도 1세기 텍스트를 완전히 해독하거나, 그 뒤에 존재하는 사회사의 전모를 밝히는 열쇠가 되지는 않습니다. 믹스는 이렇게 말했습니다. "정보는 절대로 충분하지 않으며, 우리가 가지고 있는 정보도 해석하기 어려울 때가 종종 있다. … [그들의] 이야기를 하나로 모으는 일은 결국 과학보다 예술에 가깝다."[2] 저는 그 다채로운 물감 중 일부를 고린도를 그리기 위한 제 팔레트에, 그 다성

---

2   웨인 믹스, 『1세기 기독교와 도시 문화: 바울 공동체의 사회 문화 환경』, 박규태 옮김(IVP, 2021), 18-19.

적인 목소리 중 일부를 고린도 로드트립을 위한 제 플레이리스트에
담아 보았습니다.

이 책의 고린도전서 읽기는 저의 특정한 관점이 반영된 읽기입
니다. 비록 저의 성경읽기가 제가 지닌 정체성의 총합으로 환원되
는 것은 아니지만, 미국 텍사스 대도시에 체류하는 외국인 지식 노
동자, 불완전한 영어를 쓰는 한국어 화자, 남성, 이성애자, 기혼자,
두 자녀의 아버지, 장로교인, 목사, 신학교 교수와 같은 복합적인 정
체성은 제 성경읽기의 관점에 어떤 방식으로든 영향을 미칩니다.
고린도전서를 읽고 바울을 이해하려 하면서, 저는 흐릿한 거울에
비친 것과 같은 제 자신의 모습을 보는 것일지도 모릅니다.[3] 그러나
이 사실을 인정하는 것은 성경읽기를 좌절시키는 것이 아니라, 오
히려 성경읽기가 계속되어야 함을, 즉 성경읽기가 끊임없이 새로워
져야 함을 일깨워 줍니다.[4] 우리의 해석은 늘 잠정적이며, 성경읽기

---

3   Shirley C. Guthrie, *Christian Doctrine*, 50th Anniversary Edition (Louisville: WJK, 2018), 11에서 적실하게 지적하듯, 우리는 성경을 읽으면서 자기 자신의 이미지에 부합하는, 그리고 자신이 이미 가진 신념에 부합하는 하나님을 찾는 경향이 있습니다. 거스리는 이렇게 말합니다. "비열한 이들은 흔히 성경에서 비열한 하나님을 발견하며, 피상적인 이들은 흔히 성경에서 피상적인 하나님을 발견한다. 편안한 삶을 사는 힘 있는 이들은 흔히 성경이 자신의 사회적, 정치적 보수주의를 지지하고 있음을 발견한다. 가난하고 착취당한 이들은 흔히 성경이 사회적, 정치적 개혁 혹은 혁명을 지지하고 있음을 발견한다."

4   저는 개혁주의 전통에 뿌리를 내리고 있는 한 사람의 장로교인으로서 이야기를 합니다. 개혁주의 전통은 우리의 제한적인 복음 이해, 하나님 이해를 계속해서 "업데이트"할 것을 요구합니다(Guthrie, *Christian Doctrine*, xv와 18).

의 참 열매는 답이 아니라 그 과정에 있습니다. 이 책 역시 그렇게 잠정적인 해석의 여정에서 남긴 스케치입니다. 기독교인 독자들은 고린도전서를 읽으며 바울을 통해, 바울과 함께, 그리고 바울을 거슬러 하나님의 말씀을 듣습니다.

　본서가 특정한 순간의 한 개인의 읽기를 담고 있지만, 그와 동시에 모든 성경읽기 과정은 독방의 개인에게 주어져 있지 않고 해석의 공동체 안에서 이루어집니다. 제가 인식하지 못하는 순간에도 저는 다른 이들과 대화하며 해석합니다. 먼저, 학계의 다른 학자들이 제게는 해석 파트너들입니다. 또한 교회의 성도와 학교의 학생들 역시 저에게 해석의 공동체입니다. 이분들과 함께 특정한 시간에 특정한 공간에서 성경을 읽고 해석하는 것은 그 자체로 하나의 의례이기도 합니다. 저는 2019년에 애틀랜타중앙교회에서 한 학기 과정으로 교인들과 고린도전서 성경공부를 진행했습니다. 또, 2020년 봄학기(에모리대학교)와 2023년 가을학기(오스틴 장로교신학교)에 석사과정 학생들에게 고린도전서 주석을 가르쳤습니다. 공동체와의 해석의 의례를 통하여 저는 고린도전서의 공간과 시간 안에 더 머물 수 있었습니다.

　저는 책상 앞에서 글을 읽거나 쓰는 일 외에는 대체로 할 줄 아는 것이 없는 부족한 사람입니다. 사랑의 빚을 지고 있는 가족과 친구들, 학우들, 그리고 한국과 미국에서 가는 곳마다 저와 제 가족을

　성경해석 역시 마찬가지입니다. 개혁주의 신앙/신학은 역사 속 특정한 시점의 복음 이해나 교리적 진술을 반복하는 것에 국한되지 않습니다.

돌보아 준 교회 공동체들에게 사랑의 마음을 전합니다. 학문을 계속해서 할 수 있도록 가르치고 이끌어 주신 장신대와 예일, 에모리의 선생님들께 깊이 감사드립니다. 이 책을 쓸 수 있도록 자리를 만들어 주신 「도서출판 학영」의 이학영 대표님께도 감사의 마음을 전합니다.

2024년 여름,
정동현

AB	Anchor Bible
ANRW	*Aufstieg und Niedergang der römischen Welt*
ARS	*Antigüedad, Religiones y Sociedades*
Bib	*Biblica*
BT	*Bible Translator*
BTB	*Biblical Theology Bulletin*
BZNW	Beihefte zur Zeitschrift für die neutestamentliche Wissenschaft
EKK	Evangelisch-Katholischer Kommentar zum Neuen Testament
HTR	*Harvard Theological Review*
HUT	Hermeneutische Untersuchungen zur Theologie
JBL	*Journal of Biblical Literature*

JR	*Journal of Religion*
JSNT	*Journal for the Study of the New Testament*
JSPL	*Journal for the Study of Paul and His Letters*
JTS	*Journal of Theological Studies*
KJCS	*Korean Journal of Christian Studies* (한국기독교신학논총)
NICNT	New International Commentary on New Testament
NIGTC	New International Greek Testament Commentary
NTS	*New Testament Studies*
PNTC	Pillar New Testament Commentary
R&T	*Religion & Theology*
RevExp	*Review and Expositor*
WUNT	Wissenschaftliche Untersuchungen zum Neuen Testament
ZNW	*Zeitschrift für die neutestamentliche Wissenschaft*

| 목 차 |

여호와가 또 네게 이르노니

여호와가 너를 위하여 집을 짓고 ….

내가 네 몸에서 날 네 씨를 네 뒤에 세워

그의 나라를 견고하게 하리라.

그는 내 이름을 위하여 집을 건축할 것이요.

사무엘하 7:11-13 (개역개정)

이 예수는 집 짓는 사람들 곧 여러분에게 버림을 받았지만

모퉁이의 머릿돌이 되신 분입니다.

사도행전 4:11 (공동번역)

나는 하나님께서 나에게 주신 은혜를 따라,
지혜로운 건축가와 같이 기초를 놓았습니다.
그런데 다른 사람이 그 위에다가 집을 짓습니다.
그러나 어떻게 집을 지을지 각각 신중히 생각해야 합니다.
아무도 이미 놓은 기초이신 예수 그리스도 밖에
또 다른 기초를 놓을 수 없습니다.

고린도전서 3:10-11 (새번역)

그 때에 나는 보좌에서 큰 음성이 울려 나오는 것을 들었습니다.
"보아라, 하나님의 집이 사람들 가운데 있다.
하나님이 그들과 함께 계실 것이요,
그들은 하나님의 백성이 될 것이다."

요한계시록 21:3 (새번역)

| 프롤로그: 사담(私談), 서울에서 오스틴까지 |

나는 공간과 시간, 의례에 관한 개인적인 이야기로 책을 시작한다. 내가 누구인지는 내가 고린도전서를 어떻게 읽는지와 결코 무관하지 않다. 독자들도 자신의 삶에서 공간과 시간, 의례가 어떻게 엮여 있는지 떠올려 본다면, 본서를 더 의미 있게 읽을 수 있으리라 생각한다.

서울 토박이인 내가 떠나온 서울을 떠올릴 때, 나는 정확한 축척으로 반듯하게 인쇄된 지도를 생각하지 않는다. 내 머릿속에서 구성된 서울의 평면은 지하철 2호선, 5호선, 6호선을 따라서 곡선 또는 직선으로 이어진 몇 개의 크고 작은 점이다. 다른 노선에 위치한 지역은 물리적 거리와 관계 없이 내게는 먼 장소다. 내 고향 서울을 생각할 때 나는 내가 살았던 동네와 그 거리, 친숙한 건물과 지형의 입체감을 생각한다. 이 장소와 경로에서 몸을 움직여가며 만난 사람들과 나눈 이야기, 일어났던 사건들, 날씨, 소리, 냄새, 음식, 촉감,

복합적인 감정 같은 것들이 어렴풋하게 뒤섞인 기억을 떠올린다. 또한 서울은 시간을 담은 장소다. 그 시간은 내가 경험한, 그리고 내 기억의 공간에서 재배열된 시간이다. 추억은 보정되기 마련이다.

아버지는 젊은 시절에 통합교단 청년회전국연합회(장청) 활동을 하셨다고 했다. 어릴 때 자주 아팠던 내가 엄마의 손에 이끌려 병원을 갈 때면 신촌 거리엔 매캐한 최루탄 냄새가 가득했다. 교회 목사님은 대학에 가서 소위 "사회과학 서적"에 세뇌되어 세상을 흑과 백으로 보지 말라고 당부했다. 그러나 대학생이 되어 신촌에 도착했을 때 혁명의 시간은 많은 신입생들에게는 지나간 열차와 같았다. 대강당에서 노래패가 민중가요를 부르거나 문과대 선배들이 교문 너머로 메이데이 행진의 의례를 할 때만 그 시간성이 발을 끌고 나타났다. 그 행진의 의의를 잘 이해하지 못한 나는 백양로 안에서만 걷다가 옆으로 샜고, 학과 사람들 대신 동아리 친구들이나 교회 친구들과 어울렸다. 흑과 백을 나누는 선은 독재자와 민중, 혹은 자본가와 노동자가 아니라 세상과 교회 사이에 그어져 있었다.

신대원생이 되고 나서 첫 사역을 했던 곳은 장위동에 있는 교회였는데, 그 주변은 재개발로 인한 기대감과 저항이 교차하는 지역이었다. 골목에는 마을의 어제와 내일이 뒤섞여 있었고, 교회에서는 재개발에 발맞추어 부흥하기 위해 뜨겁게 부르짖어 기도했다. 결혼후 아내와 세 들어 살았던 첫 번째 장소는 서울 동남쪽 끝자락에 있었는데, 이제는 아마 아파트 재건축으로 인해 전혀 다른 동네가 되었을 것이다. 귀가하는 길에 이유식에 쓸 작은 고기 한 덩어리를 사기 위해 시장통 정육점에 가던 걸음이 생생하다. 허공을 지나는 천호대교와 땅 밑을 지나는 5호선은 강 이북에 있는 나의 신학교 및 교회와 강 이남에 있던 집을 최단거리로 이어주었다. 나는 "광나루" 장신대를 다니면서도, 누군가에게 나루가 어떤 의미였을지 생각해 본 적이 없다.

영어 단어 home은 집과 고향, 양쪽 모두를 뜻한다. "고향은 '내가 태어난 자리'나 '내가 살던 자리'로 가장 잘 이해되는 곳이 아니다. 고향은 기억이 '머무는'housed 곳이다."[1] 미국에서 내 기억이 처음 머물렀던 고향은 코네티컷주의 뉴헤이븐이라는 소도시였다. 그곳에서 학문을 하는 법을 배웠고, 둘째가 선물처럼 태어났으며, 아무것도 없는 유학생 가정을 따뜻하게 돌보아준 분들을 만났다. 조지아주 애틀랜타에 살았던 시간이 훨씬 길어지면서 기억이 머무는 장소가 달라지기 시작했다. 새롭게 알아가는 친구들의 집이나 교회 공동체, 아이들 학교나 식료품점과 같은 장소가 늘어날 때마다 낯

---

1 조너선 스미스, 『자리 잡기: 의례 내의 이론을 찾아서』, 방원일 옮김(이학사, 2009), 72. 스미스는 향수 문학 및 몇몇 철학자들, 인문지리학자들 가운데 발견되는 노스탤지어적인 "고향 자리"(home place)를 비판한다. 집/고향이라는 자리는 지난 세기의 공간 담론에서 매우 중요한 역할을 했다. 체험 공간의 중심에 있으며 단단하게 뿌리를 내릴 수 있는 "집"이라는 장소를 강조하는 볼노브의 이론, 집으로 대표되는 장소애와 장소의 변증법을 탐구한 바슐라르의 이론, "낯선 공간이 어떻게 근린(neighborhood)으로" 바뀌며, "집이나 고향과 같은 친밀한 장소가 어떻게 형성되는지"를 분석한 투안의 이론 등에 대한 유용한 요약으로는 안용성, 『현상학과 서사 공간: 성서의 이야기 공간에 대한 현상학적 고찰』(새물결플러스, 2018), 151-185, 213-222를 참고하라.

선 공간은 나의 공간으로 바뀌었다. 간혹 타주를 방문했다가 돌아오면서 "조지아에 온 것을 환영합니다"라는 고속도로 표지판을 보면 내비게이션을 조용히 끄곤 했다. 아직도 몇 십 마일을 더 가야 하는 길 위에서 나는 이미 집에 와 있었다.

그러나 내가 집이라 여기던 곳, 내가 붙잡았다고 생각하는 장소는 늘 손가락 사이로 빠져 나간다. 팬데믹이 한창이던 2021년, 애틀랜타에 있는 한 스파에서 총기난사가 일어나 여섯 명의 아시안계 미국인 여성들이 비극적으로 목숨을 잃었다. 소수 인종을 향한 혐오와 편견이 갖는 힘은 파괴적이었다. 그리고 미국 시민도 아닌 나의 경우, 매일의 삶은 나의 효용성과 정당성에 대한 증명의 절차와 다름 없었다. 학교를 옮기게 되어 주를 바꿀 때마다 새로 만드는 운전면허증은 미국 체류를 위한 신분 서류에 나온 기간 만큼만 유효하다. 미국 정부에게 나는 학생비자로 돈을 쓰며 공부하던 백만 명의 외국인 학생 중 하나였고, 이제는 취업비자를 가지고 노동하는 수십만 명의 외국인 노동자 중 하나다.

텍사스로 거주지를 옮긴 이후 우리 가족은 뉴멕시코주에 있는 국립공원으로 여행을 간 적이 있는데, 그곳은 미국-멕시코 국경과 가까운 곳이다. 국립공원 바로 앞길은 국경이 아님에도, 서류미비자를 색출하기 위한 국경순찰대의 검문소가 자리잡고 있다. 그들은 주로 백인이 아닌 유색인종에게만 서류를 요구하므로, 나는 나를 증명할 서류를 여행 짐에 덧붙이고, 협조적으로 웃는 얼굴을 준비했다. 여기서 태어나고 자란 아시아계 미국인들에게도 "영원한 외국인"(perpetual foreigner)이라는 고정 관념이 늘 따라다니는 미국 사회에서, 나는 자의로든 타의로든 나의 인종적, 민족적 정체성에 관한 질문을 하게 된다. 나는 누구이고 여기는 어디인가? 이곳은 나의 영구한 집인가? 여기는 누구의 장소인가?

나는 오스틴 시내에서 북쪽으로 20마일 떨어진 위성 도시에 사는데, 집 근처에는 "옛 정착자 대로"(Old Settlers Boulevard)라는 도로가 있다. 그리고 한 블럭을 내려가면 "털보 길"(Hairy Man Road)이라는 이름이 붙은 도로가 나온다. 이 마을의 역사를 설명하는 한 라디오 프로그램에서, 200년 전 초창기 정착자들과 얽힌 이 길의 전설을 들은 적이 있다. 불어 오르는 시냇물을 피하다가 홀로 무리에서 이탈해 길을 잃은 아이가 문명과 떨어진 채로 생존하기 위해 분투하다가 "털보", 곧 일종의 늑대인간과 같은 존재가 되었다는 이야기다. 정착자들이 자연을 개척하면서 경험했던 이 마을의 풍경은 지금 사방으로 뚫려 있는 포장도로를 자동차로 지나면서 내가 보는 풍경과 다를 것이다.

그리고 이러한 정착자들이 조성하기 시작했던 풍경과는 또 다른 풍경의 역사가 있다. 유럽에서 온 이주민들이 북미 대륙에 도착하기 전, 이 땅에 살던 다양한 원주민들이 있었다. 그러나 이 원주민들이 자신들의 땅과 본래 맺고 있었던 오랜 관계는 유럽 이주민들이 도착한 이후 대부분 파괴되거나 망각되었다.[2] 오스틴 중앙 지역

---

2   오늘날 북미에는 이러한 과오를 뉘우치고 원주민들의 토지를 다시 인정하려는 사회적 움직임이 있으며("land acknowledgement"라고 부른다), 원주민들

의 쇼올 시냇가 산책로(Shoal Creek Trail)에는 독특한 형태로 구부러진 나무들(Comanche marker trees)이 있다. 방향을 가리키는 이정표의 역할을 했던 그 표식은 그 장소에 오랫동안 살았던 원주민들의 삶의 풍습을 상기시켜 준다. 쇼올 시냇가 산책로는 내가 일하는 신학교의 서쪽 1마일 지점에서 남쪽으로 구불거리며 뻗어 있고, 다시 거기로부터 동쪽으로 1마일 정도를 가면 텍사스주 청사 건물이 시내 한 가운데 웅장하게 솟아 있다.

둘째가 다니는 초등학교에서는 아이들이 미국 국기에 대한 충성의 맹세(Pledge of Allegiance)를 한 후, 텍사스 주기(州旗)에 대해서도 경례를 한다.[3] 두 가지 의례 모두 하나님의 가호 아래 하나 된 상상의 공동체를 호명한다. 이제 중학생인 첫째에게, 초등학교 시절 아침마다 충성의 맹세를 할 때 무슨 생각을 했었는지 물은 적이 있다. 첫째는 농담처럼, "나의 Americanness(미국인 다움)을 증명하기 위해 옆의 애보다 더 크게 외쳤다"고 대답했다. 나는 길을 가리키기 위해 땅을 향해 나무를 구부렸던 쇼올 시냇가의 주민들을 떠올렸다. 그들은 미국인이 아니었다. 그 조상들의 시간은 몇몇 나무의 자리에 머문

이 살았던 지역들의 범위를 시각적으로 재구성한 웹사이트도 있다(https://native-land.ca). 각 부족의 땅의 범위들은 오늘날 캐나다, 미국, 멕시코의 국경, 혹은 그 안에 세부적으로 나누어진 주의 경계들과는 전혀 다른 모습으로 나타난다.

3   그 문구는 다음과 같다. "텍사스 기에 경의를 표하세요. 나는 그대를 향해, 곧 하나님 아래서 하나인 주(州), 하나이자 불가분한 텍사스를 향해 충성을 맹세합니다(Honor the Texas flag; I pledge allegiance to thee, Texas, one state under God, one and indivisible)."

다. 출퇴근 시간마다 차로 가득 찬 이 도시는 누군가의 고향이었다. 동일하지만 다른 의미로 구성된 공간에서, 내 아이들은 미나리처럼 자란다.

이러한 개인의 경험을 가지고 나는 고린도전서라는 텍스트로 눈을 돌린다. 그리스도를 믿는 고린도 공동체의 공간적 특성과 그 공간의 질서는 무엇인가? 그 공간에서 수행되는 의례는 무엇이며 그것은 어떠한 경합과 도전과 협상과 규범화의 과정을 거치는가? 의례가 빚은 이 공간은 어떠한 시간성을 나타내며, 그것은 고린도 신자들에게 어떤 의미가 있는가?

1부_의례가 만든 공간

우리는 주의 움직이는 교회
이곳은 주님을 위한 자리
나의 노래로 주님의 성전을 지으리
두 손 들어 주님의 보좌를 만들고
온 맘 다해 경배하리

김현철, "우리는 주의 움직이는 교회"

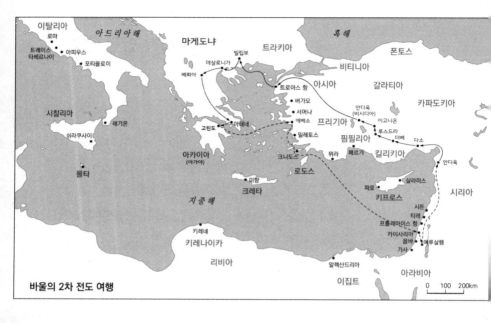

바울의 2차 전도 여행

바울의 3차 전도 여행

© 강산 2024

고린도와 에베소

고린도는 오늘날 신약성경의 독자들에게 친숙한 지명이다. 고린
도는 바울의 선교 여행의 중요한 거점이었다. 사도행전의 여행기록
에 따르면 바울은 데살로니가와 아덴(아테네)을 거쳐 남하하여 고린
도에 도착했다(행 18:1). 바울은 다른 이민자들과 함께 생업에 종사하
면서, 몇몇 선교 동역자들에게 합류하여 "예수는 그리스도"라고 전
파했다. 1년 6개월(행 18:11), 혹은 그 이상의 "상당한 시간"(행 18:18, 개역
개정에서는 "더 여러 날")을 고린도에 머물렀던 바울은, 다른 지역에서도
활동을 이어갔다. 사도행전은 단 한 번도 바울을 편지 저술자로 묘
사한 적이 없다. 그러나 신약 정경에는 바울의 편지들이 보존되어
있다. 바울은 고린도를 떠난 후에 여러 통의 편지를 고린도의 그리

스도 공동체와 주고 받았다.[1] 우리가 읽고 있는 고린도전서는 바울이 에베소에 머무는 동안 오순절을 앞두고(고전 16:8) 발송한 편지일 것이다. 고린도 재방문 계획의 수립과 취소, 수정을 반복했던 바울은(고전 16:5-9; 고후 1:15-24; 12:20-13:1), 어느 시점에는 결국 고린도를 재방문한 것 같다. 로마에 있는 그리스도 공동체를 향한 바울의 편지는 고린도 근방 겐그레아 교회 지도자였던 뵈뵈를 통해 발송되었기 때문이다(롬 16:1-2). 우리는 바울의 편지들 및 사도행전이라는 텍스트로 이루어진 불투명한 창문으로 고린도의 윤곽을 더듬고자 한다.

고린도의 지리적 특성을 살펴보자. 고대 고린도는 그리스 남부 펠로폰네소스 반도와 그리스 본토를 잇는 좁은 통로인 이스트모스에 인접해 있었고, 레카이온과 겐그레아(롬 16:1)라는 두 항구를 각각 북쪽과 동쪽에 끼고 있었다. 고린도만을 접한 레카이온에서 서쪽으

---

[1] 고린도전서는 바울이 고린도에 있는 신자들에게 쓴 여러 통의 편지 중 하나다. 고린도전서 5:9에서는 고린도전서보다 앞서서 바울이 고린도의 신자들에게 보냈던 편지가 언급되고, 고린도후서 2:3-4 및 7:12에서는 고린도후서를 쓰기 전에 바울이 보냈던 편지가 언급된다. 이 편지들은 우리에게 전해지지 않는다. 이것을 감안해 보면 바울은 최소 네 편의 편지 - 1) 고린도전서 5:9에 암시되었으나 이제는 유실된 편지, 2) 고린도전서, 3) 고린도후서 2:3-4와 7:12에 암시되었으나 이제는 유실된 편지, 4) 고린도후서 - 를 고린도에 보냈을 것이다. 고린도후서가 여러 편의 편지의 묶음이라고 보는 입장을 따른다면("파편 가설"), 실제 편지 개수는 이보다 더 늘어난다. 특정한 파편 가설에 대한 찬/반 입장이 고린도후서 해석에 절대적인 영향을 끼치지는 않는다. 나는 마가렛 미첼의 입장을 따라, 고린도전서는 통일성 있는 하나의 편지라고 생각한다. Margaret M. Mitchell, *Paul and the Rhetoric of Reconciliation: An Exegetical Investigation of the Language and Composition of 1 Corinthians* (Louisville: WJK, 1993).

로 가는 배를 타면 이오니아해를 통해 이탈리아로 갈 수 있고, 사로니코스만을 접한 겐그레아에서 동쪽으로 가는 배를 타면 에게해를 통해 소아시아로 갈 수 있었다. 그리스의 남북을 연결하는 좁은 통로에 위치해 있으면서 양쪽으로 항구를 끼고 있던 고린도는, 펠로폰네소스 반도의 남단을 크게 선회하며 겪는 항해의 위험과 비용을 감축해 주는 교통의 요지였다. 사람들은 한쪽 항구에서 짐을 내려서 디올코스라고 불리는 포장도로로 이송하고, 반대편 항구에서 다른 배에 짐을 싣곤 했다. 이러한 지리적 이점 때문에 고린도는 상업과 무역이 융성한, 경제적으로 부유한 도시였다(스트라본, *Geography* 8.6.20). 물론 도시의 부유함과 그 도시 사람들 개개인의 상황은 항상 동일하지는 않다(오늘날 뉴욕이 세계에서 가장 부유한 도시 중 하나라고 해서, 뉴욕의 모든 사람들이 부자인 것은 아니다). 바울이 고린도의 신자들을 향한 편지들에서 수신자들의 다양한 사회경제적 상황을 암시하는 말을 한 것은 (예: 고전 1:26; 4:8; 고후 8:14) 고린도의 이러한 지리적, 경제적 특성에 비추어 볼 때 흥미로운 상상을 자아낸다.

역사적 자료를 좀 더 찾아보자. 고린도전서의 수신자들이 살고 있었던 고린도는 주후 1세기 로마 속주 중 하나인 아가야(아카이아)의 주도였다. 학자들은 바울이 살던 시대의 고린도를 흔히 로마령 고린도(Roman Corinth)라고 부른다. 물론 주후 1세기 지중해 세계의 대부분이 로마 제국의 직, 간접적 영향력 아래 있었음을 생각하면 일견 이 수식어가 불필요해 보인다. 그러나 이 용어는 고대 고린도의 긴 역사 속에서 로마 시대 고린도의 특징을 구분하기 위한 장치다. 옛 그리스의 고린도는 주전 146년에 로마 장군 무미우스의 군대에 의해 폐허가 되고, 약 100년 후인 주전 44년에 율리우스 카이사르에 의해 로마의 식민지로 재건되었다. 그리스어로 말하고 편지를 쓰던 유대인 바울이 활동하던 때는 이 새로운 로마령 고린도가 세워지고 나서도 근 100년 가까이 지난 시점이었다.

로마령 고린도는 다양한 문화가 섞인 장소였다.[2] 한편으로는, 여전히 그리스어와 그리스 문화가 도시에 남아 있었고 고린도 인근의 옛 주민들의 후손은 맥이 끊기지 않았다. 학자들은 스트라본(*Geography* 8.6.23)이나 파우사니아스(*Description of Greece* 2.1.2)의 기록을 근거로 무미우스가 고린도를 파괴한 시점으로부터 카이사르가 그곳을 로마 식민지로 재건하기까지 약 100년의 기간 동안 고린도가 사람이 살지 않는 폐허로 남아 있었다고 여겼다. 그러나 최근 연구에 따르면 그 기간 동안에도 중요한 신전들을 포함하여 몇몇 건축물들의 구조가 남아 있었고, 고린도에 계속 사람이 거주했다는 증거도 있다.[3] 다른 한편, 로마령 고린도는 새로운 이들로 북적였다. 로마의

---

2 공간을 연구하는 학자들은 장소(place)와 공간(space), 그리고 그와 관련된 용어들을 다양하게 정의한다. 존 애그뉴의 정의 방식을 따르자면, 장소는 대체로 구체적인 위치(location)와 현장(locale), 그리고 장소감(sense of place)이 동반된다. 반면, 공간에 관해 이야기할 경우에는 위치와 현장을 적시하기 어려운 종류의 공간, 곧 물질성이 결여되어 있는 공간을 포함하여 이야기하는 것이 가능하다. 안용성, 『현상학과 서사 공간』, 276-281. 본서에서 나는 확장된 의미에서의 공간을 주로 탐구한다.

3 Donald Engels, *Roman Corinth: An Alternative Model for the Classical City* (Chicago: University of Chicago Press, 1990), 16; Nancy Bookidis, "Religion

식민지가 된 후 이주해 온 퇴역군인, 상인, 해방노예 등이 그 공간의 의미를 새로 쓰고 있었다. 그리스어와 라틴어의 이중언어적 상황 속에서, 특히 라틴어로 적힌 비석/기념비는 해당 인물의 로마적 정체성을 선전하고 로마적인 공간을 구성하는 효과가 있었다. 그리스적인 것과 로마적인 것을 둘러싸고 이루어지는 끊임없는 민족적, 언어적, 제의적, 공간적, 경제적, 사회계층적 정체성의 협상(negotiation) 과정은 바울 당시 로마령 고린도에 살던 이들을 특징지었다.[4]

잘 알려진 고린도 유적 중에 바비우스 비석(Babbius monument)이 있다. 거기 라틴어로 적힌 내용은 다음과 같다.

[C]N BABBIVS PHILINVS AED PONTIF[EX] [D(E)] S(UA) P(ECUNIA) F(ACIENDUM) C(URAVIT) IDEM-QUE II VIR P(ROBAVIT).

해석하면, "조영관이자 사제인 그나이우스 바비우스 필리누스는 사비를 들여 이것을 세웠고, 행정관으로서의 권한으로 그 건립을 승인했다"라는 뜻이다. 이 비석을 세운 바비우스라는 인물은 고린도

---

in Corinth: 146 B.C.E. to 100 C.E.," in *Urban Religion in Roman Corinth: Interdisciplinary Approaches*, ed. Daniel N. Schowalter and Steven J. Friesen (Cambridge, MA: Harvard Theological Studies, 2005), 149-151.

4   Cavan W. Concannon, *"When You Were Gentiles": Specters of Ethnicity in Roman Corinth and Paul's Corinthian Correspondence* (New Haven: Yale University Press, 2014), 47-74.

의 엘리트 관료였던 것으로 보인다. 그런데 3중으로 구성된 그의 로마식 이름의 마지막 부분(코그노멘)인 필리누스는 라틴어식이 아니라 그리스어식의 이름이다(필리노스의 라틴어식 음차일 것이다). 이는 이 인물의 인종적 기원이 그리스어를 쓰는 그룹에 있다는 것을 암시한다. 바비우스는 지중해 동부 지역 출신의 해방노예로서 고린도에 이주하여 정착하고, 입지전적인 성공을 이룬 인물일 가능성이 있다.[5] 이 비석 근방에서 발견된 다른 비석에서는 바비우스의 아들의 이름인 그나이우스 바비우스 이탈리쿠스(Cn. Babbius Italicus)가 언급되어 있다. 그의 아들에게는 노예와 관련된 과거를 암시할 수도 있는 그리스식의 코그노멘 대신, 가장 로마와 가까워 보이는 이탈리쿠스라는 이름이 주어졌다. 경쟁에서 성공한 이들이 가문의 기원을 새로 쓰는 것, 그리고 자신들의 재구성된 정체성을 로마적 공간에 전시하는 것은 고린도 엘리트들의 전략 가운데 하나였다. 어쩌면 이러한 점은 바울이 자신의 복합적 정체성을 유동적으로 활용하는 고린도전서 9:19-23이나 고린도의 이방인 출신 신자들의 계보를 새로 쓰는 10:1("우리 조상들")과 같은 본문을 재조명해 줄 수도 있다.

로마령 고린도에 대한 탐구는 고린도전서에 언급된 세례를 이해하는 데 도움이 될 수도 있다. 예를 들어, 어떤 학자들은 타 서신에 비해 특히 고린도전서에 빈번하게 등장하는 세례를 이해하기 위해, 로마령 고린도에서 물이 사용된 방식을 고고학적으로 추적하기도 한다. 헬레니즘 시대에 아스클레피오스나 데메테르와 같은 신들

---

5   Concannon, *When You Were Gentiles*, 59.

을 위한 각종 제의들에 주로 사용되었던 고린도의 수원(水源)이 고린

도가 로마의 식민지가 된 이후에는 공중 목욕탕이나 수로 등 로마

식 풍경을 조성하는 데 사용되었다. 이런 배경에 비추어 볼 때, 고린

도의 그리스도 공동체가 물을 활용해서 행하던 의례는 물에 대한

로마의 통제권에 대한 미묘한 도전인 동시에, 고린도 "지역의 그리

스적 종교성"을 표출할 수 있는 통로가 되었을지도 모른다.[6] 또 다

른 예로, 바울이 고린도에 물리적으로 머물렀던 시기가 주후 51년경

이었다면, 바울은 고린도 근방의 이스트모스의 포세이돈 신전에서

열린 이스트미아 경기(Isthmian games)에 참석하여, 각종 운동경기 및

야간에 시행되는 멜리케르테스-팔라이몬의 신비제의를 목격할 기

회를 가졌을 수도 있다.[7] 나는 바울 자신이 이스트미아 경기를 참관

했을 가능성은 낮다고 보지만(그러나, 고전 9:24-27에 나오는 아곤[운동 경기에

서의 경합 모티프 사용도 생각해 보라), 이러한 제전은 적어도 바울이 접촉한

이교도 고린도인들, 이교도 출신의 고린도 신자들의 제의적 세계관

의 중요한 한 부분이었을 것이다. 즉, 바울이 고린도전서에서 그리

스도 입문 의례로서의 세례를 말할 때, 바울의 청자들은 그와 같은

인식의 틀 안에서 세례를 이해했을 수도 있다. 물론, 이러한 해석 제

안들은 고린도전서의 세례를 바라보는 한 가지 가능성일 뿐이다.[8]

---

6   Richard E. DeMaris, *The New Testament in Its Ritual World* (London; New York: Routledge, 2008), 37-56.

7   Oscar Broneer, "Paul and the Pagan Cults at Isthmia," *HTR* 64 (1971): 169-70.

8   멜리케르테스 - 팔라이몬 신비제의에 관한 추가적 논의는 Donghyun Jeong, *Pauline Baptism among the Mysteries: Ritual Messages and the Promise of*

신약시대 고린도라는 지역에 대한 이런 역사적, 지리적, 사회문화적 정보를 고린도전서 해석에 사용할 때, 두 가지 주의할 점이 있다. 첫째로, 우리는 고대 자료 자체가 갖는 편견이나 과장에 대해 늘 주의를 기울여야 한다. 아리스토파네스, 플라톤, 스트라본, 플루타르코스와 같은 고대 엘리트 남성 저자들은 고린도의 부에 관해 말하면서 덧붙이기를 고린도가 성적으로 방종한 도시였다고 한다.[9] 이런 언급은 고린도전서의 몇몇 부분(예컨대 5장이나 6장)을 해석할 때 유용하게 쓰일 배경지식처럼 보인다.[10] 그러나 이러한 고대 자료들의 진술을 곧이곧대로 받아들이기는 쉽지 않다. 예를 들어, 고린도의 아프로디테 신전에 천 명도 넘는 신전 창기가 있었다고 말하는 스트라본의 보도는 고고학적 증거에 의해 뒷받침되지 않는다. 고린도의 대규모 성전 창기 및 종교적 매춘에 관한 이전의 가정들은 더 이상 무비판적으로 수용되기 어렵다.[11] 또한, 당시 여느 큰 항구 도시에 비해서 고린도가 훨씬 더 성적으로 문란했다고 단정하여 말하는 것은 설득력이 떨어진다.[12]

Initiation, BZNW 257 (Berlin: De Gruyter, 2023), 201-210을 참고하라.

9 Aristophanes, *Fragment* 370; Plato, *Republic* 404d; Strabo, *Geography* 8.6.20; Plutarch, *Moralia* 768a 등을 보라.

10 예컨대, 김세윤, 『고린도전서 강해』(개정판; 두란노아카데미, 2008)의 1부 1장(전자책)을 보면, 고린도의 문란한 성도덕 및 아프로디테 신전의 성창을 고린도전서의 배경 가운데 하나로 설정한다.

11 Bruce W. Winter, *After Paul Left Corinth: The Influence of Secular Ethics and Social Change* (Grand Rapids: Eerdmans, 2001), 87-88.

12 Jerome Murphy-O'Connor, *St. Paul's Corinth: Text and Archaeology*, Third

둘째로, 우리가 정보를 수집하여 알 수 있는 고린도와, 바울 및 고린도 성도가 실제로 경험했던 고린도 사이에는 어느 정도 차이가 있을 수 밖에 없다. 오늘날 우리는 몇 번의 인터넷 검색만으로 현대 고린도의 위성 지도를 들여다볼 수 있고, 개론서 및 전문서적을 통해 고대 고린도의 역사와 문화를 일목요연하게 정리하여 습득할 수 있다. 조금 더 품을 들인다면, 고대의 일차문헌을 원어 혹은 번역어로 직접 읽어보거나, 고린도로 현지 답사를 떠나 유적지를 돌아볼 수도 있다. 이 같은 노력은 이차문헌을 통해 고린도를 접하는 것보다 더 질 높은 경험을 가져다 줄 것이다. 그러나 바울은 그러한 방식으로 고린도를 알지 않았다. 1세기의 바울은 고린도의 역사를 정리한 참고 서적을 들여다 본 것도 아니었고, 비행기와 자동차를 타고 고린도로 향한 것도 아니었다. 그는 여행객이 아니라 생업에 종사하는 사람으로서 로마령 고린도의 거리를 거닐었다. 어쩌면 우리는 바울과 그의 공동체가 인식했던 것보다 더 많은 정보를 아는 상태에서, 너무 많은 것을 바울의 편지 안에 투사하고 있는지도 모른다. 혹은 그 반대로, 그들이 일상에서 몸으로 경험했던 지극히 당연한 것들을 우리는 전혀 짐작도 못한 채로 바울의 편지를 읽고 있는지도 모른다. 같은 기표, 같은 장소 "고린도"는 우리와 그들에게 다른 의미로 경험된다.[13]

Revised and Expanded Edition (Collegeville: Liturgical Press, 2002), 57.

13 물론, 성경해석을 위해 역사적 맥락을 탐구하는 작업에 대해 내가 전적으로 비관적인 것은 전혀 아니다. 기본적으로 고대의 문헌인 성경을 읽고 해석하는 작업은 원 저자와 일차적인 독자 사이에 가정되어 있던 배경지식, 곧 우

고린도로 향한 바울의 이 편지는 바울이 에베소에서 보낸 것이다(고전 16:8). 다시 말해, 바울은 지금 소아시아의 서쪽 끝 해안가에서, 에게해 너머에 있는 고린도를 떠올리며 편지를 구술하고 있으며, 마지막에는 친필로 문안 인사를 적었다(고전 16:21). 그리고 아마도 누군가의 손에 이 편지를 들려 고린도로 발송하였을 것이다. 따라서 바울이 고린도전서를 집필하고 있었던 에베소 역시 고린도전서를 이해하기 위한 중요한 장소 중 하나이다.

고린도와 마찬가지로 주후 1세기 에베소 역시 로마화된 도시 중 하나였다. 고린도가 로마 속주 아가야의 주도였듯, 에베소 역시 로마 속주 아시아의 주도였다. 물론, 공식적으로 식민지로 재건된 고린도와는 달리, 에베소는 식민지라 불리지는 않았다. 그러나 바울이 중요하게 관련을 맺은 것으로 알려진 거의 모든 도시들은 로마화된 상태였다는 점을 기억해야 한다.[14] 다시 말해, 바울의 편지는 소아시아에서 로마의 현전이 가장 손에 잡히는 방식으로 경험될 수 있는

리에게는 숨겨져 있는 그 전제를 최대한 재구성하여 활용하는 과정을 포함한다. 이상환, 『Re: 성경을 읽다』(도서출판 학영, 2023), 124-131. 이상환은 배경지식의 활용에 있어서 신중함이 필요하다는 점 또한 지적한다. "우리가 사용하는 배경지식이 성경의 저자가 사용했던 배경지식이라고 무작정 확신한다면, 타당하고 건전한 의사소통은 실패하게 된다"(『Re: 성경을 읽다』, 154). 나는 역사적 탐구의 한계성을 인식하면서 탐구하는 것이 중요하다고 말하는 것이다.

14 Ksenija Magda, *Paul's Territoriality and Mission Strategy: Searching for the Geographical Awareness Paradigm Behind Romans*, WUNT 2/266 (Tübingen: Mohr Siebeck, 2009), 87에서 에베소, 고린도, 안디옥, 다메섹, 예루살렘, 다소까지 총 여섯 도시를 비교한 표를 제시한다.

도시인 에베소에서 발송되었고, 그와 같은 특징을 지닌 도시인 아가야의 고린도에서 수신되었다. 고린도와 에베소처럼, 로마 제국 역시 바울과 그의 공동체에게 있어서 일상의 한 부분이었고 하나의 장소였다. 그러나 앞서 말한 조심스러움은 여기에도 적용된다. 우리가 상상하는 로마와 바울이 경험한 로마는 같지 않다.[15]

고대 에베소에 대해 우리가 더 많은 정보를 알게 된다면, 고린도 전서를 이해하는 데에 도움이 될 수도 있다. 내게 떠오르는 연결점 몇 가지를 두서 없이 적어보면 다음과 같다.[16]

바울이 주후 50년대에 에베소에 있었다면, 그는 주후 23년 경에 에베소를 강타했던 큰 지진 이후 새롭게 지어진 에베소의 테트라고노스 아고라를 거닐 기회가 있었을 것이다. 그리고 바울은 그가 에베소

---

15 바클레이는 바울서신 곳곳에서 로마 제국의 반향을 찾아내려 하는 현대 학자들의 작업에(특히 N. T. 라이트를 향해) 비판적으로 응답한다. "우리는 황제 숭배를 '이교적' 종교성의 지배적 방식으로 인식할 수도 있고, 로마 제국의 패권주의를 가리키는 헤게모니의 교활한 표현으로 인식할 수도 있지만, 바울이 그가 살았던 종교-정치적 맥락을 어떻게 인식했는지는 전혀 다른 문제이다. … 지금 우리가 보게 되는 바울의 풍경의 모든 지점마다 '로마'가 특징으로 드러난다고 해서, 바울도 반드시 마찬가지로 생각했을 것으로 볼 수는 없는 것이다." 존 M. G. 바클레이, 『왜 로마 제국은 바울에게 중요치 않았는가』, 임충열 옮김(알맹e, 2024), 39.

16 테트라고노스 아고라 및 극장에 대한 고고학적, 역사적 정보는 Peter Scherrer, "The City of Ephesus from the Roman Period to Late Antiquity," in *Ephesos, Metropolis of Asia: An Interdisciplinary Approach to Its Archaeology, Religion, and Culture*, ed. Helmut Koester (Valley Forge, Pa.: Trinity Press International, 1995), 7-9에서 가져온 것이다.

에 오기 몇 년 전 아고라에 세워진 클라우디우스/글라우디오 황제의 상(statue)을 마주했을 것이다. 글라우디오는 바울이 모호하게 가리킨 "많은 주님들"(고전 8:5) 중 하나였을까?

바울이 에베소에서 고린도전서를 썼던 시기가 글라우디오를 이어 네로가 황제로 등극했을 무렵(주후 54년)과 겹친다면, 어쩌면 바울은 네로가 테트라고노스 아고라와 에베소의 극장을 확장할 것이라는 소문을 들었을지도 모른다. 제국의 자원이 몰리는 에베소는 소위 뜨는 도시였다. 에베소에 거주하던 바울은 극장에 출입할 기회가 있었을지도 모른다. 바울은 고린도의 교만한 이들을 향해서 냉소적인 어조로 말하는 본문에서(고전 4:9), 자신의 처지를 극장의 구경거리에 비유했다. 바울의 에베소 극장에서의 경험이 이런 본문에 반영되어 있을까?

에베소에는 바울의 대적자가 많았으며(고전 16:8-9), 부활에 관해 말하는 본문에서 바울은 자신이 에베소에서 "맹수들과 더불어 싸웠다"고 강조한다(고전 15:32). 고대 세계에서 에베소는 아르테미스/아데미의 신전으로 유명한 도시였다. 그리고 호메로스 시절부터 잘 알려진 아데미의 별칭은 "맹수들의 여주인"이었다(『일리아스』 21.470). 그리고 사도행전 19장에서는 바울의 사역 때문에 경제적 피해를 입어 성난 직공들이 에베소의 극장에서 아데미를 외치는 장면이 나온다. 바울이 고린도전서 15장에서 맹수와 싸웠다고 회상한 것은 맹수들과 같은 아데미 추종자들과의 갈등을 암시한 것일까?

위에서 나는 자세한 논증이 아니라 흥미로운 상상에서 나온 생각을 늘어 놓아 보았다. 에베소에서 바울이 한 경험이 고린도전서를 쓰는 데 끼친 영향을 전적으로 확신할 방법은 없다. 우리의 해석은 사료 수집, 역사적 상상력의 발휘, 그리고 해석자의 삶의 자리가 결합되어 탄생한다. 내가 언급했던 주의 사항들이 에베소라는 배경을 성경해석에 활용할 때에도 비슷하게 적용될 수 있을 것이다.

앞 문단에서 나는 사도행전 19장에 그려진 바울의 에베소 체류 기록을 언급했다. 이에 대해 조금 더 설명을 덧붙이고자 한다. 사도행전과 바울서신을 어떻게 연결시키며, 사도행전의 서술을 역사적 차원에서 어느 정도까지 신뢰해야 할지는 또 다른 큰 주제라 여기서 자세히 다룰 수는 없다. 그러나 사도행전의 이야기는 분명 우리에게 알려진 정경 속 바울 이야기의 한 부분이다. 사도행전 18장이 서술하는 바울의 고린도 사역 이야기에는 유대인들을 로마에서 추방한 글라우디오의 칙령이 언급되며(행 18:2), 또한 아가야 총독 갈리오가 등장한다(행 18:12). 글라우디오 칙령과 갈리오 총독의 재임의 시기를 성경 외 문헌 및 비문헌 자료로부터 산출해서 바울의 고린도 체류 시기와 고린도전서 저술 시기를 추정하는 작업은, 기본적으로 사도행전에 기록된 정보를 어느 정도 진지하게 받아들인 상태에서 출발하는 것이다.[17] 이어지는 사도행전 19장은 바울의 에베소 사역,

---

17   갈리오 비문(Gallio Inscription)으로부터 갈리오 총독의 재임 기간을 추정하고, 그로부터 바울의 고린도 체류 시기를 추정하는 작업은 상대적으로 논란이 적으나, 사도행전 18:2가 말한 글라우디오의 칙령의 정확한 시기와 그 성격을 사도행전 기록과 맞추는 작업에는 더 복잡한 문제들이 개입되어 있다.

특히 두란노 공방을 중심으로 한 상당 기간의 정주 사역을 묘사한다(행 19:10; 참고: 20:31).[18] 앞서 말한 것처럼, 바울의 에베소 체류는 아데미 신상을 제작하는 직공들이 바울을 향해 가진 불만과 그로 인한 큰 소요로 끝을 맺는다. 사도행전 20장은 이 사건 이후 바울이 에베소를 떠나 마게도냐로 향하는 것을 보여준다.

사도행전이 바울의 전형적인 사역 모습에 대해서 어느 정도 신뢰할 만한 기억을 담고 있다고 전제한다면, 우리는 바울이 에베소에 장시간 머무는 동안 공방을 중심으로 모인 소규모의 사람들 틈에 둘러싸인 채로, 고린도에 있는 또 다른 조합을 떠올리며 글을 쓰고 있는 장면을 상상해 볼 수 있다. 바울은 학자들의 글로 둘러싸인 도서관에 고독하게 앉아서가 아니라, 직공들의 계약서와 영수증을 더 가까이서 들여다볼 수 있는 어수선한 공간에서 땀냄새를 맡으면서, 고린도의 신자들을 위한 그의 편지를 구술했다(고전 16:21에서는 친필로 전환). 바울이 후에 고린도에서 로마서를 쓸 때 고린도에 있는 신자들과의 교류나 대화가 로마서에 영향을 끼쳤다면, 그와 비슷한 상황을 바울이 에베소에서 고린도전서를 쓸 때에도 적용해 볼 수도 있겠다.

Murphy-O'Connor, *St. Paul's Corinth*, 152-169를 참고하라.

18   박영호는 두란노 "서원"이라 흔히 번역되는 단어인 스콜레를 두란노 "공방"으로 번역하자고 제안한다. 박영호, 『우리가 몰랐던 1세기 교회: 오늘의 그리스도인을 위한 사회사적 성경 읽기』(IVP, 2021). 김규섭은 말러비와 트뤼퍼를 따라, "조합회관"이나 "클럽하우스" 등의 번역을 취한다. 김규섭, "고린도전서에 나타난 바울 교회의 형성," 「ACTS 신학저널」 58(2023): 17.

지금까지 고린도와 에베소를 간략히 스케치해 보았다. 고린도나 에베소 같이 바울에게 중요했던 도시의 지리적 특색, 혹은 그보다 더 작은 규모에서 고린도 내부의 어느 구역, 혹은 더 범위를 좁혀서 어떤 종류의 건물에 고린도의 신자들이 모였을지를 탐색하는 것, 그리고 그러한 장소에 대한 경험이 바울의 사상과 글쓰기, 수신자들의 신앙생활에 미친 영향이 무엇인지를 살펴보는 것은 매우 흥미로운 연구 주제다. 그러나 본서는 고린도의 고고학이나 사회사를 전면적으로 탐구하는 책은 아니다. 서문에서 밝혔듯, 본서는 바울의 텍스트가 구성하는 공간, 그리고 그 공간이 의례 및 시간과 맺는 관계에 주목하려 한다. 이제 본격적으로 고린도의 그리스도 공동체의 공간에 관해 이야기를 나눠 보자.

에클레시아

고린도전서를 읽을 때, 우리는 고린도전서의 수신자를 직접 만나는 것이 아니라, 바울이 언어를 직조하여 만든 수신자의 상을 바라본다. 고린도전서의 수신자는 누구인가? 아니, 더 정확히 말하면, 바울은 고린도전서의 수신자를 어떤 존재로 표현하고 있는가? 그리스도 예수의 사도로 부름받은 바울은 "고린도에 있는 하나님의 교회"에 편지를 쓴다고 말한다(고전 1:2). 그리고 "교회"라는 말과 동격으로 등장하는 표현은 "그리스도 예수 안에서 거룩하여진 사람들," 곧 "성도로 부름을 받은 이들"이다. 바울은 고린도에 있는 성도로 부름받은 이들의 모임인 교회를 향해 편지를 보낸다. 고린도전서 첫머리에서 바울이 말하는 교회(그리스어: 에클레시아)는 고린도라는 지역에 있는 신자들의 모임을 지칭하지, 물리적인 건물을 지칭하지 않는다. 그러나 이러한 차이를 너무 강하게 밀어 붙일 필요는 없다.[19] 앞으로 자세히 살펴보겠지만, 나는 사람들의 모임인 에클레시아가 또한 은유적 차원에서 하나의 공간이기도 하다는 점을 이야기하고 싶다. 바울은 **고린도의 신자들의 공동체를 가리켜 "신전"**(성전)**이라 부른다**(고전 3:16). 이처럼 고린도전서 전체에서 공간의 이미지는 중요하게 다루어진다.

바울은 고린도에 있는 그리스도 공동체 곧 하나님의 에클레시아에 편지를 보낸다. 그러나 편지 첫머리에 언급되는 사람들이 이 고린도의 성도들만 있는 것은 아니다. 먼저, 공동 송신자인 형제 소스데네가 나온다. 또한 바울은 "각처에서 우리의 주 곧 그들과 우리의 주 되신 예수 그리스도의 이름을 부르는 모든 자들"을 이 텍스트

---

19 오늘날 기독교인들이 예배를 위해 모이는 건물을 교회라 부르는 것이 신앙생활에 있어서 큰 문제가 되는 것은 아니다. "교회를 논하면서 에클레시아는 건물이 아니라 사람들의 모임이라 하는 말은 맞지만, 건물을 교회라 부르는 자연스러운 의미 확대 현상을 대단한 타락이나 배신으로 여겨 비판하는 것은 과도한 원칙주의다." 박영호, 『우리가 몰랐던 1세기 교회』, 서론의 미주 1번(전자책). 이 지적은 비단 에클레시아라는 그리스어 단어에만 해당되는 게 아니라 성경 언어 분석에 있어서 일반적으로 적용 가능하다고 생각한다. 같은 단어라 해도 시대에 따라, 그리고 상이한 맥락에 따라 그 용법과 기능이 변한다. 특정한 단어의 "어원"이 그 말의 유일하고 참된 의미를 가리킨다고 볼 수는 없다.

의 무대 위로 소환한다(고전 1:2). 그리고 편지의 마지막 부분에 이르러 바울은 예루살렘 성도를 위한 모금에 고린도 공동체도 부지런히 참여하도록 독려한다(고전 16:1-4). 바울의 편지를 받는 고린도의 에클레시아는, 동일한 주님을 경배하는 다른 지역의 이교도 출신 회중들과 유기적으로 연결되어 있고, 예루살렘에 있는 성도들과도 관계를 맺고 있다. 1세기 중엽, 로마 세계의 전체 규모에 비하였을 때 예수를 믿는 이들은 지극히 소규모 종파에 지나지 않았던 것을 생각하면, 바울은 지금 퍽 거창하게 말하고 있는 것이다. 바울은 육로와 해로, 여러 위험이 상존하는 길고 고된 여정을 거쳐야 도달하는 먼 지역에 있는 공동체들을 편지 속에서 한 주님을 부르는 공간 안으로 가까이 묶고 있다.

바울은 이렇게 지중해 곳곳에서 지역을 넘어 연대하는 그리스도 공동체들에 관한 비전을 노출하지만, 바울 시대의 에클레시아라는 단어는 기독교 역사에서 겪은 교회 의미의 확장과 변주의 첫 단계에 머물러 있었을 뿐이다. 즉, 온 세계에 흩어져 있을 뿐 아니라 과거와 현재, 미래를 포괄하는 "보편교회"라는 신학적 개념은 바울의 진정서신에서는 뚜렷하게 나타나지 않는다. 바울에게 있어서 에클레시아는 기본적으로 한 도시에 있는 사람들의 모임을 가리킨다. 하지만 본서의 3부에서 집중적으로 살펴볼 "그리스도 안"이라는 표현은 에클레시아를 그 구체적 표현 양태로 가지면서도 시간적, 공간적으로 에클레시아를 넘어선다는 점에서 흥미로운 역동성을 제공한다. 이 점에서, "그리스도 안"이라는 공간은 에드워드 소자가 말한 제3의 공간의 성격을 가진다고 볼 수도 있겠다.[20] 나는 역사적 관점에서, 바울의 진정서신에 나오는 사상과 제2바울서신의 사상, 그리고 신약이나 초기 기독교의 다른 문헌들의 사상을 구별하곤 하지만, 이는 시간적으로 앞선 것의 우월성을 주장하기 위해서가 아니다. 내가 믿는 하나님은 1세기의 한 지점뿐 아니라 늘 역사 가운데 일하시는 하나님이시기 때문이다. 바울이 그의 시대에 구상했던 것은, 오늘날 전혀 다른 맥락에서 교회를 이루고 그리스도 안에 거한다고 말하는 우리 자신을 더욱 잘 이해하는 데 도움이 될 수 있다.

본서에서 나는 "교회"라는 한국어를 썼을 때 떠오르는 이미지를 잠깐 옆으로 밀어 두고 1세기 상황을 현대 독자에게 조금 낯선 이미지로 전달하기 위해, 그리스어 단어를 그대로 음역하여 에클레시아로 쓰려고 한다. 혹은 이들의 모임을 "회중", "회합", "조합",[21] "공동체", "제의 그룹" 정도의 표현으로 때에 따라 유연하게 지칭하고자 한다. 또한 바울의 시대는 기독교라는 이름이 등장하기 전이기 때문에, 고린도에 있는 수신자들을 가리킬 때 "기독교인"이라는 표현보다는 "그리

---

20 제3의 공간(thirdspace or third space)이라는 용어가 포스트식민주의 이론가인 호미 바바와 지리학자이자 도시학자인 에드워드 소자 사이에 어떻게 다른 의미로 사용되는지에 관해서는 안용성, 『현상학과 서사 공간』, 279에 나오는 유용한 요약을 참고하라.

21 초기 그리스도 공동체들을 그리스-로마 세계의 조합들과 비교 연구하는 것은 존 클로펜보그와 그의 동료 및 제자들이 오랫동안 발전시켜 온 연구 경향이다. 가장 최근에 종합적으로 제시한 것으로는 John S. Kloppenborg, *Christ's Associations: Connecting and Belonging in the Ancient City* (New Haven: Yale University Press, 2019)를 보라.

스도 신자들", [22] "그리스도 제의 그룹 구성원들"[23] 등의 표현을 쓰려 한다. 바울의 회중들 중 다수는 비유대인 출신이었다(고전 6:11; 12:2).[24] 민족성과 종교/제의가 밀접한 관계가 있었던 고대의 상황을 감안해 볼 때, 그들은 참으로 특이한 처지에 있었다. 이교도 출신이지만, 이제 자신의 신들을 위한 제의에 참여하지 않고 이스라엘의 하나님에게 배타적 충성을 바쳐야 하는 신자들, 그러나 그렇다고 할례를

---

22 바울서신에서는 "기독교인들"이라는 표현 대신 "신자들", 곧 "믿는 자들"(그리스어: 호이 피스튜온테스)이라는 표현이 자주 등장한다. 이 표현은 그들의 정체성을 나타내며, 그룹의 경계를 설정하는 용어가 된다. Paul Trebilco, *Self-Designation and Group Identity in the New Testament* (New York: Cambridge University Press, 2012), 72–90. 이 용어는 바울 자신이 개발한 것이기보다는, 이미 그리스도 제의 그룹들에서 자신들을 지칭하는 말로 사용되었을 가능성이 크다(90).

23 버튼 맥은 "그리스도 제의"(Christ cult)라는 실체는 없었으며, "그리스도 제의"라는 단어 대신 "크리스토스 조합"(*Christos* association)이라는 표현을 쓰는 것이 더 정확하다고 주장한다. Burton L. Mack, "Rereading the Christ Myth: Paul's Gospel and the Christ Cult Question," in *Redescribing Paul and the Corinthians*, ed. Ron Cameron and Merrill P. Miller (Atlanta: SBL, 2011), 37–38과 65–72). 그러나 버튼 맥처럼 제의와 조합을 꼭 양자택일적으로 쓸 필요는 없어 보인다. 클로펜보그에 따르면, 대부분의 조합들에는 제의적 측면이 있었다. Kloppenborg, *Christ's Associations*, 107.

24 물론 나는 바울의 복음이 오직 비유대인(즉, 이교도)에게만 의미있었다고 생각하지는 않는다. 이 점에서, 나는 존더벡(Sonderweg) 학자들의 명시적 입장 및 일부 '유대교 안의 바울' 해석자들의 주장이 갖는 함의에 동의하지 않는다. 바울은 유대인과 이방인의 구별을 철폐하지 않으면서도, 또한 그리스도는 죄인들 - 유대인이든 이방인이든 - 에게 구원을 가져다 주시는 분임을 믿었다. 가브리엘레 보카치니, 『바울이 전하는 세 가지 구원의 길』, 이상환 옮김(도서출판 학영, 2023), 317-319.

통해 유대인이 된 것도 아닌 이들의 존재는 마치 "사회적 이단아"와
같았다. 나는 이들을 "탈-이교적 이교도"(ex-pagan pagans)라는 생소한
명칭으로 부르는 파울라 프레드릭슨(Paula Fredriksen)에게 동의한다.[25]

하지만, 모든 역사 연구는 번역의 작업이며, 또한 의미를 만드는
과정이다.[26] 역사적 탐구는 오늘날의 관점에서, 오늘날의 청중에게
의미 있는 언어와 개념 틀을 통해 바울의 세계를 선택적으로 재구
성하는 것이다. 비록 바울이 "기독교인"이나 "기독교"와 같은 말을
쓴 적이 없긴 하지만, 바울은 고린도전서의 한 부분에서 흥미롭게
도 "유대인, 헬라인, 하나님의 에클레시아"라는 세 범주를 언급한다
(고전 10:32). 즉, 바울에게 기독교인이라는 용어는 아직 없었으나, 우
리의 관점에서 보면 고린도전서 10:32에 기록된 "하나님의 에클레
시아"가 "기독교인"이라는 의미에 가깝게 느껴진다.[27] 혹은 한 지역

---

25 파울라 프레드릭슨, 『바울, 이교도의 사도』, 정동현 옮김(도서출판 학영,
    2022), 93.

26 모든 역사 서술은 언어를 매개로 하기에 "오직 언어로 표현될 수 있는 정도
    까지만 역사가 존재한다"고 말할 수 있으며, 이 같이 과거를 언어적으로 재
    구성한다는 것은 결국 "과거와 현재 양쪽 모두에 의미를 부여하는, 의미 창
    조의 과정"이다. Udo Schnelle, *Apostle Paul: His Life and Theology*, trans. M.
    Eugene Boring (Grand Rapids: Baker Academic, 2005), 29-30.

27 미하엘 볼터(Michael Wolter)가 지적한 것처럼, 바울서신에 줄곧 나타나는
    수신자들의 정체성 문제 및 그것의 복잡한 관리와 협상의 과정은, 그리스도
    에게 속한 이들이 하나의 "자족적인 그룹"으로 인식되면서도 그것을 지칭
    할 마땅한 용어가 아직 없었다는 불일치 때문에 탄생한 것이다. 볼터는 그의
    책에서 1세기의 이 그리스도 신자들을 지칭할 때 "기독교인"이라는 용어를
    사용한다. Michael Wolter, *Paul: An Outline of His Theology*, trans. Robert L.
    Brawley (Waco: Baylor University Press, 2015), 6-7.

에 거하는 새로운 범주의 인류에 가까웠다고도 말할 수도 있다. 나는 기독교, 기독교인, 교회와 같은 용어가 1세기의 바울을 탐구하기에 부적절한 용어라서 쓰지 않는 것이 아니라, 단지 의도적으로 생경한 용어를 사용하여 현대 독자들에게 1세기를 조금 더 낯설게 만들고자 시도하는 것이다. 그간 지나쳤던 부분을 재발견할 수 있는 이러한 과정을 경유하여, 다시금 고린도전서가 오늘날의 청중에게, 그리고 나에게 유의미한 문헌으로 다가올 수 있기를 바란다.

나는 고린도전서에서 바울이 에클레시아를 가정 공간(household space)과 구별되는 일종의 신전 공간(temple space) 혹은 성소 공간(sanctuary space)으로 상정했다고 주장하는 학자들에게 부분적으로 동의한다.[28] 예컨대, 고린도전서 11:17-34에서 바울은 **오이코스**(집)와 **에클레시아**를 마치 대조적인 공간처럼 묘사하는 것처럼 보인다. 그러나 성경 안에서 혹은 고대 맥락에서 **오이코스**(집)와 **나오스**(성전/성소)라는 어휘 자체가 언제나 대조적으로 사용된 것은 아니었기 때문에, 가정 공간과 신전 공간의 대조를 지나치게 날카롭게 밀어 붙이고 싶지는 않다. 예를 들어, 칠십인경(LXX)에서 오이코스는 하나님의 성전을 가리키는 대유적 표현이기도 했다(삼하 7:13). 또한 이교 맥락에서 오이코스라는 단어는 제의 조합의 구성원들이 식사 모임을 가지곤 했

---

28 Jorunn Økland, *Women in Their Place: Paul and the Corinthian Discourse of Gender and Sanctuary Space* (London; New York: T&T Clark International, 2004), 131-67; Jill E. Marshall, *Women Praying and Prophesying in Corinth: Gender and Inspired Speech in First Corinthians*, WUNT 2/448 (Tübingen: Mohr Siebeck, 2017), 181-213을 보라.

세상   vs   하나님 나라.

던, 이방 신전(나오스)에 딸린 부속 공간을 지칭하는 말이기도 했다.[29] 가정 공간과 신전 공간의 선명한 대조는 바울의 주된 논점이 아니었다. 앞으로 살펴 보겠지만, 바울의 공간적 이분법은 오히려 "세상"이라는 공간과 하나님의 신전 공간 사이의 대조에서 발견된다. 세상으로부터 구별된 이 신전 공간은 의례에 의해 구성된 공간이며, 세상과 다른 종류의 질서가 작동한다는 것이 바울이 강조하는 바다. 물론, 바울에게 있어서 세상은 다층적인 공간이며, 바울이 세상을 대하는 태도 역시 복합적이다.[30] 본서의 많은 부분은 이 신전 공간인 에클레시아와 세상 사이의 경계 및 상호 관계를 바울이 어떻게 협상하고 조정하는가를 세밀하게 들여다보는 작업에 할애될 것이다.

그렇다고 내가 에클레시아를 오직 신전으로만 보아야 된다고 주장하는 것은 아니다. 에클레시아라는 단어는 본래 고대 그리스 도시국가의 남성 시민들이 모인 집회를 지칭하는 말이었다. 또한 에클레시아는 칠십인경에서 이스라엘 백성의 모임("하나님의 회중")을 묘사할 때도 사용되었고, 필론과 같은 헬레니즘 유대 저자를 통해 모세 시절의 하나님의 회중을 가리키는 데 사용되기도 했다. 이처럼 복합적인 전승사가 바울의 에클레시아 활용 뒤에 깔려 있다. 박영호는 '오이코스 대 에클레시아'라는 대조에 주목하면서, 에클레시

---

29 김규섭, "고린도전서에 나타난 바울 교회의 형성", 19, 41.

30 바울의 세상 이해를 성결신학적 관점, 종말신학적 관점, 선교신학적 관점에서 다각도로 분석한 차정식, 『바울신학 탐구』(대한기독교서회, 2005), 256-271을 참고하라.

아가 그리스 도시국가의 맥락에서 가졌던 "시민 공동체"의 의미를 강조하는 방식으로, 바울의 에클레시아 수사를 통찰력 있게 해석한다.[31] 바울은 사적 공간인 오이코스에 모인 이들에게 자유인 시민들의 공적 모임을 지칭하는 에클레시아라는 호칭을 붙였다. 즉, 바울은 그들에게 "특정 도시에 있는 하나님의 백성의 영예로운 지위"를 가졌음을 일깨우고, 그에 합당한 행동을 취하도록 촉구한 것이다. 그러나 나는 사적 공간과 공적 공간이라는 술어를 로마 사회의 맥락에 사용하는 접근법에 대해서는 다소 보류적이다.[32] 신전 공간으로서의 고린도 공동체에 초점을 맞추는 나의 해석은 박영호의 해석과 양립 가능하며 상호 보완적인데, 왜냐하면 바울은 그의 공동체를 단일한 이미지로만 묘사하고 있지 않기 때문이다. 따라서, 나는 본서에서 에클레시아라는 단어의 본래적 의미 자체를 탐색하거나

---

31 Young-Ho Park, *Paul's Ekklesia as a Civic Assembly: Understanding the People of God in their Politico-Social World*, WUNT 2/393 (Tübingen: Mohr Siebeck, 2015), 151-77.

32 공적/사적 공간의 대조는 박영호의 저서뿐만 아니라 (약간 다른 차원에서) 오클랜드(Økland)의 연구에서도 발견된다(성소 공간은 사적/공적 공간 양쪽 모두와 다른, 별도의 범주라는 견해). 그러나 수전 하일렌(Susan E. Hylen)은 로마 세계에서는 흔히 공적이라 생각되는 행위들이 가정 안에서 이루어지곤 했으며, 사적이라 간주될 수 있는 행위들이 가정 밖에서 이루어졌음을 언급하며, 신약학자들의 공적/사적 공간이라는 용어 사용의 문제점을 지적한다. Susan E. Hylen, "Public and Private Space and Action in the Early Roman Period," *NTS* 66 (2020): 534-53. 또한, 린 H. 코힉, "유대, 그리스-로마, 초기 기독교 세계의 여자들", 『신약학 연구 동향』, 정동현 옮김(비아토르, 2023), 82-84도 참고하라.

혹은 그 그리스어 단어를 신전으로 번역하자고 말하는 것이 아니라, 신전의 이미지를 중심으로 바울이 어떻게 이 혼성적 에클레시아 공간을 구성하고, 그 공간의 질서를 조율했는지를 관찰하려는 것이다.

고린도전서의 주된 수신자는 이교도 출신이었던 사람들이다. 이들은 이제 이스라엘 하나님의 신전이 되었다. 그러나 바울이 고린도에 있는 이 새로운 신전이 1세기 중엽 예루살렘에 물리적으로 서 있는 그 유대 신전(예루살렘 성전)을 대체하였다고 말하는 것은 아니다. 파울라 프레드릭슨이 잘 지적하였듯이, "바울이 [예루살렘] 성전을 그다지 가치 있게 여기지 않았다면, 성전을 비교의 기준으로 사용하지 않았을 것이다. … 바울에게 있어서 하나님의 영은 예루살렘 성전과, 이 신자들 및 신자들의 공동체로 이루어진 '새 성전' 모두 안에 거하신다."[33] 프레드릭슨은 한 걸음 더 나가, 예루살렘의 헤롯 성전의 구조가 바울 복음을 이해하는 열쇠를 제공한다고 보았다.[34] 나는 예루살렘 성전이 고린도전서에서 바울의 신전 이미지에 그렇게까지 결정적인 요소였다고 생각하지는 않는다. 물론, 바울 자신의 깊은 신념의 측면에서는 예루살렘 성전의 특성이 바울의 이방인 사역을 형성한 중요한 요소였을 수도 있다. 예루살렘은 바울의 사역에서 실로 중요한 장소였다. 제임스 스캇(James M. Scott)은 열방 목록(Table of Nations)을 자세히 검토하는 과정을 통하여, 바울의 장소

---

33 프레드릭슨, 『바울, 이교도의 사도』, 349. 강조 표시는 원저자의 것이다.
34 프레드릭슨, 『바울, 이교도의 사도』, 129-139, 346-351.

성이 예루살렘을 중심으로 이루어져 있었다는 주장을 펼쳤다.[35] 그러나 고린도의 신자들을 하나님의 신전 공간으로 구성하는 고린도전서의 수사를 이해함에 있어서, 예루살렘 성전이라는 특정한 장소의 구조가 직접적인 중요성을 지닌다고 보기는 어려울 것 같다. 무엇보다도, 고린도에 있는 "탈-이교적 이교도들"에게 있어서 예루살렘 성전은 그들의 경험적, 실존적 공간이 아니었다.[36] 오히려 그들이 머무는 매일의 삶의 공간은 이교의 신들을 위한 신전들과 신상으로 가득 차 있었다. "신전"으로 표현된 에클레시아, 곧 고린도에 있는 그리스도 제의 그룹은 그러한 이교 신전들 및 그 신전들을 중심으로 하는 제의 조합들과 경쟁 관계에 있었을 것이다.[37]

바울이 고린도에서 짓고 있었던 것은 다양한 장소의 재현 방식

35　James M. Scott, *Paul and the Nations: The Old Testament and the Jewish Background of Paul's Mission to the Nations with Special Reference to the Destination of Galatians* (Tübingen: Mohr Siebeck, 1995). 그러나 크세니아 마그다는 스캇의 논지를 비판하면서, 로마 세계 전체를 바울의 장소로 간주해야 한다고 주장했다(Magda, *Paul's Territoriality and Mission Strategy*). 마그다가 유대적인 것과 로마적인 것 사이의 택일을 주장한 것은 아니다. 로마 세계 안에 살았던 헬레니즘 유대인인 바울을 좀 더 통합적인 관점에서 바라봐야 한다는 제안이다.

36　그러나 하나님의 신전 공간으로서의 에클레시아가 의례적 회상(recollection; Smith의 개념)을 통해, 이상화된 예루살렘 성전 회합을 어디에서든지, 언제든지 "복제"할 수 있었다는 오클랜드의 주장도 참고하라. Økland, *Women in Their Place*, 147. 물론 예루살렘 성전이 고린도의 에클레시아/신전에 의해 대체되었다는 것은 아니다(165). 오클랜드는 양쪽 공간이 "바로 여기, 동시에" 존재한다고 말한다(147).

37　김규섭, "고린도전서에 나타난 바울 교회의 형성", 27-31.

이 뒤섞인 일종의 혼성된 공간이다. 고린도에서 그리스도 공동체가 모임을 가졌던 다양한 장소들, 그리고 그들의 일상을 형성했던 여러 장소들이 어떻게 그들의 신앙과 실천에 영향을 미쳤는지를 살펴보는 것, 그리고 고린도에 있었던 여러 이교 신전들의 구조를 고고학적으로 탐구하는 것은 그 자체로 흥미로운 연구일 것이다. 회합 장소만 생각해 봐도 초기 그리스도 공동체들은 상점, 공방, 창고, 임대한 식사 공간 등을 포함한 다양한 곳에서 모임을 가졌을 수 있다.[38] 그리고 고린도의 에클레시아를 비롯해 당시 초기의 에클레시아들이 모임을 가진 여러 장소들 중에는 가정 집도 있었을 것이다 (롬 16:5; 고전 16:19; 골 4:15 등).[39] 그런 가정 공간에는 또한 이교의 신들과 관련된 도상도 있었을 수 있다. 만약 바울서신의 청중들이 물리적으로 모여 있던 장소가 누군가의 집이라고 상상해 본다면, 그 편지가 구성하는 신전 공간 이미지, 혹은 시민 공동체로서의 에클레시아 이미지는 더욱 흥미로운 긴장감을 자아낸다. 가정 공간에 모여

---

38 Edward Adams, *The Earliest Christian Meeting Places: Almost Exclusively Houses?* (London; New York: Bloomsbury, 2013), 137-97. 또한, David G. Horrell, "Domestic Space and Christian Meetings at Corinth: Imagining New Contexts and the Buildings East of the Theatre," *NTS* 50 (2004): 349-69.

39 내가 가정 집이라고 말할 때 그 고대의 공간은 현대의 핵가족이 거주하는 종류의 공간과는 다르다. 기본적으로 고대 로마 시대의 가족은 생물학적 의미의 가까운 혈연 가족뿐만 아니라 친척들, 노예, 해방노예, 세입자 등을 포함한 확장된 형태였으며, 오늘날 가족의 사생활의 공간으로 여겨지는 집 역시 다양한 종류의 활동(사업이나 회합)이 이루어지는 공간이었다. 캐롤린 오시에크, 『초기 기독교의 가족: "가족의 가치" 재고, 개정판』, 임충열 옮김(알맹e, 2024), 22-29.

있는 구성원들을 에클레시아이자 하나님의 신전이라 부르는 바울의 선언은 그 공간이 과연 누구의 것인가를 도전하는 것이다. 그러나 지면의 한계로, 본서는 바울과 그의 공동체가 모임을 가졌던 실제 장소와 고린도전서의 공간 사이의 변증법적 관계를 깊이 있게 다루지는 못한다. 나는 바울의 텍스트 자체가 언어적으로 구성하는 공간과 시간, 그리고 의례적 질서를 주로 살펴보고자 한다.

1장 공간 상상하기 요약

본서의 1장 초반부에서는 먼저 고린도전서와 관련된 장소들, 곧 고린도와 에베소라는 도시의 특색을 살펴 보았다. 주후 1세기 중엽, 바울은 에베소에 머물면서 로마령 고린도로 편지를 보냈다. 로마의 식민지 고린도는 언어적, 제의적, 공간적, 사회·경제적 차원에서 정체성의 협상이 다양하게 이루어지는 곳이었다. 이러한 정황에 대한 탐구는 고린도의 그리스도 공동체가 겪은 문제들이 무엇이었는지 분석하고, 바울이 그것에 어떠한 전략으로 응답했는지 이해하는 데 도움을 줄 수 있다. 또한 바울이 편지를 작성하고 있던 에베소에서 유명했던 아데미 제의, 극장과 아고라 등의 구조, 그리고 에베소 체류 시의 사역 환경 등은 고린도전서 곳곳에 나타난 암시적 표현을 해석할 때 우리가 역사적 상상력을 발휘하도록 도울 수 있다. 그러나 현대의 성경 독자들이 재구성하는 고린도나 에베소의 모습과 1세기 바울 및 바울 공동체의 경험은 완전히 동일하지 않다는 점을 염두에 둘 필요가 있다. 본서는 고린도전서 텍스트가 어떻게 고린도의 공간과 시간을 구성하며, 어떤 방식으로 의례가 그 공간 및 시간 구성에 기여하는가에 초점을 맞춘다.

그리고 나서 우리는 하나님의 에클레시아라고 불리는 고린도전서의 수신자들을 간략하게 살펴보았다. 물론 에클레시아라는 그리스어 어휘는 특정한 사회·정치적 함의를 갖는다. 하지만 이 장에서

(그리고 본서 전체에서) 그보다 더 주목한 것은, 바울이 이 에클레시아라고 불리는 그리스도 공동체를 하나의 새로운 신전 공간으로 상정한다는 점이다. 이 공동체 구성원들은 주로 이교도 출신이지만, 이들이 모인 모임은 이제 이교의 신들과 절연하고 이스라엘의 하나님의 신전이 되었다. 그리스도를 섬기는 제의 그룹인 에클레시아는 그들이 사는 고린도에(혹은 지중해 세계 곳곳에) 다양하게 존재하는 이교 신전들 및 제의 조합들과 유비적으로 이해되는 동시에 그들과 경쟁 관계에 있었다.

고린도에 있는 그리스도 공동체, 하나님의 에클레시아, 하나님의 신전은 세상과 구별된 공간이며, 세상과는 다른 종류의 질서가 그 가운데 작동한다. 에클레시아를 그 구체적 표현 양태로 가지면서도 에클레시아를 넘어선 실재를 가리키는 "그리스도 안"이라는 공간은 본서의 3부에서 주로 다룰 것이며, 1부에서는 신전 공간으로 그려진 에클레시아에 집중할 것이다.

신전의 안과 밖

grave sin.
(중대한 죄).

이 장에서 우리는 바울이 하나님의 신전이라 부른 이 에클레시아의 경계를 어떻게 구성하는지를 확인해 보려 한다. 첫 번째로 읽어볼 본문은 고린도전서 5장이다. 이 본문은 고린도에서 벌어진 일종의 근친상간 사건과 그에 대한 바울의 강경한 응답을 보여준다. 편지를 쓰기 전, 바울은 고린도의 에클레시아 구성원들 가운데 성적으로 부도덕한 일을 저지른 자가 있다는 보고를 받았다. 곧 누군가가 자신의 아버지의 아내와 관계를 맺었다는 것이다. 고린도전서 5장에서 바울은 그 사건이 이교도 가운데서도 혐오스럽게 여겨질 만한 일이라 단언하며 매섭게 꾸짖는다.

본문을 잘 읽어보면, 한 가지 특이한 점이 발견된다. 바울은 분명 그 행동에 분개하고 그를 이미 정죄했지만(고전 5:3), 고린도전서 5

장 전체를 보면 바울이 그 부도덕한 일을 저지른 사람 개인을 향해 책망하는 일에 집중하지는 않는다는 점이다. 바울은 그 사람의 성적 부도덕이 왜 잘못되었는지를 이스라엘 경전에 나오는 규례나 초기 기독교 전승을 가지고 세세하게 논증하는 데 힘을 기울이지 않는다. 바울이 보기에 이것은 다수가 공유하는 상식의 차원에서, 혹은 바울이 편지의 다른 곳에서 쓰는 표현을 따르면, "본성"의 차원에서 잘못된 것임이 명확하기 때문일지도 모른다. 고린도전서 5장에서 바울의 초점은 신전 공간으로 상정된 고린도의 에클레시아 전체에 있기에 그들 전부를 꾸짖으며 교정하려 애쓴다.[1]

다시 말해서, 바울은 공동체의 질서를 바로 잡지 못한 고린도 에클레시아 전체의 배임을 질타한다. 바울에 따르면, 명백한 잘못을 저지른 그 사람을 공동체에서 이미 축출했어야 마땅하다(고전 5:2). 바울은 이런 배타적인 지침을 강화하기 위해 신명기 17:7("… 너희 중에서 악을 제할지니라")을 인용한다(고전 5:13). 이스라엘 회중 가운데서 여호와의 언약을 어기고 우상숭배한 이들을 죽이라는 명령은, 이제 그리스도 공동체(에클레시아)에서 가증한 일을 행한 자를 좇아내라는 지침으로 활용된다. 또한 바울은 출애굽기, 신명기 등에 나오는 무교절

---

1   고린도전서 5:1-11과 4Q266 Frag 11 및 4Q270 Frag 7은 모두 성별된 공간으로서 공동체가 지닌 경계 설정의 문제를 다루는데, 구조적으로 흥미로운 비교가 가능하다. 이 문서들에 공통적으로 나타나는 사건의 보고, 회개, 처벌, 회중의 모임, 결과로 이어지는 다섯 가지 측면을 비교한 Yulin Liu, *Temple Purity in 1–2 Corinthians*, WUNT 2/343 (Tübingen: Mohr Siebeck, 2013), 138-141을 참고하라.

관습을 암시하여(고전 5:7), 소량의 누룩이 반죽 전체를 부풀게 하듯 그와 같이 잘못된 행동을 한 자가 공동체 안에 남아 있으면 공동체 전체가 잘못될 수 있음을 경고한다. 누룩 없는 빵을 먹었던 이스라엘의 무교절 관습은, 여기서 그리스도를 믿는 공동체의 순전함에 관한 비유로 전환된다.

내가 지역 교회나 학교에서 다른 이들과 함께 고린도전서를 읽을 때, 5장은 가장 인기가 없는 본문 중 하나다. 이 본문에 나타나는 바울의 배타적인 어조를 불편하게 여기는 분들도 종종 있었다. "예수님이라면 죄인도 포용해 주셨을 텐데, 왜 바울은 잘못한 이를 쫓아내라고 말하는가? 바울은 왜 이렇게 배타적인가?"라는 의문이 제기되는 것이다. 나 역시, 바울이 다른 곳에서 회개와 용서에 관해 했던 말들(예: 고후 2:7; 7:10)을 생각해 보았을 때, 이 본문에 나오는 바울의 단호한 조치에 고개가 갸웃거려진다. 바울은 앞서 말한 이스라엘 경전의 인용/암시뿐 아니라, 그리스 마술 파피루스(Greek Magical Papyri) 및 저주 서판(curse tablets)에 나오는 주문과 비슷한 방식으로, 성적으로 부도덕한 그 사람을 저주하기까지 한다(5:5).[2] 아버지의 아내를 취한 부도덕한 재인에 대한 바울의 입장은 명확하다. 바로 무관

---

2 고린도전서 5장에 기록된 "축출"을 그리스 마술 파피루스에 나오는 표현과 비교한 작업은 Adela Yarbro Collins, "The Function of 'Excommunication' in Paul," *HTR* 73 (1980): 255을 보라. 고린도의 데메테르 및 코레 신전에서 발견된 저주 서판과의 비교로는 Laura Salah Nasrallah, "Judgment, Justice, and Destruction: *Defixiones* and 1 Corinthians," *JBL* 140 (2021): 347-367을 보라.

용의 원칙(zero tolerance)이다.[3]

거칠게 일반화를 해서 말해보자면, 가장 포용적인 비전을 지닌 그룹도 하나의 집단으로 존재하려면 특정한 신념과 행동 양식으로 이루어진 경계를 세우게 된다. 내가 회원으로 있는 한 비공개 페이스북 그룹의 가이드라인을 예로 들어보겠다. 그곳에 포스팅을 하는 이들이 지켜야 할 가이드라인에는, 인종차별, 성차별, 장애인차별, 연령차별(ageism) 등의 각종 차별적 언사를 하지 말 것이 명시되어 있다. 이 가이드라인 문서의 제목이 "그룹의 경계(Group Boundaries)"라는 점은 의미심장하다. 차별적 언사를 담은 포스팅을 올리는 것은 이 포용적 그룹의 바운더리 밖에 있는 행위이며, 따라서 관리자는 그러한 포스팅을 직권으로 삭제할 수 있다. 물론 나는 차별을 반대하는 가이드라인을 긍정적으로 받아들인다. 내가 말하고 싶은 요점은, 포용과 환영, 다양성을 추구하는 그룹에서조차도 특정한 경계선이 존재하며, 그 모임의 구성원들에게 그 경계선을 존중할 것이 요구

---

3 다른 유대 문헌과 비교했을 때, 바울은 도덕적 부정결에 더 많은 관심을 갖는 것 같다. 클라완스(Klawans)에 따르면, 의례적 부정결(ritual impurity)과 도덕적 부정결(moral impurity)은 고대 유대인들에게 서로 다른 범주였다(예를 들어, 의례적 부정결은 일시적이며, 도덕적 문제를 함축하지 않는다). 클라완스는 바울의 담론에서는 도덕적 부정결의 범주가 더 중요했다고 말한다. Jonathan Klawans, *Impurity and Sin in Ancient Judaism* (New York: Oxford University Press, 2000), 150-156. 그러나 바울이 그의 이교도 출신 청중들에게 편지를 쓸 때 유대적 제의 체계의 맥락에서만 말을 한 것은 아님을 염두에 두어야 한다. 또한 바울은 의례적 오염과 정결에 관한 언어를 도덕적인 맥락에 전유하기도 한다(본서 2장 각주 7번 참고).

된다는 사실이다. 즉, 경계가 없는 그룹은 없다.

이는 바울에게도 마찬가지다. 예를 들어, 갈라디아서는 종종 바울서신에서 가장 사회적으로 포용적인 구절 중 하나로 여겨지는 3:28("너희는 유대인이나 헬라인이나 종이나 자유인이나 남자나 여자나 다 그리스도 예수 안에서 하나이니라")을 포함하고 있지만, 또 한편으로 갈라디아서 전체를 보면 바울은 저주의 수사를 사용하여 자신의 복음이 수신자들에게 갖는 규범성을 강조하고 있다(즉, 바울의 복음에서 벗어나는 이에게는 신적 처벌이 임한다).[4] 고린도전서에서 바울은 "그리스도의 몸"을 공동체의 새로운 삶의 방식, 즉 서로를 지체로서 포용하는 관계를 나타내는 생성적 은유로 사용한다.[5] 그러나 고린도의 에클레시아를 신전 공간으로 여기는 바울에게 공간의 경계 설정은 결코 피할 수 없는 문제이다. 고린도전서 5장에서 우리는 그 신전 공간의 경계 설정과 정결을 위한 정화 작업의 논리가 작동하는 것을 본다. 바울에게 한 가지의 방식만 있었던 것은 아니다.[6] 축출은 바울이 경계의 설정과 유지

---

4   Seon Yong Kim, *Curse Motifs in Galatians*, WUNT 2/531 (Tübingen: Mohr Siebeck, 2020).

5   김영석은 고린도전서에 나오는 "그리스도의 몸"이라는 숙어가 교회 공동체를 가리키는 말이 아니라, 십자가에 달린 그리스도의 몸에 참여하는 삶을 나타내는 역동적인 은유로 보았다. 이러한 대안적 읽기는 고린도전서를 다양성과 포용성을 지향하는 텍스트로 이해하도록 돕는다. Yung Suk Kim, *Christ's Body in Corinth: The Politics of a Metaphor* (Minneapolis: Fortress, 2008), 2-5, 84-85.

6   고린도전서 5장에 관해 논평하면서 김영석은 이렇게 말한다. "구성원들의 축출을 통해 얻어지는 일치는 로마 세계에서 행해졌던 것과 같은 강압적인 일치임을 의미한다. 따라서(therefore), 이것은 바울이 [5장에서] 의미했던 바

를 위해 취한 극단적인 방법들 중 하나였다.

고린도에 있는 이 하나님의 신전(고전 3:16)은 사람들로 지어진 것이다. 그리고 바울은 이 신전의 오염을 염려했다. 오염은 어디에서, 어떻게 오는 것인가? 나는 이교도의 존재 자체가 전염의 위험을 초래하지는 않는다는 점을 지적한 프레드릭슨에게 동의한다.[7] 신전 공간의 오염은 이교 세계라는 외적 환경에서 오는 것이 아니라, 그 에클레시아 내부에서 발생한다. 바울의 신전 담론은 고대 그리스, 로마, 유대 세계의 여러 신전 담론과 유사하지만, 분명한 차이점도 있

가 될 수 없다"(Kim, *Christ's Body in Corinth*, 66; 강조 표시는 나의 것이다). 나는 십자가에 달린 그리스도의 몸에 관한 비전이 로마 제국의 몸 정치학에 균열을 가져올 수 있다는 점에 동의하지만, 그것이 5장에서 바울이 명시적으로 사용하는 축출의 언어를 기각할 근거("따라서")가 된다고 보지 않는다. 바울 텍스트는 다성적이다. 대안적 질서를 상상하는 그리스도의 몸 은유는 고린도전서 텍스트 안에 존재하는 바울의 경계 설정의 언어와 병치되어 나타난다.

[7] 프레드릭슨, 『바울, 이교도의 사도』, 133. 프레드릭슨은 정결/부정결과 거룩/속됨의 범주를 구분한다. (유대) 의례적 의미의 정결과 부정결은 오직 이스라엘에게 해당될 뿐이지, 이교도에게는 해당되지 않는다(135쪽). 그러나 두 번째 대조항, 곧 거룩/속됨의 대조항은 이교도에게도 해당되는 사안이었다. 이교도는 속된 상태(곧, 구별되지 않은 상태)에 있었다. 그러나 이 상태는 전염성이 없기에, 헤롯 성전에서도 유대인은 염려 없이 이교도의 공간을 지나갈 수 있었다(347쪽). 이교도는 우상숭배 때문에 도덕적 의미의 부정결에 처해 있다고 말할 수 있지만, 이 도덕적 부정결 역시 전염성이 없다(138-139쪽). 그러나 프레드릭슨과 달리, 나는 바울이 정결/부정결의 범주와 거룩/속됨의 범주를 항상 날카롭게 분리해서 생각하지는 않았다고 본다. 부정결(아카타르시아)과 거룩(하기아스모스)이 직접적인 대조항으로 나오는 데살로니가전서 4:7을 생각해 보라.

70 건축자 바울

다. 성스러운 공간에 관한 고대의 여러 담론들은, 흔히 개인의 잘못 때문에 그 공간에 들어오는 다른 구성원들 전체로 오염된다고 보지는 않았다. 왜냐하면 성스러운 공간 자체가 사람들 사이에서 일종의 "완충 장치" 역할을 했기 때문이다. 또한 그 공간에 관한 보속을 통해서도 그 신전 공간의 온전함(integrity)을 지킬 수 있었다. 그러나 바울이 보기에 "회중 가운데 한 개인의 위법 행위는 그 회중에 속한 다른 이들에게 즉각적으로 오염과 해를 끼칠 위험"이 있었는데, 그 까닭은 "바로 그 구성원들 자신이 하나님의 신전이기 때문이다."[8] 고린도에 있는 신자들은 개별적으로 성령의 신전일 뿐 아니라(고전 6:19), 그들의 회집이 바로 하나님의 신전이며(고전 3:16), 한 사람의 도덕적인 문제는 신전의 오염을 초래한다. 바울은 그 신전의 온전함이 유지되기를 원했다.

고린도전서 5장에서 바울의 초점은 에클레시아 바깥이 아니라 그 안에서 벌어지는 일에 맞추어져 있다. 고린도전서 5:9-13에서 바울은 자신이 고린도의 신자들에게 이전에 보냈던 편지를 언급한다.

[9] 내가 너희에게 쓴 편지에 음행하는 자들을 사귀지 말라 하였거니와 [10] 이 말은 이 세상의 음행하는 자들이나 탐하는 자들이나 속여 빼앗는 자들이나 우상 숭배하는 자들을 도무지 사귀지 말라 하는 것이

---

[8] Michael K. W. Suh, *Power and Peril: Paul's Use of Temple Discourse in 1 Corinthians*, BZNW 239 (Berlin: De Gruyter, 2020), 210. 강조 표시는 원 저자의 것이다.

아니니 만일 그리하려면 너희가 세상 밖으로 나가야 할 것이라 [11] 이제 내가 너희에게 쓴 것은 만일 어떤 형제라 일컫는 자가 음행하거나 탐욕을 부리거나 우상 숭배를 하거나 모욕하거나 술 취하거나 속여 빼앗거든 사귀지도 말고 그런 자와는 함께 먹지도 말라 함이라 [12] 밖에 있는 사람들을 판단하는 것이야 내게 무슨 상관이 있으리요마는 교회 안에 있는 사람들이야 너희가 판단하지 아니하랴 [13] 밖에 있는 사람들은 하나님이 심판하시려니와 이 악한 사람은 너희 중에서 내 쫓으라 (고전 5:9-13)

고린도전서보다 시간적으로 앞서서 발송되었을 그 편지는 오늘날 우리에게는 전해지지 않는, 유실된 편지다. 그 유실된 편지에서 바울은 성적으로 부도덕한 이들, 탐욕스러운 이들, 약탈자, 우상숭배자 등과 어울리지 말라고 충고했던 것으로 보인다. 그 말의 의미가 혹여 고린도의 신자들에게 잘못 전달되었을까 염려하여, 바울은 여기 고린도전서 5장에서 부연 설명을 덧붙인다. 이전에 바울이 했던 권면의 진정한 의미는 음행, 탐심, 우상숭배 등으로 점철된 이들의 "에클레시아 안에 있을 때" 사귐을 갖지 말라는 것이다. 바울은 "세상"에 있는 사람들(고전 5:10)이 부도덕한 모습을 하고 있다 해서 그들과 교류를 하지 말라는 뜻은 아니었다고 해명한다. 세상에 있는 부도덕한 이들, 곧 "밖에 있는 사람들"(고전 5:12-13)은 결국 하나님께서 심판하실 것이다.

바울은 고린도에 있는, 에클레시아라고 불리는 이 신전 공간의 안과 밖을 나누고, 각각 서로 다른 규칙을 적용하고 있다. 물론, 그 경계가 공기가 전혀 새지 않도록 막은 병 뚜껑과 같지는 않다. 자신이 속한 분파적 공동체를 하나님의 신전, 특히 종말의 신전으로 간주하는 사상은 사해문서 곳곳에 등장한다(1QS, CD 등).[9] 또한 4QMMT에서 상정하는 공동체는 자신들을 나머지 유대인들과 철저히 구별하며 섞이지 않은 것 같다.[10] 고린도전서 5장의 본문은 "세상"(고전 5:10), 곧 그리스도 공동체의 "밖에 있는 사람들"(고전 5:12)과의 구별을 추구한다. 그러나 고린도의 그리스도 공동체의 규율은 유대인과의 분리나, 혹은 다른 지역의 그리스도 신자들과의 완전한 분리를 추구하는 것은 아니다. 그 경계는 비교적 느슨해 보인다. 바울은 고린

---

9   Albert L. A. Hogeterp, *Paul and God's Temple: A Historical Interpretation of Cultic Imagery in the Corinthian Correspondence* (Leuven: Peeters, 2006), 75-114.

10   쿰란 공동체를 "분파주의"로 묘사하는 전통적 해석에 이의를 제기하는 학자들도 있다. 쿰란 분파를 요세푸스와 필론 등이 언급하는 에세네파와 동일시하는 전통적 견해를 지지하는 존 콜린스(John J. Collins)도, 이 운동에 속한 구성원들이 다른 유대인들로부터 완전히 단절되어 단일한 장소에만 머물렀다고 생각하지는 않는다(John J. Collins, *The Scepter and the Star: Messianism in Light of the Dead Sea Scrolls*, 2nd Edition [Grand Rapids: Eerdmans, 2010], 14). 그렇다면 바울의 공동체들와 쿰란 공동체는 그 성격에 있어서 유사한 점이 더 많을 수도 있다. 마가렛 맥도널드(Margaret Y. MacDonald)가 언급한 것처럼, 쿰란 공동체는 "내향적(introversionist)" 유형의 분파주의, 그리고 바울의 공동체는 "개종적(conversionist)" 유형의 분파주의로 이해할 수도 있다. Margaret Y. MacDonald, *The Pauline Churches: A Socio-historical Study of Institutionalization in the Pauline and Deutero-Pauline Writings* (Cambridge: Cambridge University Press, 1988), 39-42.

도에 있는 자신의 청중들이 일상에서 다른 사람들로부터 분리되어, "세상 밖으로" 나가기를 요구하지 않는다(고전 5:10). 그들은 여전히 생업을 가지고 다른 이교도들과 함께 살아간다.[11] 14장에도 나오듯이, "밖에 있는 사람들"은 이 공간에 들어와 하나님의 임재를 보도록 초청받는다. 이처럼 에클레시아 안은 구별된 공간, 세상과 대립관계에 있는 공간인 동시에 투과성도 갖는다.

에클레시아 안과 밖이라는 서로 다른 공간이 어떻게 다른 종류의 질서에 따라 구동되는지에 관한 바울의 관심은 고린도전서 6장에서도 계속해서 드러난다. 고린도전서 6:1-8에서 바울은 에클레시아 내에서 서로 간에 갈등이 있을 때, 그것을 밖에 있는 사람들에 의해 판결받는 소송으로 이어가는 행태를 비판한다.

> [1] 너희 중에 누가 다른 이와 더불어 다툼이 있는데 구태여 불의한 자들 앞에서 고발하고 성도 앞에서 하지 아니하느냐 [2] 성도가 세상을 판단할 것을 너희가 알지 못하느냐 세상도 너희에게 판단을 받겠거든 지극히 작은 일 판단하기를 감당하지 못하겠느냐 [3] 우리가 천사를 판단할 것을 너희가 알지 못하느냐 그러하거든 하물며 세상 일이랴 [4] 그런즉 너희가 세상 사건이 있을 때에 교회에서 경히 여김을 받는 자들을 세우느냐 [5] 내가 너희를 부끄럽게 하려 하여 이 말을 하노니 너희 가운데 그 형제간의 일을 판단할 만한 지혜 있는 자가 이같이 하나도 없느냐 [6] 형제가 형제와 더불어 고발할 뿐더러 믿지 아니

---

11   믹스, 『1세기 기독교와 도시 문화』, 260.

하는 자들 앞에서 하느냐 [7] 너희가 피차 고발함으로 너희 가운데 이미 뚜렷한 허물이 있나니 차라리 불의를 당하는 것이 낫지 아니하며 차라리 속는 것이 낫지 아니하냐 [8] 너희는 불의를 행하고 속이는구나 그는 너희 형제로다 (고전 6:1-8)

주석가들은 소송에 대한 바울의 만류와 질책을 당시 로마 세계에서, 특히 고린도라는 지역에서 민사 소송의 부당한 풍습 때문으로 돌리기도 한다.[12] 특히, 이러한 소송은 돈과 힘이 있는 이들에게 유리하게 굽어질 수밖에 없었기에, 고린도 에클레시아 구성원들 가운데 소송이 벌어져도 결국은 그들의 사회·경제적 수준에 따라 특권을 누리는 이들과 그렇지 못한 이들이 갈릴 수밖에 없는 상황이었다.[13]

물론 이러한 측면이 바울이 언급한 문제의 일부분일 수는 있다. 그러나 이 본문에서 바울의 핵심 논지는 에클레시아 밖의 소송이 부당하고 불만족스럽기 때문에 차라리 교회 안에서 그 사안들을 처

---

12 예컨대, 앤서니 C. 티슬턴, 『고린도전서: 해석학적 & 목회적으로 바라 본 실용적 주석』, 권연경 옮김(SFC, 2011), 166-167; Roy E. Ciampa and Brian S. Rosner, *The First Letter to the Corinthians*, PNTC (Grand Rapids: Eerdmans, 2010), 226-227을 보라.

13 Alan C. Mitchell, "Rich and Poor in the Courts of Corinth: Litigiousness and Status in 1 Corinthians 6.1-11," *NTS* 39 (1993): 562-586; Richard B. Hays, *First Corinthians* (Louisville: WJK, 1997), 93-94. 사회·경제적 차이가 그리스도 공동체 내부의 문제와 교차한다는 점에서 고린도전서 6장의 소송 문제는 고린도전서 11:17-34의 상황에도 비견될 수 있다.

리하라는 것이 아니다. 오히려, 바울은 에클레시아라는 신전 공간에 속한 이들이 세상의 질서를 초월하는 힘을 가지고 있다는 점을 강조하고 있다(고전 3:18-23 참고). 성도는 세상을 심판할 자들이며, 심지어 천사들까지도 심판하게 될 것이다(고전 6:2-3). 고린도 공동체의 구성원들이 그들의 갈등에 대한 중재를 바깥 공간에 속한 사람들, 곧 "믿지 아니하는 자들"(고전 6:6)에게 맡길 때, 이는 그리스도로 말미암아 이미 변화된 질서와 그 안에서 받은 권위를 상실하는 것과 다름없다. 아니, 공동체 내에 있는 형제, 자매와 분쟁하는 것 자체가 이미 그들이 그리스도 안에서 수여받은 새로운 정체성을 배반하는 행위다.[14] 바울은 그렇게 할 바에야 차라리 타인이 저지르는 잘못을 감내하는 게 더 낫다고 말한다(고전 6:7).

바울은 현대의 기독교인들이 그 어떤 법적 소송에도 관여하면 안 된다고 말하는 것이 아니다. 바울의 말을 더욱 곱씹어 보아야 한다. 오늘날 교회의 재산이나 건물, 리더십의 문제를 두고 각종 소송들이 벌어지기 때문에, 법조인들에게 교회가 중요한 고객이 되었다는 이야기를 법무법인에 근무하는 한 변호사 친구에게서 들은 적이 있다. 교회 안에서 교단 헌법을 따라 권징을 실시하는 재판에서도 문제들이 발생한다는 것을 지적하는 이야기도 들었다.[15] 이러한 현실을 감안하면, 고린도전서 6:1-8에 나오는 바울의 말은 거의 비현

---

14 Hays, *First Corinthians*, 96.

15 나는 2021년에 나온 "교회 재판을 재판한다"라는 시리즈 기사를 참고하였다. https://www.newsnjoy.or.kr/news/articleList.html?sc_serial_code=SRN181

실적인 이상처럼 보이기도 한다. 바울은 왜 그런 말을 했을까?

묵시사상가 바울은 성도들이 종말에 하나님께서 시행할 심판에 참여하게 될 것을 믿었다. 그리고 지금 여기 고린도에 세워진 하나님의 신전은 그러한 미래가 현재화되었음을 드러내는 곳이다. 성도들은 이미 그리스도 안에서 새로운 정체성을 받은 존재이며, 바울은 이미 변화된 현재에 근거하여 권면과 경고를 발화했다. 세례를 통해 그들은 이미 이교도적 과거를 청산했다(고전 6:9-11). 바울은 유보된 미래를 통해 현재를 권면하는 것이 아니라("너희가 아직 … 아니기에, 지금은 … 해야 한다"), 오히려 미래의 확실성과 현재적 유관성을 가지고 권면한다("너희가 앞으로 … 일 것이 확실하고, 이미 … 이기 때문에, 지금도 … 해야 한다"). 이러한 패턴은 앞으로 살펴 볼 고린도전서의 많은 본문들에서도 유사하게 등장한다.

몸과 노예

에클레시아와 세상을 대조시키는 바울의 공간 구성은 고린도전서 6:12-20에서 신자 개인의 몸에 관한 권면으로 심화된다.

> [12] 모든 것이 내게 가하나 다 유익한 것이 아니요 모든 것이 내게 가하나 내가 무엇에든지 얽매이지 아니하리라 [13] 음식은 배를 위하여 있고 배는 음식을 위하여 있으나 하나님은 이것 저것을 다 폐하시리라 몸은 음란을 위하여 있지 않고 오직 주를 위하여 있으며 주는 몸

을 위하여 계시느니라 14 하나님이 주를 다시 살리셨고 또한 그의 권
능으로 우리를 다시 살리시리라 15 너희 몸이 그리스도의 지체인 줄
을 알지 못하느냐 내가 그리스도의 지체를 가지고 창녀의 지체를 만
들겠느냐 결코 그럴 수 없느니라 16 창녀와 합하는 자는 그와 한 몸인
줄을 알지 못하느냐 일렀으되 둘이 한 육체가 된다 하셨나니 17 주와
합하는 자는 한 영이니라 18 음행을 피하라 사람이 범하는 죄마다 몸
밖에 있거니와 음행하는 자는 자기 몸에 죄를 범하느니라 19 너희 몸
은 너희가 하나님께로부터 받은 바 너희 가운데 계신 성령의 전인 줄
을 알지 못하느냐 너희는 너희 자신의 것이 아니라 20 값으로 산 것
이 되었으니 그런즉 너희 몸으로 하나님께 영광을 돌리라 (고전 6:12-
20)

여기서 바울은 갈등과 소송에 대한 이야기(고전 6:1-11)를 뒤로 하
고, 5장에서 언급했던 문제와 연결될 수 있는 성적 부도덕의 주제로
다시 돌아온다. 그런데 5장과 비교했을 때, 한 가지 다른 점이 있다.
바울은 앞서 5장에서 아버지의 아내를 취한 특정한 인물의 행동이
왜 잘못된 것인지에 대해 자세히 설명하지 않았으며, 다만 공동체
가 직무를 유기했다고 비판했다(범죄한 자를 에클레시아 밖으로 축출했어야 한
다). 그런데 6장에서는 음행의 문제에 대해 자세히 설명하면서 "음
행을 피하라"(고전 6:18)고 명령하기 때문에, 고린도 공동체 구성원들
모두의 성 도덕에 관해 말하는 것처럼 보인다.

왜 음행을 피해야 하는가? 고린도전서 6:12-20에서 바울이 성적

부도덕을 비판하며 내세우는 이유는 크게 세 단계로 정리된다. 각각 조금씩 다른 사회적·문화적 맥락에서 근거를 끌어온 것이다.

> 1) 몸과 주님의 관계 - 몸은 주님의 것이다.
> 2) 몸과 성령의 관계 - 몸에 성령이 거하신다.
> 3) 몸과 음행의 관계 - 음행은 몸의 변화를 초래한다.

간단히 말하면, 바울이 보았을 때 성적 부도덕은 몸을 매개로 하기 때문에, 또한 몸을 매개로 연쇄적으로 연합되는 [개인 - 공동체 - 주님/성령] 간의 실제적이고 긴밀한 관계에 부정적인 결과를 가져온다는 것이다. 이를 상세히 풀어보면 다음과 같다.

첫째, 개별 신자의 몸은 주님의 것이며, 또한 공동체로서도 주님의 몸의 지체다. 음행은 몸의 주인이 누구인지를 오해한 행동이다. 고린도전서 6:13 후반부에 나오는 몸이라는 단어는 중의적이다. 몸(신자 개인의 몸이든 혹은 몸으로서의 공동체이든)은 주님을 위해 존재하고, 주님은 그 몸을 위해 존재한다. 물론 사회·정치적인 공동체(예: 도시 국가, 제국 등)를 하나의 몸으로 보는 것은 고대 그리스-로마 수사에서도 사용된 정치적 이념이다.[16] 특히 고린도전서 12장에서는 그 전통을 보다 적극적으로 활용해 공동체 구성원들의 일치에 관해 말한다. 여기 6장에서는 주님과 몸의 배타적인 주종관계를 강조하기 위해 몸

---

16   고대 몸 정치학(body politic)의 수사에 관해서는 다음을 참고하라. Dale B. Martin, *The Corinthian Body* (New Haven: Yale University Press, 1995), 39-47.

수사를 사용한다. 공동체와 개인의 몸은 모두 주님을 위한 것이 아 닌 다른 방식으로 사용되어서는 안 된다.

둘째, 몸은 성령의 신전으로 불린다(고전 6:19). 이것은 일차적으로 제의적 상황과 밀접한 관계가 있다. 신/영에게 사로잡힌 개인이 예 언을 하거나 그 신의 추종자가 되는 것은 당시 고대 지중해 세계에 서 흔한 문화적 레퍼런스였다(예: 아폴론의 무녀 퓌티아, 디오니소스 추종자들 등). 바울은 자신의 청중들이 다른 신이 아니라 이스라엘 하나님의 영에게 사로잡힌 추종자들이며, 그 신내림으로 예언이나 혹은 다른 영적 현상을 경험하고 있음을 암시한다. 여기서 바울이 복수로 "너 희 몸"(단수로 "너의 몸"이 아니라)이라는 표현을 사용하는 것을 볼 때, 바 울은 개인의 몸뿐 아니라, 몸으로서의 공동체에 대한 논의 역시 이 어가고 있는 것으로 볼 수 있다(공동체를 하나님의 신전에 빗대는 고전 3:16은 나중에 자세히 살펴볼 것이다). 사람들이 모여서 만든 에클레시아 공동체의 몸과, 그것을 구성하는 개인의 몸은 거룩한 영이 거하는 신전이라 는 점에서 동일한 성질을 지닌다. 공동체 몸과 개인의 몸은 같은 영 에 의해 연합해 있으며, 신자와 그리스도의 연합 역시 한 영이라는 표현으로 묘사된다(고전 6:17).

이 두 가지 전제에 근거해서, 바울은 포르네(고전 6:15-16)와의 부도 덕한 성적인 결합이 몸에 가져올 부정적인 변화를 묘사한다. 포르네 이아/음행(고전 6:13)이라는 말은 그 의미의 폭이 넓어 다양한 종류의 비도덕적인 성적 행동을 가리킬 수 있다(5장에 나왔던 근친상간도 포함된다). 그러나 고린도전서 6:15-16에 나오는 포르네라는 여성 명사는 매춘부를 가리킬 가능성이 크다. 그런데 "창녀[포르네]와 합하는 자는 그와 한 몸인 줄을 알지 못하느냐 일렀으되 둘이 한 육체가 된다 하셨나니"(고전 6:16)에서 바울이 경전을 인용한 방식이 상당히 충격적이다. 바울은 남자와 여자가 한 육체가 된다는 창세기 2:24을 가지고 와서, 고린도에 있는 남성 신자가 매춘부(포르네)와 결합할 때, 그 사람이 포르네와 한 몸을 이루는 결과가 따른다는 점을 언급한다. 창세기 구절의 본래의 맥락은 하나님의 복을 선언하는 것이다. 바울은 그러한 축복과 반대가 되는 것 같은 상황을 경고하기 위해 역설적인 방식으로 그 구절을 활용하였다.

바울이 보았을 때, 몸의 결합은 그것이 육체적이든(개인의 몸과 포르네와의 결합), 영적이든(개인/공동체의 몸과 성령과의 결합), 혹은 정치적이든(개인/공동체의 몸과 주님과의 결합), 똑같이 실제적이다. 신자의 몸, 공동체의 몸, 그리고 그리스도는 서로 연결되어 있기에, 한쪽의 몸 관계의 변화는 곧 다른 몸의 변화를 초래한다. 데일 마틴(Dale Martin)이 적나라하게 표현했듯이, "그리스도 신자가 포르네와 성관계를 가지면, 그것은 곧 그리스도가 포르네와 성관계를 갖는 것과 마찬가지다. 이는 [그리스도와 귀신의 식탁을 겸하는 상황과 마찬가지로] 바울에게 상상할 수도 없는 끔찍한 일이었다."[17] 이렇듯 "음행을 피하라"(고전 6:18)는 바울의 권면은 이와 같은 몸의 고리에서 한 레벨에서의 실

---

17   Martin, *The Corinthian Body*, 175. 마틴은 포르네가 그리스도와 대비되는 악한 세상(코스모스)을 대표하는 것으로 본다. 따라서, 포르네와의 잠자리는 곧 그리스도 신자(혹은 그리스도)가 세상과 잠자리를 함께 한다는 뜻이며, 이는 몸 전체에 우주론적 재앙을 초래하는 것이다(176-179).

재가 변화했을 때 다른 레벨에서의 실재에도 변화가 생긴다는 우주론적 신념에 근거한다.

물론 인류학자들이 말하듯, 인간의 몸은 종종 사회 전체를 나타내는 상징으로 기능한다. 사회적인 구조나 사회를 위협할 수 있는 요소는 인간의 몸에서 미시적인 차원으로 나타난다.[18] 따라서 개인의 몸과 공동체/사회로서의 몸 사이의 관계를 밀접하게 보는 것은 단지 바울에게서만 특수하게 발견되는 것은 아니다. 바울의 경전인 이스라엘 경전에서도 인간의 몸에 미시적으로 요구되는 정결 관련 음식 규례는 예루살렘에서 거시적으로 행해지는 희생 제의 규례와 공명하고 있다.[19] 바울은 이러한 몸의 연쇄관계를 적극적으로 자신의 목회적 권면에 사용한다. 개인의 몸과 사회적 몸을 함께 규제하는 것은 고린도전서 5-6장뿐 아니라 고린도전서 전체를 관통하는 바울의 기획 중 하나다.[20]

그런데 이 본문에서 바울이 침묵하고 있는 내용들이 있다. 첫째로, 바울은 고린도전서 6:15-16에 언급된 포르네/매춘부가 구체적으로 누구인지 밝히지 않는다. 그 포르네는 어떤 신분이며, 또한 에클레시아와 무슨 관계가 있는 것일까? 둘째로, 만약 그러한 사람도

---

18 메리 더글러스에게 있어서 이러한 사회적 몸과 개인의 신체 사이의 연결은 의례를 해석하는 열쇠가 된다. Mary Douglas, *Purity and Danger: An Analysis of Concept of Pollution and Taboo, with a new preface by the author* (London; New York: Routledge, 2002 [1966]), 142.

19 Mary Douglas, *Purity and Danger*, 51-71.

20 Jerome Neyrey "Body Language in 1 Corinthians," *Semeia* 35 (1986): 129-70.

에클레시아 안으로 들어오고자 한다면, 과연 입회가 가능할까? 바울의 본문은 이러한 질문을 명시적으로 다루고 있지 않기 때문에, 나는 여기서 면밀한 주석보다는 역사적 상상력을 발휘한 하나의 가능성 있는 해석을 제안하려고 한다.[21]

먼저 첫 번째 의문점을 생각해 보자. 포르네는 어떤 사람인가? 고린도전서 6:12-20, 혹은 넓게 보아 고린도전서 5-7장에 걸쳐서 이루어진 바울의 논증은 고대의 노예 제도의 현실을 전제하고 있다. 고대 그리스-로마 세계의 노예들에게는 다양한 역할과 임무가 강요되었지만,[22] 그 중 한 가지 주목할 만한 공통점은, 남자든 여자든, 노예들은 대개 그 주인의 성적 대상이 되었다는 점이다. 노예 주인들에게 있어서 노예는 자신들의 소유물이자 도구였다. 주인 본인이 기혼일지라도, 자신의 노예와 성행위를 하는 것은 도덕적으로 문제

---

21 포르네를 노예로 해석하는 것은 Jennifer Glancy, *Slavery in Early Christianity* (Minneapolis: Fortress, 2006), 39-70을 주로 참고한 것이다. 한편, 브루스 윈터(Bruce Winter)는 고린도전서 6:12-20을 매음굴이 아니라 연회장에 불려온 창기들과 성적 쾌락을 즐기는 관습, 특히 연회에 참석할 자격이 생기는 성인식(*toga virilis*)을 거친 젊은이들을 향한 경고로 보았다. Winter, *After Paul Left Corinth*, 82-93. 윈터는 남자들의 삶의 자리(연회 및 성인식)에 대한 사회적 재구성은 자세히 진행했지만, 바울이 사용한 실제 어휘(포르네)에 대한 분석은 자세히 진행하지 않았다. 포르네라는 용어는 윈터의 책 88쪽 각주 40번에서 간략하게 설명될 뿐이다.

22 고대 로마의 노예가 균일한 그룹이 아니라, 그 과업이나 장소, 맥락에 따라 (특히 누구의 노예로 예속되었는지에 따라) 다양한 사회적 위치를 점유하고 있었다는 점은 Dale B. Martin, *Slavery as Salvation: The Metaphor of Slavery in Pauline Christianity* (New Haven: Yale University Press, 1990), 1-49을 참고하라.

가 있다고 여겨지지 않았다. 왜냐하면 로마법에서 볼 때 간통이란, 그 상대가 자유인 여성이었을 때만 성립되는 것이기 때문이다.

주인이 성적인 요구를 할 때 노예의 입장에서는 그것을 거절할 권리가 없었다. 더 나아가, 노예들은 주인에 의해 외부로 나가 매춘할 것을 강요받거나 혹은 아예 전문적인 성노예로 팔려 나갈 가능성이 언제나 존재했다. 물론 고대 로마 세계에서 모든 매춘부가 노예는 아니었으나, 적어도 3세기 초까지는 로마의 속주들에 있었던 상당수의 매춘부들이 노예였다는 증거가 있다.[23] 이러한 역사적 정황을 고려해 볼 때, 바울이 고린도전서 6장에서 언급하는 포르네란 자신의 의지가 아닌 강압적 사회구조, 특히 노예제 구조에 의하여 그 일을 해야 했던 사람일 가능성이 있다. 짧게 말하면, 고린도전서 6:15-16의 포르네는 성노예라 볼 수 있다.

두 번째 의문점을 생각해 보자. 포르네, 특히 노예인 포르네도 이 에클레시아로 불리는 그룹에 들어올 수 있었을까? 먼저, 우리는 고린도전서 7장에서, 바울의 청중인 고린도 에클레시아 안에 노예 신분인 이들도 있음을 알게 된다(고전 7:21). 그들이 매춘부 노예였을지는 알 수 없다. 그러나 노예인 이상 늘 자신의 주인에게 성적 도구화를 당할 위기 속에서 살았을 가능성이 있다. 그와 같은 사람들이 회중 가운데 낭독되는 고린도전서 6장을 들었을 때, 사실상 자신의 의지로 바꿀 수 있는 일이 있었을까? 더 나아가, 강요에 의해 본격

---

23   Thomas A. J. McGinn, *Prostitution, Sexuality, and the Law in Ancient Rome* (New York: Oxford University Press, 1998), 16 n. 80.

적으로 매춘을 하게 된 어느 노예가 고린도의 어느 구역에서 바울이 전한 복음을 알게 되고 그 공동체 안에 들어오려는 경우를 상상해 보자. 포르네와의 결합을 강하게 비판하는 바울은, 어떤 포르네가 세례를 받고 고린도의 그리스도 제의 그룹에 입회하려고 할 때 그를 향해 무엇이라 말할 수 있었을까? 제니퍼 글랜시(Jennifer Glancy)는 고린도전서 6장에 나오는 바울의 명령은 성적 자기결정권이 없었던 노예들이 그리스도 공동체에 들어오는 데 실제적인 장애물이 되었을 것으로 본다.[24] 그들이 신전 공간에 들어오려는 문을 바울이 단단히 막고 울타리를 친 것처럼 보인다는 것이다.

그러나 나는 글랜시의 결론에 동의하지 않는다. 고린도전서 6:12-20에 나오는 바울의 명령은 포르네와의 결합을 택할 수 있는 권한과 재물이 있는 남성들만을 향해 있고, 그렇지 않은 이들에게는 아무 것도 직접적으로 요구하고 있지 않다. 즉, 이 본문은 청중들 가운데 특정한 종류의 사람들을 전제하고, 그들을 향해서 주로 권면하는 것이다. 포르네와의 성행위를 택하지 않는 것은 그들이 바울의 명령에 반응하여 자발적으로 취할 수 있는 선택의 영역이었다. 이 본문은 매춘부를 향한 비판이 아니며, 타의에 의해 성적인 대상화의 고통을 겪는 이들의 삶을 비판하고 있지도 않다. 바울은 자신에게 성적 결정권이 없는 노예들의 삶을 궁지로 몰고, 그들을 에클레시아 바깥으로 몰아내려 한 것이 아니다. 오히려, 다른 이들을 성적으로 이용할 수 있는 권리를 당연하게 여기던 자들을 향해서

---

24 Glancy, *Slavery in Early Christianity*, 50, 65-67.

경고하는 것이다. 이제 다른 종류의 질서가 작동하는 신전 공간의 일부가 되었음에도 불구하고, 여전히 타인(그 공동체의 일원일 수도 있는 노예)의 몸을 착취하는 이들은 개인의 몸뿐 아니라 하나님의 신전을 파괴하고 있는 것이다.

글랜시가 잘 지적했듯이, 이 본문에서 바울은 고대 그리스-로마 사회의 삶의 일부였던 노예에 관한 이미지를 비틀어 사용한다. 바울은 청중들 가운데 있는 자유인을 역설적으로 노예처럼 취급한다. 다른 이를 노예로 부리고 성적 도구로 삼을 수 있는 권한을 가진 이들을 노예처럼 대상화한다.[25] 고린도의 신자들 모두는, 그들이 자유인일지라도 그리스도께서 값을 주고 산, 그리스도의 소유물이다(고전 6:20). 사회적으로 자유인의 신분을 자랑하는 이들일지라도, 그들 모두는 그리스도의 노예다(고전 7:22). 그들은 하나님의 신전에서 섬기는 노예가 되었다. 이제 그들의 몸은 음행을 위한 것이 아니라 주님을 위한 것이다(고전 6:13). 따라서 자신의 자유를 통해 사회적 약자를 성적으로 이용하는 이들은 궁극적으로 자신이 누구의 것인지를 망각한 것이다.

모두가 글랜시의 해석 제안(포르네를 노예로 해석하는 것)에 동의할 필요는 없다. 설령 그렇지 않다 해도 내가 말하고자 하는 논점은 여전히 그대로다. 몇몇 해석자들의 시각에서 묻어나는 함의와는 달리,[26]

---

25 Glancy, *Slavery in Early Christianity*, 66.

26 한 예로, Hays, *First Corinthians*, 109을 보라. 헤이스에 따르면, 고린도전서 6:12-20은 성적인 자기결정권 및 재생산권(reproductive rights)을 주장하고 자기가 자기 몸의 주인인 양 살아가는 현대인들에게, "너의 몸의 주인은 너

바울은 고린도전서 6:12-20에서(그리고 고린도전서 5-6장 전체에서) 사회의 다른 부분과 분리된 개인의 몸에 관한 성윤리를 규정하는 것이 아니다. 이것은 기본적으로 사회 구조 안에서 일어나는 힘의 차이, 타인에 대한 약탈, 불의, 그리고 그로 인한 공동체 파괴의 위협에 관해 다루는 본문이다. 누군가 고린도전서 6:12-20을 설교한다면, 오늘날 이 본문과 가장 걸맞는 상황은 자신의 지위를 이용해 저지르는 권력형 성범죄, 특히 교회의 위계 질서와 결부해 일어나는 범죄일 것이다.

바울은 노예제가 마치 숨쉬는 공기처럼 존재하는 로마 세계에 살았다. 그는 에클레시아 밖에 있는 노예 제도 전체를 폐지하기 위해 목소리를 높이거나 봉기한 것은 아니다. 오히려, 바울은 노예의 사회적 현실을 자신의 수신자들을 설득하기 위한 효과적인 수사 장치로 삼았다. 그리스도는 주님/주인(퀴리오스)이라 불리는 모든 이들보다 높은 참 주님/주인이시며, 노예든 자유인이든, 모두가 그 주님께 속해 있다. 이러한 신적 주종관계에 대한 선언은 에클레시아 밖에서든 안에서든, 특권을 누리고 있으며 타인의 몸을 대상화하고

자신이 아니라 그리스도시다"라는 점을 상기시킨다. 이러한 해석은 6:12 전반절과 6:13 전반절을 바울의 말이 아니라, 방만한 고린도 신자들의 슬로건을 바울이 인용한 것으로 보는 견해와도 결합된다. 바울의 메시지는 몸의 자율성을 주장하는 고린도의 신자들을 교정하며, 나아가 몸의 자율성을 주장하는 현대 그리스도인들을 교정한다는 것이다. 그러나 이러한 해석에는 현대 사회에서 여성이 재생산권을 누리는 것을 다소 부정적으로 보는 전제가 깔려 있다.

수탈하는 이들을 향한 강력한 비판의 근거가 된다.

그러나 다른 한편, 노예 개념의 신학적, 수사적 활용은 노예제가 전제하는 위계 관계의 이념을 강화하고 영속화할 수 있다. 그리스도는 노예 제도 자체를 폐지하는 분이 아니라, 새롭고 궁극적인 노예 주인으로 상정되기 때문이다. 고린도의 에클레시아 구성원들 모두는 한 주인에게서 다른 주인에게로 팔린 자들이다. 그들은 이제 그리스도의 노예, 그리스도의 사유 재산이다. 대안적 공간, 세상과 대조되는 하나님의 신전인 에클레시아의 질서를 명료하게 표현하기 위해 바울은 세상이 작동하는 방식과 그 언어가 구성하는 실재를 의지하지 않을 방법이 없었다.

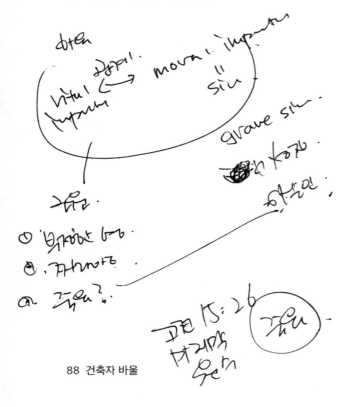

죄로 이방인들

바울은 고린도 공동체 곧 에클레시아를 (세상과 구별된) 하나님의 신전 공간으로 그린다. 2장의 논의는 이 하나님의 신전의 범위를 표시하는 경계가 어떠한 특징을 지니며, 또한 그 신전 공간의 온전함과 질서가 어떻게 유지될 수 있는지를 중심으로 전개되었다. 일차적으로 이 신전 공간의 경계는 도덕적 정결로 드러난다. 그러나 고린도전서 5장에 언급된 근친상간에 대한 바울의 단호한 조치는 이 신전 공간의 오염이 외부인들로부터가 아니라 내부에 속한 이들의 잘못된 행동으로 초래된다는 점을 드러낸다.

고린도전서 6장 전반부에 암시된 소송 문제의 경우, 바울은 에클레시아 구성원들의 변화된 정체성을 권면의 근거로 삼는다. 바울의 묵시사상에 따르면 성도는 세상과 천사까지도 심판할 것이다. 공동체 구성원들 사이의 분쟁을 경계 바깥에 있는 이들에게 심판하도록 요청하는 것은, 이 신전 공간이 표상하는 성도의 정체성 및 권위와 배치된다. 고린도전서 5-6장에서 바울은 에클레시아 구성원들이 계속해서 세상에 속한 이들과 교류하면서 살아가는 사회적 현실을 부정하지 않으며, 고린도전서의 다른 부분에 나타나듯 이 공간은 외부인들에게 열려 있다. 에클레시아는 세상과 다른 질서로 작동되지만 그 공간의 경계는 투과성을 갖는다.

다음으로 우리는 바울이 다시금 성적 부도덕의 문제를 다루는 고린도전서 6:12-20을 살펴보았다. 죄를 지은 한 인물을 용인했다는 점에서 고린도의 에클레시아 전체를 꾸짖었던 5장과 달리, 6장에서 바울은 이 공동체의 구성원 개개인을 향해 음행을 피하라는 권면을 제시하는 것처럼 보인다. 바울의 권면은 개인의 몸과 공동체의 몸, 그리고 주님/성령 사이를 연결하는 실제적 관계를 전제하고 있다. 이러한 바울의 우주론과 인간론에 따르면 한 차원의 몸에 일어난 부정적 변화는 다른 차원의 몸에도 부정적 영향을 끼친다. 그런데 자유인 남성 구성원의 포르네(매춘부, 성노예)와의 연합을 언급하는 6장 후반부를 자세히 들여다보면, 바울이 이 본문에서 특히 주목하는 것은 불평등한 사회·경제적 구조 안에서 타인의 몸을 대상화하고 착취하는 행위임을 알 수 있다. 그러한 행위는 하나님의 신전 공간인 공동체의 몸(고전 3:16), 그리고 그 공간의 질서를 소우주적으로 새긴 신자 개인의 몸(이것 역시 하나님의 신전이다[고전 6:19])과 양립 불가능하기에, 바울은 이를 두고 날카롭게 비판한다.

2부_의례의 재설정

찬양의 열기 모두 끝나면
주 앞에 나와
더욱 진실한 예배 드리네
주님을 향한
노래 이상의 노래 내 맘 깊은 곳에
주께서 원하신 것

맷 레드먼, "마음의 예배"

의례 바라보기

하나님의 신전에 비견되는 고린도의 에클레시아는 의례화된 공간이다.[1] 의례화된 공간이란 표현은 무슨 뜻인가? 이 공간은 의례가 행해지기 위해 존재하는 성스러운 공간인 동시에, 또한 의례 행위에 의해 탄생된 공간이기도 하다는 말이다. 고린도전서 본문을 살펴보기에 앞서, 내가 의례를 바라보는 관점을 세 가지로 소개하고자 한다.

첫째, 무엇을 의례라고 부를 것인지 정의하는 것은 매우 까다롭다. 의례학자 로널드 그라임스(Ronald L. Grimes)는 "의례를 정의하는 것은 재즈를 정의하는 것과 비슷하다"라고 말했다.[2] 집단적이고 되

---

1   Økland, *Women in Their Place*, 1, 143-145.

2   Ronald L. Grimes, *The Craft of Ritual Studies* (New York: Oxford University Press, 2014), 186.

풀이되는 행동, 목적이 있는 행동 등을 흔히 의례의 구성 요소에 포함시킬 수 있으나, 그 범주는 대개 유동적이고 다형적(polythetic)이다.[3] 즉, 특정한 요소가 들어가거나 혹은 빠지는 것이 의례의 정의에 있어서 결정적이지는 않다는 것이다.

둘째, 나는 의례를 하나의 의사소통 방식이면서, 특정한 실재와 그 질서를 활성화시키는 수행적 실천으로 이해한다.[4] 의례는 자기지시적(self-referential) 메시지와 규범적(canonical) 메시지를, 그 의례가 이루어지는 사회/공동체 가운데서 소통하는 방식이다. 여기서 자기지시적 메시지와 규범적 메시지는 상호 의존적이다. 의례 참여자는 자신의 참여를 통해 규범적 메시지에 대한 동의를 나타낸다. 반대로, 의례 참여라는 자기지시적 메시지가 있어야만, 규범적 질서가 비로소 활성화된다.

셋째, 나는 의례화(ritualization)의 과정에도 관심이 있다. 즉, 특정한 행동을 다른 종류의 행동으로부터 구분하는 전략적 행위로서의 의례화가 어떻게 사회적 질서 및 권력 관계를 생산하는지도 주목하려는 것이다.[5]

나는 바울을 의례의 창의적 해석자로 여긴다. 바울서신을 이해

---

3 Jan A. M. Snoek, "Defining 'Rituals,'" in *Theorizing Rituals: Issues, Topics, Approaches, Concepts*, ed. Jens Kreinath et al. (Leiden: Brill, 2006), 11.

4 Roy A. Rappaport, *Ritual and Religion in the Making of Humanity* (Cambridge: Cambridge University Press, 1999), 50-54.

5 Catherine Bell, *Ritual Theory, Ritual Practice* (New York: Oxford University Press, 2009 [1992]), 7-8.

하는 탐구 과정에 있어서 의례는 결코 부수적인 요소가 아니다.[6] 그럼에도, 바울서신에서 의례 자체를 설명하려는 목적을 최우선에 둔 본문을 찾기가 어렵다. 바울은 토라의 몇몇 부분처럼 희생 제의나 정결 의례를 자세하게 규정한 글을 쓴 것도 아니고, 현대 학자들처럼 의례를 이론화한 학술서를 쓴 것도 아니다. 바울은 그의 공동체, 즉 에클레시아가 겪는 다양한 이슈들에 응답하는 실용적 편지를 썼다. 간혹, 그 공동체의 이슈가 의례와 직접적으로 연관되어 있을 때(예를 들어, 고린도전서 11:17-34), 우리는 바울이 생각하는 의례에 관한 상당량의 정보를 얻게 된다. 그러나 대부분의 경우 우리는 바울이 펼치는 논증 사이사이에 들어 있는 의례 인용이나 미세한 암시를 포착하거나, 혹은 바울의 권면을 뒷받침하고 있는 논리적 전제로부터 의례의 수행과 의미를 추론할 수밖에 없다.

고린도전서 텍스트에 직, 간접적으로 나타나는 여러 의례들은 고린도의 에클레시아 공간을 탄생시키고, 경계를 설정하며, 그 안에서 구성된 질서의 의의를 전달한다. 그리고 그렇게 구성된 공간에서 수행되는 의례의 실천과 의미는 고린도 신자들 사이에서, 또한 고린도 신자들과 바울 사이에서, 계속적인 협상과 경쟁, 재조정의 과정을 겪는다. 여기에는 특히 1세기 바울의 에클레시아들이 긴 역사와 안정된 관습을 지닌 그룹이 아니라, 이제 막 생성중인 제의 그

---

6   바울서신뿐 아니라, 초기 기독교의 발전 과정을 이해하려 할 때, 의례의 생성과 경합과 발전 과정은 매우 중요하다. Risto Uro, *Ritual and Christian Beginnings: A Socio-Cognitive Analysis* (Oxford: Oxford University Press, 2016)를 참고하라.

룹이었다는 특수한 상황도 한몫을 할 것이다. 이 장에서 나는 세례와 주의 만찬을 먼저 살펴본 후, 우상 제물과 관련된 문제도 의례의 차원에서 생각해 보고자 한다.

세례

> [9] 불의한 사람들은 하나님 나라를 상속받지 못하리라는 것을 알지 못합니까? 착각하지 마십시오. 음행을 하는 사람들이나, 우상을 숭배하는 사람들이나, 간음을 하는 사람들이나, 여성 노릇을 하는 사람들이나, 동성애를 하는 사람들이나, [10] 도둑질하는 사람들이나, 탐욕을 부리는 사람들이나, 술 취하는 사람들이나, 남을 중상하는 사람들이나, 남의 것을 약탈하는 사람들은, 하나님 나라를 상속받지 못할 것입니다. [11] 여러분 가운데 이런 사람들이 더러 있었습니다. 그러나 여러분은 주 예수 그리스도의 이름과 우리 하나님의 성령으로 씻겨지고, 거룩하게 되고, 의롭게 되었습니다. (고전 6:9-11 새번역)

1부에서도 살펴보았던 고린도전서 6장에서 시작해 보자. 바울은 6:9-11에서 세례 전승을 활용하여 자신이 말하고자 하는 논점(고전 6:1-8)을 강화한다. 9절과 10절의 수미상관 구조를 통해, 바울은 불의한 자들은 하나님 나라를 상속받지 못한다고 강조한다. 그 수미상관의 언명 사이에는 불의한 이들의 목록, 즉 일종의 악덕 목록이 등장한다.[7] 공동체의 가치 기준과 어긋나는 종류의 행동을 하는 이들을 제시하고, 그들이 하나님 나라를 상속받지 못할 것이라고 선언하는 것은 공동체 입회에 동반되는 저주의 의례에 비견할 만하다. 사해문서의 공동체 규율(1QS)에서도 살펴볼 수 있듯이, 입회하여 언약의 공간 안에 들어온 자들을 향한 축복(1QS 2:2-4)과 공동체의 규율을 저버리는 이들을 향한 저주(1QS 2:5-9)는 마치 동전의 양면과 같다. 바울은 고린도에 있는 에클레시아 구성원들이 세례를 통해서 그처럼 저주를 받을 만한 상태에서 이미 벗어난 존재임을 상기시킨다.

---

7   고린도전서 6:9에 나오는 **말라코이**(말라코스의 복수)와 **아르세노코이타이**(아르세노코이테스의 복수), 두 단어는 영어 번역 성경과 학술적 논의 모두에서, 동성애 행위를 하는 사람을 가리키는 용어로 이해되어 왔다. 그러나 이 단어들은 현대적인 맥락에서 상호헌신적 동성 관계에 쉽게 대응될 수 없다. Dale B. Martin, "*Arsenokoitēs* and *Malakos*: Meanings and Consequences," in *Sex and the Single Savior: Gender and Sexuality in Biblical Interpretation* (Louisville: WJK, 2006), 37-50(미주는 201-206쪽)에 나오는 분석을 참고하라. 마틴은 고대 문헌에서 **말라코스**라는 단어는 유약하고 부드러운, 꾸미기를 좋아하는, 즉 상남자 스타일이 아니라 여성적인 특성을 지닌 남자를 지칭했다는 점을 상기시킨다. 다시 말해, 이것은 여성성을 열등하게 간주하는 고대의 이념을 반영한다. 현대 사회에 살아가는 우리도 부드러운 남자를 향해 동일한 관점을 가질 수 있을까? 교회 올 때 피부를 가꾸고 세련된 옷을 입는 남자를 말라코스라 부르면서 하나님의 나라를 유업으로 받지 못할 것이라고 정죄할 수 있을까? 반면, **아르세노코이테스**라는 단어의 번역의 경우, 그것이 오늘날 남아 있는 고대 문헌에서 흔한 단어가 아니기에 문헌 비교 연구가 상대적으로 까다롭다. 마틴은 단순히 그 단어의 구성 요소를 분해해서(남성 + 침대) 어원적, 환원적으로 접근하는 것은 주석적으로 문제가 있다고 지적한다. 덧붙여, 마틴은 **아르세노코이테스**(혹은 그것의 동사 형태)가 등장하는 (드문) 고대 문헌을 살펴보면, 성과 관련된 악행 목록이 아니라 경제적 착취와 탐욕과 관련된 목록에 그 단어가 등장한다고 말한다.

그러한 상태는 더 이상 그들의 정체성이 아니다.

그렇지만 바울의 논점은 고린도전서 6:9-10에 열거된 저주받을 만한 행동들을 하지 말라는 것이 아니다(물론 바울은 그러한 행동들을 정죄하고 있다). 이 단락에서 수신자들을 향한 바울의 직접적인 명령은 "착각하지 마십시오!"(고전 6:9)뿐이다. 무엇을 착각하지 말라는 것인가? 그들의 현재 신분이다. 바울의 초점은, 세례 받은 고린도 공동체 구성원들이 6:9-10에 열거된 불의한 모습으로 특징지어지는 이교도의 상태에서 이미 벗어났다는 사실을 강조함에 있다. 그들 중 어떤 이들은 과거에 그러한 모습으로 살았지만(고전 6:11), 이제 그리스도의 이름과 하나님의 성령 안에서 그들은 씻김받고, 성결하게 되고, 의롭게 되었다. 만약 그들이 자신의 위치가 옮겨졌음을 깨닫지 못한다면, 큰 착각을 하고 있는 셈이다. 바울은 그리스도 공동체 안으로 옮겨진 이들, 새로운 질서로 살게 된 이들의 정체성을 강조하고 있다. 이것은 6:1-3에서 바울이 했던 권면의 근거(너희는 세상을 심판할 자들이며, 심지어 천사를 심판할 자들이다) 제시를 강화한다.

앞서 말한 것처럼, 고린도전서 6:9-11은 다른 많은 본문들과 마찬가지로, 의례 자체에 대한 본문은 아니다. 세례는 간접적인 암시로만 나타난다. 그러나 이 본문이 세례라는 공통의 현실을 권면의 근거로 삼는 것으로부터, 이 공동체에게 세례가 어떤 기능을 하는지는 추론할 수 있다. 내가 말하고자 하는 것은 세례는 에클레시아의 안과 밖을 나누는 경계 구성의 의례라는 점이다. 물론 누가 에클레시아에 속한 자인지를 판별하는 기준은 일차적으로 "믿음"의 여부라 생각할 수 있다. 그리스도를 믿는 자는 안에 속하고, 그리스도를 믿지 않는 자는 밖에 속한다. 바울은 "믿는 자들"(호이 피스튜온테스)과 "믿지 않는 자들/신실하지 않은 자들"(호이 아피스토이)을 대조되는 방식으로 사용하며, 전자를 에클레시아 구성원을 가리키는 긍정적 표현으로, 후자를 에클레시아 밖에 있는 이들을 가리키는 부정적 표현으로 사용한다. 이러한 점을 고려해 볼 때, 경계 설정과 그룹 정체성 형성에서 믿음의 역할이 분명 중요해 보인다(고린도전서 14:22-24을 보라).[8] 그러나 누군가가 "믿는 자"라는 호칭을 갖게 되는 것조차도 세례를 통과하여 형성된 실재임을 기억할 필요가 있다. 믿음과 의례는 상호 배타적인 것, 혹은 서로 분리되어 있는 것이 아니기 때문이다.

의례는 아날로그 현실(분절 없이 연속선상에 존재)에 디지털 질서(오직 "예" 혹은 "아니오", "0" 혹은 "1"로 존재)를 덧씌움으로써 현실의 모호함을 없앤다.[9] 여기서 개인적인 경험을 조금 덧붙여 보고자 한다. 나는 한국에서 신학대학원을 마치고 미국에 넘어와서 유학생활을 하는 동안, 목사 안수를 받지 않고 전도사 신분으로 오랜 시간을 한인교회들을 섬겼다. 사실 전도사는 엄밀히 말하면 안수받은 목사가 아니라 일반 교인이지만, 한국적 맥락에서는 교역자이다. 목회자이면서도 아닌 상태, 그 모호함이 지속될수록, 또한 학위과정이 계속 진행될수

8   Paul Trebilco, *Outsider Designations and Boundary Construction in the New Testament: Early Christian Communities and the Formation of Group Identity* (New York: Cambridge University Press, 2017), 47-52.

9   Rappaport, *Ritual and Religion in the Making of Humanity*, 89-97.

록, 나는 내가 목회자로 사는 것이 맞는지, 내 정체성이 무엇인지 혼란을 겪곤 했다. 그러나 마침내 목사 안수를 받게 되었을 때 이 모호함이 종결되었다. 안수 후에도 여전히 연약함을 지니고 사는 한 인간으로서의 실존적인 고민은 계속될지 몰라도, 안수라는 의례는 분명 그 전과 후의 삶을 이진법적으로 나누었다. 라파포트(Rappaport)식으로 말해 보자면, 안수 의례에는 자기지시적 메시지(나 개인의 직분상의 변화)가 포함된다. 그와 동시에, 그 의례에 참여했다는 것은 규범적 질서(안수가 나타내는 더 큰 교회의 구조, 신학적 메시지, 의무와 책임 등)를 내가 인정하고 수용한다는 것을 표상한다.

세례라는 의례는 고린도의 이교인들이 이 그리스도 그룹에 입회할 때, 그들의 아날로그 현실 위에 디지털적인 질서를 새겼다. 다시 말해, 세례는 일종의 "문지방"을 형성한 것이다.[10] 바울의 복음을 듣고 그리스도를 믿게 된 이교도는 여전히 이교적 환경 가운데 일상을 살아갔을 것이다. 그러나 그리스도의 세례는 그 세례를 받은 이와 받지 않은 이, 공동체의 경계 안으로 들어온 이와 밖에 있는 이를 이진법적으로 구분한다. 그리스도의 세례가 생성한 공간은 당시 이교도에게 익숙했던 다른 제의적 공간보다 훨씬 더 배타적 일신론과 관련된 규범적 메시지가 소통되는 공간이었다. 세례를 받고 에클레시아 공간의 일부가 된 사람은 그리스도의 식탁과 귀신의 식탁을 겸할 수 없다(고전 10장). 공동체 안에서 생긴 갈등은 공동체 안의

---

10 문지방이라는 표현은 믹스, 『1세기 기독교와 도시문화』, 368에서 가져온 것이다.

질서를 따라 해결해야 한다(고전 6장). 이교도가 보아도 문제가 될 만한 극도의 성적인 부도덕을 저지른 사람은(고전 5장) 문지방 바깥으로 쫓아내야 한다. "믿는 자"가 공동체 바깥의 불의한 이교도, 곧 "믿지 않는 이"의 행실을 그대로 따라한다면, 이는 그 의례가 정의한 소속 공간을 혼란하게 만든다.

> [10] 형제들아 내가 우리 주 예수 그리스도의 이름으로 너희를 권하노니 모두가 같은 말을 하고 너희 가운데 분쟁이 없이 같은 마음과 같은 뜻으로 온전히 합하라 [11] 내 형제들아 글로에의 집 편으로 너희에 대한 말이 내게 들리니 곧 너희 가운데 분쟁이 있다는 것이라 [12] 내가 이것을 말하거니와 너희가 각각 이르되 나는 바울에게, 나는 아볼로에게, 나는 게바에게, 나는 그리스도에게 속한 자라 한다는 것이니 [13] 그리스도께서 어찌 나뉘었느냐 바울이 너희를 위하여 십자가에 못 박혔으며 바울의 이름으로 너희가 세례를 받았느냐 [14] 나는 그리스보와 가이오 외에는 너희 중 아무에게도 내가 세례를 베풀지 아니한 것을 감사하노니 [15] 이는 아무도 나의 이름으로 세례를 받았다 말하지 못하게 하려 함이라 [16] 내가 또한 스데바나 집 사람에게 세례를 베풀었고 그 외에는 다른 누구에게 세례를 베풀었는지 알지 못하노라 [17] 그리스도께서 나를 보내심은 세례를 베풀게 하려 하심이 아니요 오직 복음을 전하게 하려 하심이로되 말의 지혜로 하지 아니함은 그리스도의 십자가가 헛되지 않게 하려 함이라 (고전 1:10-17)

이제 고린도전서 1장으로 돌아가서, 공동체 안의 분열의 문제와 세례의 의미에 관해 더 생각해 보자. 고린도전서 1:10에서 바울은 고린도의 에클레시아 구성원들 전체가 "같은 마음과 같은 뜻"을 가지고 연합할 것을 촉구한다.[11] 바울은 이 편지를 쓰기 전, 고린도 에클레시아 안에 분열이 있다는 소식을 글로에라는 여성을 필두로 하는 확대 가족으로부터 전해 들었던 것으로 보인다(고전 1:11). 바울이 전해 들은 내용은 이 공동체 안에서 사람들이 각자 "나는 바울에게 속했다", "나는 아볼로에게 속했다", "나는 게바에게 속했다", "나는 그리스도에게 속했다"라고 외치고 있다는 이야기였다(고전 1:12).

사회적 지위를 두고 벌어지는 경쟁이 로마령 고린도의 문화를 특징짓는 한 측면이었긴 하지만, 1:12을 확대 해석해서 고린도 에클레시아 안에 네 가지의 뚜렷하게 구분된 당파가 있었다거나, 실제 그 당파들이 외쳤던 정치적인 구호를 바울이 그대로 인용하고 있다고 볼 필요는 없다.[12] 고린도전서 1:12은 고린도 공동체의 분열상에

---

11 고린도전서 1:10은 고린도전서 전체의 주제문과 같다. Mitchell, *Paul and the Rhetoric of Reconciliation*, 1. 그러나 바울은 단순히 수신자 공동체가 획일화된 그룹이 되라고 주문하는 것이 아니다. 바울은 공동체가 십자가에 달린 그리스도와 연합하고, 그것을 통해 타자와 연대하라고 권면하는 것이다(Kim, *Christ's Body in Corinth*, 2). 고린도에 있는 분열(스키스마타, 1:10)은, 권력에의 추구 및 경쟁으로 인해 그리스도의 십자가가 드러나는 삶의 방식을 구현하지 못하는 문제를 가리킨다.

12 고린도 공동체 내에서 실제로 이런 정치적 슬로건이 있었다고 본 이전의 해석에 대한 유효한 비판으로는 Mitchell, *Paul and the Rhetoric of Reconciliation*, 83-86을 보라. 지도자들의 영향력 아래 분열하고 경쟁하는 캐리커처는 고대 철학 학파들 사이의 경쟁을 상기시키기도 한다. Devin

대한 바울의 캐리커처에 가깝다. 바울은 이 공동체 구성원들의 사도이자 스승으로서 정치적 모티프, 혹은 교육 모티프를 수사적으로 활용하여, 고린도 공동체의 상황을 비판적으로 진단하고 일치와 연합을 이룰 수 있는 대안을 제시하고 있다(고린도전서 3장 참고).

"바울의 이름으로 너희가 세례를 받았느냐?"라고 묻는 고린도전서 1:13도 이러한 수사적 맥락 안에서 이해되어야 한다. 당파에 대한 캐리커처와 마찬가지로, 1:13 역시 수사적 효과를 지닌 표현이다. 1:13은 고린도 공동체 안에서 누군가가 실제로 "나는 바울의 이름으로 세례를 받았다"라고 주장했다는 증거가 아니다. 이 구절은 바울이 그들의 분열상을 선명하게 지적하기 위해서 고안한 표현일 가능성이 크다.[13] 고린도 에클레시아 구성원 모두는 그리스도의 이름으로 세례를 받았을 것이다(고전 6:9-11; 12:13). 바울이 아닌 그리스도

L. White, *Teacher of the Nations: Ancient Educational Traditions and Paul's Argument in 1 Corinthians 1-4*, BZNW 227 (Berlin: De Gruyter, 2017), 102-106. 물론 화이트(White)의 주장은 실제 그런 학파적 경쟁이 고린도에 있었다기보다는, 바울이 고린도의 문제를 자신의 편지 안에서 그러한 프레임으로 묘사한다는 말이다.

13 브리지다 벨(Brigidda Bell)은 로마 시대의 의례 노동자들(ritual workers)에 관한 증거를 토대로, 고린도 공동체에서 세례가 일종의 "유료 서비스", 곧 무료로 받은 복음에 더해 돈을 내야만 누릴 수 있는 상품이었으며, 세례에 참여할 수 있는 이들의 신분을 고양시켜주는 수단이었을 수 있다는 가능성을 제기한다. Brigidda Bell, "The Cost of Baptism? The Case for Paul's Ritual Compensation," *JSNT* 42 (2020): 431-452. 하지만 내가 볼 때, 바울은 세례가 몇몇 특권층에게 주어진 서비스가 아니라 모든 그리스도 신자들에게 공유된 근본적 경험이라는 점을 당연한 사실로 전제한 채 논증을 이어간다(예: 갈 3:26-29; 고전 12:13).

께서 그들을 위해 십자가에 못박히셨고, 그리스도와 그리스도의 이름으로 받은 세례가 고린도 신자들에게 공동의 정체성을 부여했다. 따라서, 공동체의 분열은 곧 그리스도를 갈라 놓는 일이나 마찬가지다. 분열은 그리스도의 이름으로 이루어진 의례를 통해 구성된 이 신전 공간을 파괴한다.

세례에 대한 고린도전서 1장의 바울의 언급에서 우리는 두 가지 상반된 특징을 발견한다. 한편으로, 1장은 일곱 개의 바울서신을 통틀어 볼 때, 세례와 관련된 어휘들이 가장 많이, 가장 집중적으로 언급된 본문이다.[14] 따라서 바울에게 있어서 세례가 무슨 의미였을지 탐색하는 작업에서 고린도전서 1장은 빠질 수 없다. 그러나 다른 한편으로, 고린도전서 6:9-11에서와 마찬가지로 1장에서도 세례는 바울의 중심 주제가 아니다. 즉, 바울은 세례에 대해 설명하기 위해서 고린도전서 1장을 쓰지 않았다. 오히려, 자신이 세례 베푸는 일을 위해 부름 받지 않았고, 복음 전파를 위해 부름을 받았다는 점을 강조하기 위해 세례를 끌고 온다. "그리스도께서 나를 보내심은 세례를 베풀게 하려 하심이 아니요 오직 복음을 전하게 하려 하심이로되 …"(고전 1:17).

성례보다는 복음의 선포를 더 강조했던 한국 개신교, 특히 신학적으로 보수적인 교단들의 관점에서 볼 때, 바울의 이 말은 직관적으로 와 닿는 부분이 있는 것 같다. 의례가 무엇이 중요하겠는가? 의례는 허례허식 아닌가? 의례는 가톨릭 냄새가 나지 않는가? 십자

---

14 Jeong, *Pauline Baptism among the Mysteries*, 286-291.

가 복음을 전하고 그 복음을 받아들이는 것이 참된 기독교의 본질이 아니겠는가?

그러나 고린도전서 1장 본문을 주의 깊게 살펴보면, 바울이 세례 자체의 중요성이나 그 가치를 평가절하하고 있지 않다는 사실이 여실히 드러난다. 고린도전서 1:17은 사도로서 바울 자신이 맡은 주된 역할이 세례가 아님을 언급한 것 뿐이다. 또 한 가지 기억해야 할 점은, 당시에는 세례나 다른 초기 기독교 의례가 온전히 제도화되기 전이라는 사실이다. 그리스도를 따르는 이들은 신생 제의 그룹이었고, 전통은 이제 막 만들어지는 중이었다. 당연한 이야기겠지만, 그들에게는 예배예식서도 없었고, 공동체 지도자들이 신학교에서 예전학 수업을 들은 것도 아니었다. 그리스도의 세례는 다양한 방식으로, 느슨하게 이루어지는 여러 실험적 의례들 중 하나였을 것이다(고전 15:29을 보라. 현대 개신교인들의 시선에는 다소 미신적으로 보이는 "죽은 자들을 위하여 세례를 받는 자들"이란 표현에 대해 생각해 보라. 바울은 그것을 정죄하거나 금하지 않았다). 바울에게는 의례가 본질적으로 허례허식이라는 사고방식이 전혀 없었다. 바울이 고린도전서 1장에서 힘을 쏟고 있는 작업은 고린도의 그리스도 제의 그룹, 곧 에클레시아에서 공통적으로 행해지던 세례의 함의를 자신의 방식으로 해석하여 제시하는 것이다. 즉 우리는 이 본문에서 의례의 해석자, 의례의 조정자 바울을 보게 된다.

바울이 본 세례가 전달하는 메시지는 무엇이었을까? 세례는 주님과 수세자들 사이의 수직적·위계 관계적 연합과, 공동체원들 가운데 수평적·평등적 연합을 동시에 가리킨다. 바울은 고린도의 신자들 모두가 받은 세례가 어떤 의미인지 기억한다면, 그들이 겪는 공동체 내의 분열이 얼마나 큰 문제인지를 깨달을 수 있으리라고 암시한다. 세례는 집례자(지도자)와 수세자(추종자) 사이의 개인적, 정치적 관계를 형성하기 위한 것이 아니다. 세례는 그리스도와 수세자 사이의 관계를 형성하기 위한 것이다. 고린도의 신자들은 바울의 이름으로 세례를 받은 것이 아니며, 설사 바울에게 직접 세례를 받았다 해서 그들이 바울에게 속한 자, 바울의 추종자가 되는 것은 아니다(고전 1:14, 16). 그들은 바울이 전한 복음의 주인인 그리스도에게 속한 자가 된다. 바울이 묘사하는 세례는 고린도의 에클레시아 공간의 규범적 권력 관계(그리스도와 수세자 사이)를 생성하며, 동시에 모든 구성원들이 평등한 동료 수세자들로서 서로 연대해야 한다는 메시지를 전달한다(고전 12:13).

앞서 언급했듯이, 세례와 믿음은 분리된 것이 아니라 하나의 유기적 과정이다. 물론 내가 세례는 공적이고 외적이며, 믿음은 사적이고 내면적이라고 간단히 분류하여 생각하는 것은 아니다. 공동체의 맥락에서 몸으로, 외적으로 행해지는 세례를, 개인의 내적(그리고 지적/감정적) 차원의 믿음과 대비시키는 것은 다분히 현대적인 이분법이다. 누군가 그리스도의 이름으로 세례를 행하거나 받는다는 것은, 그리하여 그리스도 제의 그룹, 곧 에클레시아에 입회한다는 것은, 세례가 표상하는 규범적 질서에 대한 개인의 시인을 포함한다.

마찬가지로, 1세기의 맥락에서 믿음이라는 것 역시 개인적, 내면적인 상태가 아니라, 신뢰가 있는 사회적 관계 안으로 들어간다는 의미였다.[15] 그리고 바울이 말하듯, 믿음은 들음에서 나고, 들음은 그리스도 말씀의 선포에서 난다(롬 10:17). 다시 말해, 복음의 선포에는 믿음을 창조하는 힘이 있다. 나는 이제 의례라는 말의 폭을 넓혀서, 믿음을 창조하는 복음 전파 역시 세례와 마찬가지로 일종의 수행적 효과를 지닌 의례로 이해할 수 있다는 점을 설명해 보려 한다.

복음 선포

고린도전서 1:18-25은 십자가에 드러난 하나님의 어리석음과 약함을, 인간의 지혜와 강함과 대비시킨다. 바울의 사회·경제적 진단에 따르면, 고린도의 에클레시아는 하나님의 어리석음과 약함이라는 역설적 주제를 깨닫기에 적합한 공동체였다. 1:26("형제들아 너희를 부르심을 보라 육체를 따라 지혜로운 자가 많지 아니하며 능한 자가 많지 아니하며 문벌 좋은 자가 많지 아니하도다")에서 바울은 고린도 공동체 구성원들에게 사회·경제적 처지를 생각해 보라고 권면한다. 그들 중 다수는 지혜롭고 강한 자가 아니었다(지혜롭다, 능하다와 같은 말은 사회·경제적인 표지다). 다수가

---

15 방대한 고대 문헌의 조사를 통해서, 믿음(*pistis/fides*)의 개념을 관계적으로 해석하는 Teresa Morgan, *Roman Faith and Christian Faith: Pistis and* Fides *in the Early Roman Empire and Early Churches* (Oxford: Oxford University Press, 2015)을 참고하라. 모건(Morgan)은 이 그리스어 피스티스(및 라틴어 피데스)를 믿음(faith)보다는 신뢰(trust)라는 말로 옮기기를 선호한다. 피스티스는 하나님과 그리스도, 그리고 인간 공동체 사이를 연결하는 신뢰의 연쇄고리 혹은 관계망을 가리킨다.

그런 자가 아니었다는 말을 뒤집으면, 적어도 상대적으로 사회·경제적 특권을 가진 이들도 드물게 존재했다는 뜻일 것이다.[16] 더 나아가, 바울은 고린도전서 2장의 첫머리에서 자신이 처음 고린도를 방문했을 때 자신이 어떤 모습이었는지를 떠올려 보라고 권면한다. 바울은 화려한 웅변이나 인간의 지혜를 통해 복음을 전하지 않았고, 오히려 약한 모습, 두려움과 떨림을 가지고 고린도의 신자들을 처음 마주했었다. 메신저로서의 바울(약하고 떨림으로 복음을 전하는 모습)은 메시지 자체(십자가에 못 박힌 그리스도)와 공명했다고도 볼 수 있다.

바울은 고린도전서 1장과 2장에 걸쳐 고린도에서 자신의 복음 전파가 인간의 말과 기교를 통해 이루어지지 않았다는 점을 강조한다. 이는 언뜻 보면 반-수사적으로 들린다. 바울은 수사법을 쓰기를 전적으로 거부한 것이 아닌가? 바울이 수사법을 거부했다면, 바울

---

16 고린도전서 1장의 경우, 고린도 공동체 구성원들(그것은 다른 지역의 공동체들의 대표격으로 다루어진다)을 사회·경제적 상황을 재구성하는 연구에 자주 등장한다. 크게 보면, 바울의 공동체들이 사회적으로 낮은 계층에 있는 이들로 이루어졌다는 견해와(옛 합의), 다양한 계층의 사람들이 섞여 있는 가운데 특히 도시 "중산층"이 중심을 이루었다는 견해(새 합의)로 나누어진다. 최근에 정은찬은 고린도 공동체의 구성원이 크게 세 부류로 이루어져 있다고 주장했다(준-엘리트[5-10%], 상향 계층 이동을 경험하는 이들[10-20%], 가난한 이들[다수]). UnChan Jung, *A Tale of Two Churches: Distinctive Social and Economic Dynamics at Thessalonica and Corinth*, BZNW 252 (Berlin: De Gruyter, 2021), 139-186. 데살로니가와 고린도 공동체의 사회·경제적 상황을 비교 분석하는 정은찬의 연구는, 고린도 공동체를 모든 에클레시아들의 전형으로 취급했던 이전 시대 연구에 교정책을 제공한다. 즉, 고린도전서 1:18-25은 고린도의 상황을 추정하는 데 사용될 수 있지만, 그것을 가지고 다른 지역의 모든 바울 공동체에 외삽하는 것은 주의해야 할 부분이다.

서신을 수사적으로 해석하려는 작업이 가능한 일인가? 그러나 고린도전서 1-2장에 나오는 바울의 이러한 반-수사적인 제스처조차도 사실 수사적 효과를 드러낸다. 수사를 비판하는 것 자체가 이미 고대 철학자들, 웅변가들 및 저자들이 흔히 사용하던 수사적 기법이었다.[17] 고린도후서에서도 바울은 자신의 보잘 것 없는 언변 때문에 어떤 이들에게 조롱의 대상이 되었다고도 암시하지만(고후 10:10), 이러한 언설조차 수사적이다.[18] 지혜와 어리석음을 대조하고, 자신의 연약함을 강조하는 수사는, 고대 희극 특히 마임(mime)에 나오는 바보 역할을 세네카나 호라티우스 같은 고대 엘리트 저자들이 의도적으로 차용했던 기법과 닮아 있다.[19]

더 나아가, 바울이 십자가의 연약함과 어리석음에 관해 말한다고 해서, 고린도 공동체를 향한 바울 자신의 영향력 행사를 포기한다는 뜻은 아님을 기억해야 한다. 오히려, 지혜와 어리석음을 대조하여 참된 가르침을 설파하는 바울의 모습은 바울의 권위를 강화한

---

17 Martin, *The Corinthian Body*, 48. 예를 들면, 키케로는 플라톤이 수사를 비판했던 것이 수사적으로 볼 때 오히려 효과적이고 힘이 있었다고 말했다(*De oratore* 1.11.47).

18 바울이 자신을 수사에 있어서 이디오테스라고 말했을 때(고후 11:6, 개역개정에서는 "부족하나"로 번역), 그는 자신이 전문적 웅변가나 수사 교사가 아니라는 점을 말할 뿐이지, 수사적인 훈련을 전혀 받지 않았다는 뜻은 아니다. Martin, *The Corinthian Body*, 48-49.

19 L. L. Welborn, *Paul, the Fool of Christ: A Study of 1 Corinthians 1-4 in the Comic-philosophic Tradition* (London; New York: T&T Clark International, 2005). 웰본(Welborn)이 말하는 고대의 "마임"은 현대적인 의미의 무언극은 아니고, 일상에서의 인물들을 재현하는 형태의 극을 말한다(4).

다. 즉, 고린도 신자들의 사도이자 스승으로서 바울의 권위를 재확립하는 효과가 있는 것이다.[20] 바울은 그리스도의 십자가(어리석고 약해 보이지만 참 지혜와 참 능력이 있음)와 자신을 일치시키고, 자신의 반대편에 있는 이들(고린도의 몇몇 사람들)을 세상의 지혜/수사(현명하고 강해 보이지만 실은 그렇지 않음)와 일치시키면서, 무엇이 실제로 더 가치 있는지를 역설적으로 되묻는다. 그리고 이 두 가지 사이의 대조를 편지 곳곳에서 반복함으로써, 누구보다도 더 수사적인 효과에 몰두한다. 가치를 급진적으로 재설정하는 담론은, 그러한 급진성을 제시할 수 있는 사람의 가치와 권위를 상승시킨다.

고린도전서 2장으로 가 보면, 바울은 말과 능력이라는 새로운 대조항을 제시한다. 2장에서 바울은 자신이 고린도에 처음 갔을 때, "설득력 있는 지혜의 말"이 아니라 "성령의 나타나심과 능력"을 통해 복음을 전했다고 말하는데(고전 2:4), 어쩌면 이 부분은 바울이 가시적인 종류의 성령의 은사(예컨대, 신유 등)를 활용했다는 점을 암시하는 것일 수 있다. 사도행전의 이야기에는 바울이 기적을 베푸는 장면이 자세히 묘사되지만(행 14:8-10; 16:16-18; 28:1-6 등), 바울서신에는 그러한 묘사가 명시적으로 나타나지 않는다. 자신의 서신 안에서 바울은 그의 능력 행함을 넌지시 언급할 뿐이다(고후 12:12; 롬 15:19). 바울은 고린도전서 4장에서도, 고린도에 도착하게 되면 문제를 일으킨 이들의 "말이 아니라 능력"을 점검해 보겠다고 말한다(고전 4:19). 그

---

20 Jeremy Punt, "Who's the Fool, and Why? Paul on Wisdom from a South African Perspective," *R&T* 20 (2013): 115.

러니, "설득력 있는 지혜의 말"과 "성령의 나타나심과 능력"의 대비는, 바울이 단지 말로만 복음을 전파한 것이 아니라, 가시적인 영적 은사를 활용하여 복음을 전파했다는 뜻일 수도 있다. 이때 성령의 "나타나심"이라고 번역된 **아포데잌시스**는 수사학에서 증거(proof)를 가리키는 말이기도 하다. 바울은 수사적으로 설득력 있는 다른 증거 대신, 성령을 자신의 신빙성을 강화하는 증거로 내세운 것이다.

그러나 나는 여기서 바울이 말하는 성령의 능력을 기적 베풂이나 은사 활용의 측면이 아니라, 복음 전파 곧 복음의 선포가 가지는 구원의 능력의 측면에서 이해한다. 앞서 말했듯이, 바울의 반-수사(anti-rhetoric)는 수사의 일종이다. 그런데 복음 전파 역시 기본적으로 말로 이루어진다는 점을 생각하면 수사를 깎아 내리는 바울의 수사는 역설적이다. 말이라는 수단이 아니라면 복음 전파가 어떻게 가능한 것인가? 지혜의 말과 복음 전파를 대조하는 바울의 의도는, 복음 전파의 말이 철학적 가르침 혹은 대중을 설득하는 연설에서의 말과는 다른 종류의 발화라는 점을 강조하는 것이다. 복음 선포자인 바울 자신의 약함에도 불구하고, 복음 전파는 믿음을 생산하기에 성령의 능력이라 부를 수 있다.[21] 오늘날의 학술 용어로 이것을 재진술해보자면(물론 바울에게는 이러한 용어가 없었지만), 바울은 복음의 발화에 동반되는 **수행적 효과**를 성령의 능력이라 지칭한다.[22]

---

21 Gordon D. Fee, *The First Epistle to the Corinthians*, Revised Edition, NICNT (Grand Rapids: Eerdmans, 2014), 99.

22 나는 여기서 의례와 화행을 연결시키는 라파포트의 통찰을 빌려왔다. 라파포트는 J. L. Austin, *How to Do Things with Words* (Oxford: Oxford University

당시에 철학적 가르침이나 법정 연설, 혹은 시민 공동체를 향한 연설에서 중요했던 것은 주로 **발화효과행위**(perlocutionary act)에 가까울 것이다. 곧, 발화된 말을 듣는 이가 그 말의 논리에 의해서이든 혹은 감정적인 측면에 의해서든, 거기에 설득이 되어 특정한 행동을 취하도록 하는 것이다.[23]

그러나 바울이 고린도 신자들에게 본래 구두로 행했던 복음 전파는 주로 **발화수반행위**(illocutionary act)를 나타낸다. 바울은 자신의 복음이 청자를 설득하여 변화시킨다고 생각하지 않았다. 오히려 복음의 발화 자체가 하나님의 구원의 능력을 수행한다. 로마서에서도 바울은 복음을 부끄러워하지 않는 까닭으로, 복음이 "모든 믿는 자에게 구원을 주시는 하나님의 능력"이 되기 때문이라고 말했다(롬 1:16). 복음에는 하나님의 의가 나타나서, 믿음에서 믿음으로 이르게 한다. 바울이 "설득력 있는 지혜의 말"이 아니라 "성령의 나타나심과 능력"으로 고린도 신자들에게 복음을 전파했다는 것은 복음 선포가 갖는 발화수반력을 강조한다.

바로 이러한 측면에서, 바울의 복음 선포에는 의례적인 특성이

Press, 1970)의 언어 철학 용어들을 의례학에 활용한다.

23 물론 미첼(Mitchell)이 주장한 대로 고린도전서 전체를 고전적 수사법의 범주에 따라 본다면, 일종의 심의적 수사(deliberative rhetoric), 곧 시민 공동체에서 공동의 미래를 위해 가장 유익한 선택을 하도록 설득하는 정치적 수사의 한 종류에 가깝다. Mitchell, *Paul and the Rhetoric of Reconciliation*. 20-64. 나는 바울의 언설에(구두든, 아니면 편지 형태든) 발화효과행위가 없었다고 말하는 것은 아니다. 다만, 바울이 복음 전파의 성격을 발화수반행위에 강조점을 두고 묘사한다는 점에 주목하려는 것이다.

있다. 의례에는 일반적으로 발화효과행위보다는 발화수반행위의 측면이 강하게 드러난다. 예를 들어, 세례식의 집례자가 "내가 너에게 세례를 주노라"라고 선언할 때, 그것은 수세자를 설득하여 세례 교인으로의 신분 변화를 꾀하는 것이 아니라(세례받은 자로서 살라는 설득이 암시적으로 들어 있긴 하다), "내가 너에게 세례를 준다"는 집례자의 발화가 그를 세례 교인으로 만든다. 결혼식의 주례자가 "내가 이제 두 사람이 부부가 되었음을 선포합니다"라고 말할 때, 주례자는 그들을 부부가 되도록 설득하는 것이 아니다. 주례자의 발화는 그 커플을 부부로 만든다. 마찬가지로, 교회 공동체가 함께 참회의 기도를 드릴 때, 그것은 공동체가 참회하도록 설득하는 작업이 아니라(물론, 참회로의 초대는 있을 수 있다), 그들의 기도가 하나님 앞에서 참회의 행위를 수행한다. 바울이 말하는 복음 선포는 하나님의 구원이 이루어지는 영역과 시간을 선언하는 의례다. "보라, 지금은 은혜 받을 만한 때요 보라 지금은 구원의 날이로다"(고후 6:2). 복음의 선포는 그것을 듣는 자를 세례 및 세례가 구성한 에클레시아 공간으로 이끈다. 바울의 복음을 듣고 이미 그리스도의 이름을 부르고 있는 고린도의 청중은 그 의례가 창조한 공간 안에 있다.

주의 만찬

이제 고린도전서 11:17-34에 나오는 주의 만찬에 관한 본문을 살펴보자. 이 본문은 바울서신에서 의례를 이야기의 중심에 놓고 다루는 몇 안 되는 중요한 본문 중 하나다. 고린도전서 11:2에서 고린도의 그리스도 신자들을 칭찬하면서 이야기를 시작했던 것과 달리, 11:17에서 바울은 어조를 바꿔 그들을 꾸중하면서, 주의 만찬 시에 벌어진 문제에 관해 이야기를 시작한다.

> [17] 내가 명하는 이 일에 너희를 칭찬하지 아니하나니 이는 너희의 모임이 유익이 못되고 도리어 해로움이라 [18] 먼저 너희가 교회에 모일 때에 너희 중에 분쟁이 있다 함을 듣고 어느 정도 믿거니와 [19] 너희 중에 파당이 있어야 너희 중에 옳다 인정함을 받은 자들이 나타나게 되리라 [20] 그런즉 너희가 함께 모여서 주의 만찬을 먹을 수 없으니 (고전 11:17-20)

여기서 바울은 고린도 에클레시아에 관해 자신이 들은 바가 있다고 언급하는데(고전 11:18), 이는 1-4장에서도 다루었던 분열의 문제를 암시한다. 고린도 공동체 전체가 한데 모여서 주의 만찬을 갖는 것이 오히려 공동체를 조각 내고 있다는 것이다. 바울은 누가 참된 신자들인지 알 수 있으려면 분열이 있어야 하겠다면서, 다소 냉소적으로 말한다(고전 11:19).

고린도전서 11장은 1장을 떠올리게 한다. 1장에서 공동체의 분열 문제와 더불어 세례라는 의례를 언급했듯이, 11장에서는 공동체의 분열과 관련하여 주의 만찬을 언급한다. 1장에서 바울이 세례 자체의 가치를 폄하한 게 아니라 세례의 메시지가 무엇인지를 재정의했다면, 여기 11:17-34도 성찬을 하지 말라거나 성찬 자체를 비판하는 게 아니라 성찬의 함의가 무엇인지를 재정의한다. 두 본문 모두 이미 고린도의 그리스도 공동체 안에서 시행되고 있는 의례들에 관한 바울의 기술(description)인 동시에, 고린도 공동체 안에서 발생한 의례 실패(ritual failure)의 문제를 타개하기 위해 의례의 의미를 재정의하는 담론이다.[24] 고린도전서 11장은 주의 만찬이라는 의례를 둘러싼 고린도 에클레시아의 문제에 응답하면서, 이 의례가 어떤 방식으로 에클레시아 공간을 빚어야 하는지에 관한 바울의 규범적 해석을 제공한다.

그렇다면 고린도의 주의 만찬 자리에서 어떤 문제가 있었는가? 11:21을 보면, 바울의 비판은 누군가는 먼저 자신의 음식을 먹고, 다른 이들은 주린 채로 있으며, 또 다른 이들은 취하는 현상을 향하고 있다. 고린도 에클레시아에서 이런 일이 벌어지고 있다는 소식을 전해들은 바울은 "너희가 먹고 마실 집이 없느냐? 너희가 하나님의 교회를 업신여기고 빈궁한 자들을 부끄럽게 만드느냐?"(고전 11:22)라는 수사적인 질문을 던진다. 우리가 주의 만찬에서 벌어진 일의 전모를 어떻게 재구성을 하든지, 그 질문은 공동체 내에서의 사회·경제적인 차이, 특히 식사를 하는 데 있어서 가난하고 지위가 낮은 사람들을 배려하지 못한 부분에 대한 지적으로 보는 것이 타당할 것이다.

---

24   Peter-Ben Smit, "Ritual Failure, Ritual Negotiation, and Paul's Argument in 1 Corinthians 11:17-34," *JSPL* 3 (2013): 165-193.

고린도전서의 주의 만찬 본문 뒤에 존재했던 사회사적 현실을 정확히 재구성하는 것이 본서의 주된 목적은 아니지만, 이해를 돕기 위해 주의 만찬 문제에 관해서 간단히 첨언해 본다. 세 가지 정도의 가능성을 이야기해 볼 수 있을 것이다.

첫째로, 부유한 이들은 주의 만찬 이전에 자신들의 만찬(토 이디온 데이프논, 11:20)을 따로 가져가는 바람에, 가난한 이들은 일과를 마치고 늦게 도착했을 때 결국 먹을 것이 없는 문제가 발생했다고 보는 것이다. 바울은 이러한 모습은 주의 만찬(퀴리아콘 데이프논)이 아니라고 꾸짖는다(고전 11:20).[25] 주의 만찬을 위해 모일 때, "서로 기다리라"(고전 11:33, "서로를 받아주라"는 번역도 가능)는 바울의 명령도 이런 해석을 지지하는 것처럼 보인다.

둘째로, 이와 유사하면서도 조금 차이가 나는 재구성은, 구성원들의 계층 차이와 더불어 공동체가 모인 장소의 구조에 관심을 기울이는 접근 방식이다. 고린도 에클레시아가 모두 모이려면(고전 11:17, 20, 33) 어느 정도 큰 공간이 필요했을 것이다. 그런데 모임의 장소가

---

25 Gerd Theissen, *The Social Setting of Pauline Christianity: Essays on Corinth*, edited and trans. John H. Schütz (Philadelphia: Fortress, 1982), 147-163. 타이센의 재구성에는 주의 만찬 이전에 자신들의 만찬을 시작했던 문제뿐만 아니라, 그와 관련해서 부유한 자들과 가난한 자들 사이에 배분된 음식 분량의 차이, 그리고 음식의 질적 차이도 함께 다루어진다. 타이센의 입장을 비판적으로 수용한 김판임의 경우, 식사를 시작하는 시간의 차이만이 이 재구성에서 설득력 있는 부분이라고 적실하게 지적한다. 김판임, 『바울과 고린도교회: 1세기 지중해지역 초기 교회 현장을 찾아서』(도서출판 동연, 2014), 192-194.

에클레시아 구성원들 가운데 어느 정도 부유한 이가 소유했던 가정 집이라면, 모두가 한 공간에 모여서 식사하기가 어려웠을 것이다. 즉, 집 안에서 공간적인 구분의 필요성이 생겼다. 이 재구성에 따르면, 고린도전서 11:17-34에 전제된 문제는 집 주인과 비슷한 부류의 부유한 사람들은 집 안에서 좋은 공간에 속하는 트리클리니움(*triclinium*)에서 식사를 하고, 가난한 이들은 아트리움(*atrium*)에서 식사를 해야 했던 상황을 가리킨다. 즉, 계층에 따라 분리된 공간의 문제가 발생했을 수 있다.[26]

셋째로, 고린도 공동체나 혹은 다른 초기 그리스도 공동체가 모임을 가졌던 장소가 꼭 가정집이었으리라는 보장은 없다. 따라서, 가정집의 맥락에서 트리클리니움/아트리움의 공간 분리 대신, 다른 문제가 이 본문 뒤에 있었다고 재구성하는 이들도 있다. 예컨대, 그리스-로마 시대 여러 조합들의 관습에 비추어, 조합에서 선출된 리더십과 식사 좌석 배치의 문제가 고린도전서 11:17-34에 나오는 주의 만찬 문제 뒤에 있었을 수 있다는 것이다. 하나의 제의 조합으로서의 고린도 에클레시아가 당시의 다른 제의 조합들이 운영된 방식과 유사했다면, 그들도 구성원들 사이에서 리더십을 돌아가며 맡았을 것이다. 그러나 부유한 이들은 선출 결과를 무시하고, 특권을 누리는 식사 자리를 포기하지 않았을 수 있다.[27]

---

26 Murphy-O'Connor, *St. Paul's Corinth*, 178-185.

27 Jin Hwan Lee, *The Lord's Supper in Corinth in the Context of Greco-Roman Private Associations* (Lanham: Lexington Books/Fortress Academic, 2018), 171.

나는 전통적인 첫 번째 재구성이 가장 개연성이 높다고 생각한다. 그러나 사실 어떤 재구성을 따르든, 고린도 공동체 구성원들 내부에 사회·경제적 격차가 존재했다는 점과, 그것이 주의 만찬 자리에도 부정적인 현상으로 나타났다는 점을 바울이 지적하고 있음에는 변함이 없다.

다시, 고린도전서 본문 자체로 돌아와 바울의 담론 전략을 살펴보자. 주의 만찬 문제를 해결하기 위해서 바울이 취한 주된 방식은 주님의 전승을 활용하는 것이다. 바울은 고린도전서 11:23-25에서 성만찬과 관련된 전통, 곧 자신도 누군가에게 전수받았으며 이전에 이미 고린도 교인들에게 "넘겨 준" 것을 상기시킨다(전통에 관련해서는 15장도 참고).

> 23 내가 너희에게 전한 것은 주께 받은 것이니 곧 주 예수께서 잡히시던 밤에 떡을 가지사 24 축사하시고 떼어 이르시되 이것은 너희를 위하는 내 몸이니 이것을 행하여 나를 기념하라 하시고 25 식후에 또한 그와 같이 잔을 가지시고 이르시되 이 잔은 내 피로 세운 새 언약이니 이것을 행하여 마실 때마다 나를 기념하라 하셨으니 (고전 11:23-25)

바울이 전승을 활용하는 것을 볼 때, 주의 만찬 자체는 바울이 만들어 낸 의례가 아니라 바울이 초기 그리스도 운동에 투신하기 이전부터 이미 여러 다른 그리스도 그룹들에서 시행되었던 의례임을 알 수 있다. 바울은 자신보다 먼저 신자가 된 이들로부터 그것을 배웠을 것이다. 이 고린도전서 11장 본문에서 우리는 바울이 기존의 의례를 어떻게 해석하고 수사적으로 활용하는지를 발견할 수 있다.

"예수께서 잡히시던(넘겨지던) 밤", 그가 떡을 떼고 나서, "이것은 너희를 위하는 내 몸"(고전 11:24)이라고 말씀하셨고, 또 잔을 나누며 "이 잔은 내 피로 세운 새 언약"(고전 11:25)이라고 말씀하셨다. 떡과 잔 모두, "나를 기념하라"(고전 11:24, 25)는 주님의 명령과 결부되어 있다. 흥미로운 점은, 바울은 주님의 이 말씀이 과거에 누구에게 주어졌는지 명시적으로 언급하지 않는다는 점이다. 공관복음에 나오는 주의 만찬 제정 단락들과 비교해 보면, 이 점은 눈에 띄는 특징이다.

> 그들이 먹고 있을 때에, 예수께서 빵을 들어서 축복하신 다음에, 떼어서 그들에게 주시고 말씀하셨다. "받아라. 이것은 내 몸이다." (막 14:22 새번역)

> 그들이 먹고 있을 때에, 예수께서 빵을 들어서 축복하신 다음에, 떼어서 제자들에게 주시고 말씀하셨다. "받아서 먹어라. 이것은 내 몸이다." (마 26:26 새번역)

> 예수께서는 또 빵을 들어서 감사를 드리신 다음에, 떼어서 그들에게 주시고 말씀하셨다. "이것은 너희를 위하여 주는 내 몸이다. 이것을 행하여 나를 기억하여라." (눅 22:19 새번역)

마가복음에서 "그들"은 "열둘"(막 14:17, 20)을 가리키며, 누가복음에서 "그들"은 "사도들"(눅 22:14)을 가리킨다. 어떤 표현을 쓰든 간에, 이 공관복음 본문들은 성찬 제정의 말씀을 예수의 공생애 기간 그와 가장 가까이 있었던 이들에게 직접적으로 주어진 말씀으로 묘사한다. (일견, 바울의 텍스트는 '너희를 위하여'라는 수식어와 '기억하라'는 명령이 나오는 누가복음 버전과 가장 유사해 보인다. 물론 바울이 공관복음 형성에 영향을 미친 전승을 이미 알고 있었던 것인지, 혹은 공관복음 기록자들이 선행 텍스트인 바울서신으로부터 얼마만큼의 영향을 받은 것인지는 정확히 답하기 어려운 문제다.) 확실한 것은, 고린도전서 11:23-24에는 과거에 예수께서 누구에게 떡을 주셨는지가 나오지 않는다는 점이다.

> ²³ 내가 여러분에게 전해 준 것은 주님으로부터 전해 받은 것입니다. 곧 주 예수께서 잡히시던 밤에, 빵을 들어서 ²⁴ 감사를 드리신 다음에, 떼시고 말씀하셨습니다. "이것은 너희를 위하는 내 몸이다. 이것을 행하여 나를 기억하여라." ²⁵ 식후에, 잔도 이와 같이 하시고서, 말씀하셨습니다. "이 잔은 내 피로 세운 새 언약이다. 너희가 마실 때마다 이것을 행하여, 나를 기억하여라." ²⁶ 그러므로 여러분이 이 빵을 먹고 이 잔을 마실 때마다, 주님의 죽으심을 그가 오실 때까지 선포하는 것입니다. (고전 11:23-26 새번역)

바울은 과거에 주어진 예수의 말씀을 현재의 고린도 회중, "너희"에게 직접적으로 적용한다. 바울은 성찬 제정 전통을 11:23-25에서 인용한 후, 26절에서 그것이 고린도 신자들에게 갖는 의미를 해석해 준다. 이 떡을 먹고 잔을 마실 때마다 그들은 "주님의 죽으심을 그가 오실 때까지 선포"해야 한다. 바울이 여기서 '복음'을 선포한다고 하거나 주님의 '죽음과 부활'을 선포한다고 말하는 게 아니라, "주님의 죽으심"을 선포한다고 표현한 것은 의미심장하다.[28] 고린도전서 1장에서 바울이 선언했듯이, 그리스도의 십자가 죽음은 인간의 모든 가치와 기대를 전복한다. 1장에서처럼 여기서도 바울은 성만찬을 둘러싼 분열의 문제 가운데 바로 그 십자가의 의미를 역설한다. 주의 만찬 의례는 주님의 죽으심(복음의 내용에 그것이 들어 있다)을 선포하는 행위와 동떨어져 있지 않다. 두 의례는 하나로 연결되어 있는 것이다.

주의 만찬이라는 의례는 고린도 에클레시아를 구성하고 유지하는 중요한 원천이다. 여기까지의 논의를 정리해 보자면, 우리는 이 본문에서 바울이 주의 만찬과 관련해 세 가지의 해석적 움직임을 취하는 것을 관찰한다. 첫째, 바울은 "예수를(예수의 삶을) 기억하라"는 전통을 특별히 그의 죽음을 기억하라는 의미로 해석했다. 둘째, 바울은 공동체 내에서 실천되는 기억의 의례를 선포적, 선교적인 의미로 확장했다("선포하라"). 셋째, 바울은 의례의 순환적 시간 개념과 목적론적인 시간 개념을 긴밀하게 포개었다. 고린도 공동체는 주님께서 다시 오실 때까지 기억과 선포의 행위를 반복해야 한다. 이러

---

28 Beverly Roberts Gaventa, "'You Proclaim the Lord's Death': 1 Corinthians 11:26 and Paul's Understanding of Worship," *RevExp* 80 (1983): 380.

한 해석적 움직임의 기저에는, 의례가 갖는 수행적, 창조적 힘에 대한 바울의 신념이 자리잡고 있다.

그러나 의례의 힘은 부정적 차원에서도 발동된다. 고린도전서 11:27부터 바울은 전승이 전하는 과거의 공간에서 현재 고린도 신자들의 현재로 돌아와서, 주의 만찬을 적절치 못하게 행했을 때 발생하는 부정적인 결과에 대해 말한다. 여기서 바울은 고린도 신자들이 생각했던 것보다 주의 만찬이라는 의례에 훨씬 더 실제적인 힘과 효과를 부여한다. 다음 장에서 더 자세히 살펴보겠지만, 바울은 일종의 실재론자였다. 혹은 바울이 그 성찬에서 죽음의 메시지가 갖는 환유적 차원을 더 진지하게 받아들였다고도 할 수 있다. 앞서 말한 것처럼, 성찬은 죽음과 연결된다. 바울은 성찬이 주님의 죽음을 선포하는 의례라면, 죽음의 힘은 성찬에 참여하는 공동체에게 실제적으로 임한다고 믿었다. 여기에 동전의 양면과 같은 함의가 도출된다. 주의 만찬 의례에 합당하게 참여하는 이에게는 주님의 죽음이 가져온 긍정적인 효과(즉, 사망 권세로부터의 해방)가 임하지만, 합당하지 않게 참여한 이에게는(고전 11:27) 사망의 파괴적인 효과가 임하는 것이다(고전 11:30).[29]

---

29 초기 기독교 성례전에서는 형식과 종교적 의미 사이에 불일치가 있었고, 그 것이 오히려 성례전의 효과를 발생시켰다는 타이센의 통찰을 참고하라. "성례전의 구성 요소인 물, 빵, 포도주는 일상적인 것들이며, 어떠한 폭력과도 무관한, 극적이지 않은 행위들로 이루어진다. 고대의 다른 희생 제의들과 비교하면 원시기독교의 성례전에서는 폭력 감소의 경향이 일관되게 나타난다. 하지만 위와 같은 행위들이 내포한 의미를 담은 말씀을 보면, 오히려 가상의

바울은 "몸을 분별하지 못하고"(고전 11:29) 먹고 마시는 이들을 경고한다. 이는 각 개인이 자신의 (숨겨진) 죄를 돌아보지 않는 모습을 향한다기보다는 "주의 몸", 곧 공동체의 상태를 돌아보지 않은 채로 성찬에 임하는 태도를 가리키는 것으로 봐야 한다.[30] 다시 말해, 바울은 주의 만찬이라는 기존의 의례가 갖는 사회적 함의를 스피커로 크게 확장시켜 고린도 신자들에게 전달한다. 공동체 안에 있는 지체들을 차별적으로 대하면서 주의 만찬에 임하는 이들은 주의 몸 자체에 범죄를 저지르는 셈이고, 그런 이들에게는 육체적인 차원에서의 질병과 고통, 심지어 죽음까지도 찾아올 수 있다(고전 11:30). 그런 자들은 주의 만찬을 먹는 것이 자신을 향한 정죄를 섭취하는 것과 마찬가지다(고전 11:29). 이를 통해 이미 과거에 죽은 주[예수]의 몸, 주의 만찬이라는 의례 가운데 신자들이 취하는 떡, 곧 주의 몸("이것은 내 몸이다"), 그리고 주님의 현재적 몸으로서의 사회적 공동체 사이

폭력이 매우 증가하고 있음을 알 수 있다. 즉 세례는 상징적으로 자기 자신을 죽이는 자발적 행위이며, 성만찬은 다른 한 사람[즉, 그리스도를 뜻할 것이다]의 생명을 죽이는 행위다." 타이쎈, 『기독교의 탄생』, 252.

30 흥미로운 것은, NA28(그리스어 신약성경 비평본)에서는 "주의"에 해당하는 말이 빠진 쪽을 선택했지만("몸을 분별하지 못하고"), 개역개정 전통에서는 그 수식어가 들어간 읽기를 선택했다는 점이다("주의 몸을 분별하지 못하고"). 본문비평적 근거로만 놓고 보면, 그 수식어가 빠져 있는 쪽이 더 나은 읽기일 것이다. 따라서 바울은 "몸"이라는 말이 가진 중의성을 최대한 활용해서 이 권면을 제시한다. 그러나 여기서 바울의 논점은 공동체적인 몸에 있기 때문에, 그런 의미에서 "주의"라는 말을 집어 넣어 읽은 몇몇 고대 대문자 사본들 및 이후의 다수 본문(Majority Text), 그리고 개역개정의 번역은 이 절에서 바울이 강조한 바를 잘 포착했다고도 볼 수 있다.

에 유기적이고 실제적인 관계가 있음을 알 수 있다(고전 6:12-20 참고).

내가 학교에서 고린도전서를 가르치는 수업을 할 때, 이 11:17-34은 학생들이 가장 많은 관심을 보이는 본문 중 하나다. 오늘날 미국장로교, 연합감리교, 미국성공회(주교교회) 등의 주류 개신교(mainline Protestant)에서는 전례를 창의적으로, 그리고 사회참여적으로 재해석하여 실천하는 것을 강조하기 때문에, 학생들도 자연스럽게 이 본문에 관심을 갖게 되는 것 같다. 오직 "자격이 되는 자"에게 성찬 토큰(communion tokens)을 배분하여 성찬 참여를 허락했던 이전 시대 개혁교회 전통과 달리, 내가 속한 미국장로교는 열린 성찬을 기조로 한다. 원칙적으로 그 누구도 성찬에서 배제되지 않는다. 성찬은 자격 없는 이들을 위한 하나님의 선물이기 때문이다(Book of Order, G-1.0404; W-3.0409). 나이나 이해도에 관계 없이 누구든지, 심지어 세례교인이 아니더라도 하나님의 은혜를 갈망하며 믿음과 회개, 사랑으로 나아오는 자는 성찬에 참여할 수 있으며, 이로써 성찬 속에서 하나님께서 주도하시는 구원의 은혜, 차별 없는 초대, 그리고 공동체 안에서 서로를 향한 환대의 메시지가 드러난다. 나는 이러한 성찬의 모습이 고린도전서 11장의 기저에 깔린 바울의 신학적 원칙을 되살릴 뿐 아니라, 개혁교회 성찬 신학의 한 측면(모든 측면은 아니겠지만!)과도 공명한다고 믿는다.[31]

---

31   나는 다른 곳에서 이렇게 쓴 적이 있다. "장로교/개혁교회의 성만찬 신학에서 그리스도의 임재는 사변의 대상이 아니다. 마사 무어-키쉬(Martha L. Moore-Keish)가 잘 지적했듯 '칼뱅의 성만찬 신학은 형이상학적이라기보다는 사회적이다.' 나는 이 식탁에서 공동체 전체가 그리스도와의 연합을 경험

고린도전서 11:17-34에 언급된 주의 만찬이 시행되는 공간은 바로 에클레시아(고전 11:18), 곧 하나님의 신전으로 상정된 공간이다. 따라서 고린도전서 11장은 5-6장에 나온 몸과 경계, 오염과 정결의 주제와 연속선상에 있다. 바울은 고린도에서 주의 만찬을 행할 때 벌어진 사건에 응답하는 가운데, 이 의례가 어떻게 에클레시아 공간을 빚어내는지 드러낸다. 고린도의 신자들이 주의 이름으로 한 데 모여 만찬을 가질 때(그리고 "주의 몸"을 먹을 때), 그들은 여러 층으로 겹쳐진 몸의 현실 속으로 들어간다. 그들이 삼킨 음식, 곧 그리스도의 몸이라 불린 그 떡은 십자가에 달려 처형 당한 그리스도의 과거의 몸을 가리키는데, 그 몸은 이제 그들의 입과 식도를 타고 물리적인 몸 안으로 들어간다. 그리고 그들이 모인 모임은 그리스도의 몸이라는 은유로 표현된다. 그들은 몸을 분별하고 먹어야 한다. 주의 만찬은 에클레시아 공간에서 그물망처럼 얽힌 이 몸의 관계를 추상적 차원이 아니라 하나의 실재로서 활성화시키는 의례다.

바울의 권면은 분명하다. 어떤 이유로든 누군가가 이 에클레시아에서 이루어지는 주의 만찬에서 배제되는 상황은 곧 하나님의 신전을 파괴하는 것이다. 바울은 특권을 누리는 이들을 향해서 강하

하며, 더 나아가 성령을 통해 서로가 서로를 향한 연합을 경험한다는 것을 믿는다." 정동현, "사순절: 십자가의 사랑, 가치, 공동체", 「기독교사상」 2024년 2월호, 113. 거기서 내가 인용한 무어-키쉬의 말은 다음의 책에서 가져온 것이다. Martha L. Moore-Keish, *Do This in Remembrance of Me: A Ritual Approach to Reformed Eucharistic Theology* (Grand Rapids: Eerdmans, 2008), 146.

게 권고한다. 주의 만찬에 참여하는 이들은 세례를 통하여, 타인을 위해 자신을 내어 주신 그리스도의 몸에 관한 규범적 질서 안으로 들어온 이들이다. 따라서 그 질서에 어긋나게 행동하는 것은 가시적인 현실 세계에서 분열을 일으킬 뿐 아니라, 세례와 주의 만찬이 가리키는 우주론을 위반한, 일종의 의례적 실패를 일으킨 것이다. 바울은 이렇게 실패한 의례적 행동을 통해 공동체에 오염을 초래하는 이들이 주의 몸을 삼켰을 때, 그것은 그 개인의 몸에 침입한 오염원이 되고 심판이 되어(고전 11:29, 34), 그에게 병과 죽음까지도 초래할 것이라 경고한다. 고린도전서 5장에서 공동체의 오염을 초래한 이를 축출하라고 말했던 바울은, 여기서는 그런 이들이 병과 죽음을 맞이할 것이라 예견한다. 물론 이것이 그들의 완전한 멸망을 의미하는 것은 아니다(고전 11:32). 이처럼 환대와 포용, 그리스도 안에 이루어진 새로운 질서를 나타내는 주의 만찬은 역설적으로 경계선을 강화하는 효과가 있다. 서로를 "기다리[지]"(받아주지) 못한 채로(고전 11:33) 주의 만찬에 참여한 이들은, 더 이상 공동체 안에서 기다려(받아) 줌을 경험할 수 없다.

공동체의 몸을 분별하지 않고 주의 만찬을 먹는 것은 곧 자신의 심판을 먹는 것이며, 이는 병과 죽음으로 이어진다는 바울의 경고가 그 말을 듣는 이들에게 유쾌하게 받아 들여 지지는 않았을 것이다. 이러한 경고를 들으면 얼핏 바울이 신화적, 주술적 세계에 사는 사람처럼 보인다. 그러나 우리는 바울이 전문적인 철학 학파에 속한 이가 아니었고, 또한 계몽주의 이후의 세계에 사는 근현대인도 아니었음을 기억해야 한다. 1세기의 묵시적 유대인이었던 바울은 "치유자와 예언자, 천사와 마귀 ⋯ 성난 초인간적 세력들, 신적 권세들, 적대적인 우주적 신들과 같은 행위자들"이 빽빽하게 들어찬 지중해 세계 안에 살았다.[32] 만약 고린도 공동체 안에 좀 더 통속적인 신화적 세계관에 익숙한 이들과, 어느 정도 철학적인 소양이 있는 이들이 혼재해 있었다면(그리고 그것이 사회·경제적 계층 구분과 어느 정도 일치했다면), 바울은 분명 전자의 손을 들어 주었을 것 같다.[33]

이러한 바울의 당파적 해법은 다음 장에서 살펴볼 우상에게 바친 제물 논란과도 연결되며, 차후 3부에서 살펴볼 부활 담론에서도 재차 중요하게 등장한다.

---

32 프레드릭슨, 『바울, 이교도의 사도』, 28.

33 Martin, *The Corinthian Body*, 190-197. 마틴(Martin)은 기본적으로 "가진 자"와 "없는 자", 혹은 "강한 자"와 "약한 자"의 이분법을 고린도전서 해석 전반에 적용한다. 그러나 고린도 공동체 구성원들의 상황은 그보다 더 복합적이었을 것이다. 구성원들을 세 개의 사회·경제적 그룹으로 나누는 Jung, *A Tale of Two Churches*, 139-186을 참고하라.

3장 세례와 주의 만찬 요약

고린도에 있는 공동체 곧 하나님의 에클레시아는 의례화된 신전 공간이다. 그리스도와 관련된 의례들은 고린도에 있는 하나님의 신전 공간을 탄생시키고, 그 경계를 설정하며, 또한 그 공간이 나타내는 질서를 소통한다. 본서 3장에서 중점적으로 살펴본 세례와 주의 만찬은 가장 두드러지게 나타나는 의례인데, 이 두 가지는 모두 바울이 창안한 것이 아니라 이미 바울 이전부터 초창기 그리스도 공동체들에서 수행되었던 것이다. 고린도전서에서 바울은 의례의 해석자이자 의례 메시지의 조정자로 나타난다. 우리는 또한 복음 선포가 어떻게 의례적으로 이해될 수 있는지도 살펴보았다.

고린도전서에서 세례는 두 가지의 메시지를 전달한다. 첫째로, 세례는 이교도 출신 신자들이 입회하게 된 에클레시아의 경계를 정의하며, 또한 그 입회 행위가 일으킨 공간적, 시간적 변화를 표상한다. 세례는 고린도의 탈-이교적 이교도 신자들의 과거의 모습과 현재의 모습의 대조, 그리고 바깥과 안이라는 공간의 대조를 이진법적으로 나타내는 의례이다. 고린도전서 5-6장에 나오는 다양한 문제들에 대한 응답 가운데 바울은 세례를 암시하는 고린도전서 6:9-11을 배치하였고, 이를 통해 바울은 이 의례에 의해 정의된 그들의 소속 공간(세상이 아닌 하나님의 신전)과 시간(이교도의 상태에서 벗어난 현재)을 세상의 공간 및 시간과 혼동하지 말것을 권면했다. 둘째로, 세례는 특정한 종류의 유대 관계를 탄생시키는 관계 형성의 의례이다. 고린도전서 1:10-17에서 바울은 그리스도 이름으로 받는 세례의 주된 메시지가 집례자와 수세자 사이의 개인적, 정치적 추종 관계가 아니라, 그리스도와 신자 사이의 추종 관계임을 강조한다. 바울은 공동체 내의 경쟁과 분열을 극복하고 구성원들 간에 평등한 연대와 연합을 도모하기 위해 이러한 세례의 관계적 메시지를 활용한다.

일반적으로 말하면, 의례에서의 발화 기능은 설득이 아니라 선언과 선포이다. 즉, 의례에는 발화효과행위보다 발화수반행위가 더 강하게 드러난다. 이 점에서 바울이 고린도전서 1:18-25과 2장에서 묘사하는 복음의 선포 역시 의례적이다. 먼저 바울은 십자가를 통해 드러난 하나님의 어리석음과 약함을 인간의 지혜와 강함과 대비시킨다. 바울은 자신이 선포한 복음의 내용이 이러한 어리석고 약한 십자가의 도일 뿐 아니라, 자신이 선포한 방식 역시 인간의 설득력 있는 말, 수사적 기교가 아니라 약함 가운데서 성령의 나타남과 능력을 통한 것이었다고 술회한다. 물론 고대 맥락에서 볼 때, 이와 같은 바울의 반-수사적인 언설 역시 수사적 효과가 있었기에, 우리는 수사와 복음 선포를 전적으로 상호배타적인 범주로 볼 필요는 없다. 하지만 바울이 이 본문에서 두드러지게 강조하고 있는 부분이 복음의 발화수반력임은 주목해야 한다. 바울은 수사적 논리나 감정의 동요를 통해 설득하려는 웅변가들과 자신을 의도적으로 구분한다. 바울은 복음의 발화 자체가 하나님의 구원의 능력을 수행한다고 믿었다. 복음의 선포는 하나님의 구원이 이루어지는 시간과 공간을 선언하며, 그리스도를 믿는 공동체를 창조한다.

3장의 마지막 부분에서 우리는 (고린도전서 11:17-34에 암시된) 주의 만찬을 둘러싼 이슈와 바울의 응답을 살펴보았다. 먼저, 바울이 주의 만찬 전승을 활용하는 고린도전서 11:23-26에서, 우리는 바울의 세 가지 해석적 움직임을 발견한다.

> 1) 예수를 기억하라는 전통에서 특히 예수의 죽음에 방점을 찍는다.
> 2) 공동체의 기억의 의례를 선포적이고 선교적인 차원으로 확장한다.
> 3) 주의 만찬 의례가 갖는 순환적 시간을 주님의 귀환과 관련된 종말의 지평에 위치시킨다.

이어서 우리는 바울이 고린도 에클레시아의 만찬 자리에서 벌어진 문제를 보다 직접적으로 비판하고 경고하는 방식을 살펴보았다. 고린도전서 6장에서와 같이 여기서도 바울은 몸이 나타내는 다층적 관계들을 실제적으로 받아들여, 그것을 권면의 근거로 삼는다. 사회·경제적 특권을 누리는 이가 주님의 몸인 그리스도 공동체 안에서 다른 이들을 차별적으로 대하는 가운데 주님의 몸을 먹는다면, 그것은 의례 공간인 하나님의 신전이 구현하는 질서를 위반하는 행위다. 그것은 신전 공간을 오염시킬 뿐 아니라, 사실상 신전의 구성 요소인 그 사람 본인의 몸에 파괴적 효과를 불러 일으킨다.

지식과 의례

모든 음식 섭취 행위가 곧 의례가 되는 것은 아니다. 의례는 다른 행동과의 구별을 통해 그 의례 됨의 의미를 획득한다.[1] 고린도 공동체 구성원들이 한데 모여서 행했던 주의 만찬은 오늘날 독자들의 눈에도 분명 의례로 여겨진다(특정한 식사를 "주의" 만찬이라 부르는 것은 다른 식사로부터 그 식사를 구별한다). 이 장에서 살펴볼 것은 음식과 관련된 또 다른 의례적 상황, 곧 고린도전서 8장부터 10장에 걸쳐 나오는 우상에게 바쳤던 음식(에이돌로튀톤)을 먹는 행위에 관한 것이다.[2] 우상에

---

1   Bell, *Ritual Theory, Ritual Practice*, 7-8.

2   Stephen Richard Turley, *The Ritualized Revelation of the Messianic Age: Washings and Meals in Galatians and 1 Corinthians* (London; New York: T&T Clark, 2015), 133-170을 참고하라. 이 책은 고린도전서 8-10장을 주의 만찬과 연관시켜 의례적으로 분석하는 유용한 연구서다.

게 바쳤던 음식(아마도 고기)을 먹는 것은 다른 음식을 먹는 것과 차이가 없는 일상적 행동인가? 아니면, 고린도의 신자들에게 특정한 메시지를 활성화시키는 의례적 행동인가?

물론 나는 지금 고린도전서 8-10장에 나오는 음식 섭취의 문제가 주의 만찬처럼 에클레시아 곧 고린도 공동체 안에서 인정되었다거나, 혹은 긍정적인 의미가 부여되었다고 말하는 것은 아니다. 8-10장에서 바울은 에클레시아 바깥에서 의례화되었던 음식을 에클레시아 구성원들이 먹었을 때 발생할 수 있는 문제를 다루고 있는 것이다. 이와 같은 유형의 음식 문제는 에클레시아 공간이 지닌 투과성을 여실히 보여준다. 바울이 이 하나님의 신전 공간 안과 밖의 질서를 다르게 상정했음에도 불구하고(고전 5-6장), 세상 밖으로 완전히 나가지 않는 한(고전 5:10), 그 구성원들은 세상과 지속적으로 교류하며 살아야 한다. 에클레시아 구성원들이 먹는 음식, 그들의 몸 안으로 들어가는 물질은 세상과 에클레시아를 계속해서 접촉 관계에 놓는다. 에클레시아 구성원들이 일상에서 살아가는 생활 공간은 이교의 의례가 빚은 공간이며, 그들은 그곳에서 자신들의 몸으로 살아가는 삶을 두고 끊임없이 협상을 벌인다.

앞선 고린도전서 5-6장과 비교했을 때, 8-10장에 나오는 바울의 논증은 더 복잡하고 구불구불한 길로 돌아간다. 바울이 볼 때, (자유인) 신자들의 성적인 방종은 예외 없이 정죄의 대상이다. 그러나 우상의 의례와 관련될 가능성이 있는 음식에 대해서는 각 상황의 다리를 두드려 보면서 미묘한 경계 설정을 요구한다. 고린도전서

8-10장에서 주목해 볼 것은, 과연 무엇을 수행적 효과가 있는 의례로 볼 것인지, 그리고 어떤 조건에서 그것이 유효한 의례가 되는지 (혹은 그렇지 않은지)에 관한 의문이다.

먼저 고린도전서 8장 초반의 본문을 살펴보자. 8:1-3은 이 단락 전체에서 나타나는 바울의 권면의 밑바탕이 되는 원칙을 제공한다.

> ¹ 우상의 제물에 대하여는 우리가 다 지식이 있는 줄을 아나 지식은 교만하게 하며 사랑은 덕을 세우나니 ² 만일 누구든지 무엇을 아는 줄로 생각하면 아직도 마땅히 알 것을 알지 못하는 것이요 ³ 또 누구든지 하나님을 사랑하면 그 사람은 하나님도 알아 주시느니라 (고전 8:1-3)

바울은 지식과 사랑을 대조하고, 전자가 아닌 후자를 통해 우상에게 바쳤던 음식 문제에 접근할 것을 요청한다. "지식은 교만하게 하며 사랑은 덕을 세우나니"(고전 8:1). 이후 바울은 8:4-6과 8:7에서 두 가지 상반되는 상황을 전제한다.

> ⁴ 그러므로 우상의 제물을 먹는 일에 대하여는 우리가 우상은 세상에 아무 것도 아니며 또한 하나님은 한 분밖에 없는 줄 아노라 ⁵ 비록 하늘에나 땅에나 신이라 불리는 자가 있어 많은 신과 많은 주가 있으나 ⁶ 그러나 우리에게는 한 하나님 곧 아버지가 계시니 만물이 그에게서 났고 우리도 그를 위하여 있고 또한 한 주 예수 그리스도께서

계시니 만물이 그로 말미암고 우리도 그로 말미암아 있느니라 [7] 그러나 이 지식은 모든 사람에게 있는 것은 아니므로 어떤 이들은 지금까지 우상에 대한 습관이 있어 우상의 제물로 알고 먹는 고로 그들의 양심이 약하여지고 더러워지느니라 (고전 8:4-7)

4-6절에서는 먼저 "우리"라는 포괄적 대명사를 사용해서, 바울 자신과 고린도 에클레시아에 있는 (몇몇) 이들이 공유하고 있는 지식을 상기시킨다. 곧 눈에 보인 우상(금속이나 목재로 만든 것)은 실재하는 신이 아니며 우리에게는 오직 한 분 아버지 하나님과 한 주님 예수 그리스도만이 실재한다는 지식이다. 이 지식이 있는 사람들에게는 우상에게 바쳐진 음식을 먹는 것이 문제가 될 것이 없다. 그러나 바울은 8:7에서 고린도 에클레시아에 속한 모든 사람들에게 이 지식이 있지는 않다고 말한다. 어떤 이들은 우상의 관습에 익숙한 나머지, 우상에게 바쳐진 음식이 다른 신들과 연결될 수 있다는 신념을 유지하고 있다. 따라서 그러한 신념을 가진 채로 음식을 먹을 때, 그들의 양심이 오염된다.

고린도전서 8-10장의 결론이 로마서 14-15장과 피상적으로 유사한 부분이 있기는 하지만, 고린도전서 8장(8-10장)을 유대인 출신의 고린도 신자들과 이교도 출신의 고린도 신자들 사이에서 벌어진 갈등으로 보기는 어렵다.[3] 먼저, [이교도 출신=강한 자=음식에 거리낌

---

3   예를 들어, Ben Witherington, *Conflict and Community: A Socio-Rhetorical Commentary on 1 and 2 Corinthians* (Grand Rapids: Eerdmans, 1995), 196에

이 없는 자]와, [유대인 출신=약한 자=음식에 거리낌이 있는 자]의 구도는 고린도전서 본문에 명시적으로 드러나지 않는다(무엇보다, "강한 자"라는 표현은 본문에 아예 나타나지 않는다). 또한 제2성전기 유대인들 가운데서도, 이방인들과의 교류의 정도와 음식 문제에 대해서 다양한 입장이 존재했다.[4]

기본적으로 고린도전서는 이교도 출신의 그리스도 신자들을 향해 기록되었다(고전 12:2). 따라서 바울은 지금 이교도 출신 에클레시아 구성원들 가운데, 우상과 관련된 "지식"을 소유한 사람들과 그렇지 못한 사람들의 차이로 인해 발생한 문제를 다루고 있는 것이다. 유대인 저자들이 이방 세계 안에서 살아가는 유대인들에게 경계 설정을 위한 지침을 제공하곤 했듯이, 고린도전서 8-10장에서 바울은 그리스도 안에 있는 이교도들(유대인은 아니지만, 전적으로 유대인의 하나님에게 경배를 돌리는 이들)이 다른 일반적인 이교도들과의 접촉 가운데서 음식 섭취와 관련된 경계를 어떻게 설정해야 할지에 관한 지침을 제공하는 것이다. 즉, 유대인 바울이 이교도들을 상대로 지침을 준다는 점에서 이 본문은 독특한 의미의 **할라카**라고도 볼 수 있다.

서는 이 갈등이 민족적 측면의 문제였을 가능성에 대해 말한다. 김판임은 이 본문에 암시된 문제를 민족적 갈등의 문제로 이해하는 김지철, 『고린도전서』(대한기독교서회, 1999), 328을 언급하며, 그와 같은 해석은 "입증되지 않은 가설"이라고 논평한다. 김판임, 『바울과 고린도교회』, 109, 각주 3.

4   Peder Borgen, "'Yes,' 'No,' 'How Far?': The Participation of Jews and Christians in Pagan Cults," in *Paul in His Hellenistic Context*, ed. Troels Engberg-Pedersen (Minneapolis: Fortress, 1995), 30-59.

소위 "지식"이 있는 자들과의 공감대 형성을 위해서, 바울은 우상은 아무것도 아니며(고전 8:4), 그리고 "우리"(바울과 고린도 신자들)에게는 한 하나님, 한 주님이 계신다고 선언한다(고전 8:6). 이때 바울은 이미 각처에 있는 공동체들 안에 공유된 신앙고백 전승을 활용했을 가능성이 있다(부분적으로 그것은 유대인들의 쉐마 전승의 변형이기도 하다).[5] 그러나 유대인이나 그리스도 신자가 아니더라도, 고대 그리스-로마 시대 저자들 중에서는 손으로 만든 우상 자체가 신은 아니라는 점을 지적했던 이들도 있었고, 철학적·사상적 이유에서 초월적이고 단일한 신을 향했던 이들도 있었다. 이러한 배경을 고려할 때,[6] 바울의 언설은 이교적 배경을 뒤로하고 이제 막 고린도 공동체 안에 입회한 사람들에게 어느 정도 호소력을 지녔을 것이다. 우상은 아무 것도 아니며 우리에게는 한 분 하나님만 계시다는 것을 "우리가 … 아노라"(고전 8:4)라고 단언할 때, 바울은 마치 명백한 상식에 호소하는 사람처럼 말한다.

---

5   Hays, *First Corinthians*, 138-140.

6   Christoph Auffarth, "The Materiality of God's Image: The Olympian Zeus and Ancient Christology," in *The Gods of Ancient Greece: Identities and Transformations*, ed. Jan N. Bremmer and Andrew Erskine (Edinburgh: Edinburgh University Press, 2010), 465; Michael Frede, "The Case for Pagan Monotheism in Greek and Graeco-Roman Antiquity," in *One God: Pagan Monotheism in the Roman Empire*, ed. Stephen Mitchell and Peter Van Nuffelen (Cambridge: Cambridge University Press, 2010), 53-81을 보라. 그러므로 어떤 이방인들이 보기에 유일신을 섬기는 유대인들은 철학자들의 민족과도 같았다(프레드릭슨, 『바울, 이교도의 사도』, 112, 각주 21번).

고린도전서 8장에서 바울의 실천적 권면은 이교의 신들에 관해 이러한 "지식"이 없는 자들을 배려하라는 요청이다(고전 8:7, 9). 이교 신들에 관한 바른 지식이 없는 이들을 가리켜 "믿음이 약한 자"(고전 8:11)라고 부르는 바울의 어조는 그런 이들을 다소 낮춰 보는 듯한 느낌을 주기도 한다. 어쩌면 바울은 고린도 공동체에 속한 몇몇 사람들의 표현방식을 반향하는 것일지도 모른다. 어찌 되었든, 8장의 마지막 부분을 보면, 우상에게 바쳤던 음식 문제에 대해서 바울이 "약한 자"의 편을 드는 것은 분명해 보인다(고전 8:12-13).

바울이 보기에 고린도 공동체 안에는 인식론의 차이가 존재했다. 그리고 이것은 신(들)에 관한 인식 차이뿐 아니라 인간의 몸과 의례적 행동에 관한 인식의 차이와도 연결된다. 고린도전서 11장에 관한 논의에서 우리가 살펴 보았던 상이한 지식, 상이한 인식론, (몸에 관한) 상이한 이념의 갈등이 여기 8-10장에도 전제되어 있다.[7] 11장에서와 비슷하게 8장에서도, 바울은 보다 통속적인 종교성과 세계관을 가진 이들의 입장을 옹호한다.

지금까지의 논의를 정리해 보면 다음과 같다. 앞서 살펴본 바와 같이 고린도 에클레시아는 사회·경제적, 그리고 문화적으로 볼 때 균일한 집단이 아니었다. 그 안에는 인간의 몸과 세계와 신들에 관한 인식론적·행동적 차이를 보이는 적어도 두 개의 그룹이 있었다. 고린도전서에 나타나는 권면을 보면, 바울은 주로 특권을 누리지 못하는 이들과 연대하는 모습을 보인다. 일례로, 고린도전서 8-10장

---

7   Martin, *The Corinthian Body*, 179-189.

에서도 비슷한 상황이 전개된다. 바울은 인식론적 차원에서는 '우상은 아무것도 아니다'라는 지식을 가진 이들(우상에게 바쳐진 음식을 먹는 것을 문제시하지 않았던 이들)에 동의하지만, 공동체 윤리의 차원에서는 약한 자들의 입장(우상에게 바쳐진 음식을 먹는 것을 꺼림칙하게 여기는 이들)에 따를 것을 권면한다. 오직 한 분 하나님이 계시며 우상은 아무 것도 아니다. 우상이 우리 몸에 미치는 영향을 두려워 할 필요는 없다. 그럼에도 불구하고, 에클레시아 안에서 "지식"을 소유한 이들이 우상에게 바쳐진 음식 먹는 것으로 인해 약한 자들을 실족하게 해서는 안 된다. 바울은 누군가를 실족하게 하느니, 차라리 자신은 절대 고기를 먹지 않는 편을 택하겠다고 말한다(고전 8:12-13).

그런데 흥미로운 부분은 고린도전서 8:10-11에 나오는 시나리오다. 바울은 "지식"이 없는 이들이 이방 신의 영향력을 두려워하면서 그 우상 제물을 먹으면, 실제로 그들에게 해가 임한다고 말한다. 일차적으로는 그들의 약한 양심이 오염된다(고전 8:7). 그리고 이는 결국 그들이 파멸되는 것을 의미한다(고전 8:11). 바울은 우상이 아무것도 아니라고 말하지 않았던가? 그런데 어떻게 바울은 지식 없는 이들, 곧 우상의 관습에 익숙한 고린도의 신자들이 우상에게 바쳐진 음식을 먹으면 실제적으로 해가 임한다고 말하는 것인가? 바울은 짧은 본문 안에서 입장이 오락가락하는 것인가?

이 의문은 인식론과 윤리라는 범주뿐 아니라, 의례라는 범주를 살펴봄으로써 어느 정도 해결될 수 있다. 고린도전서 8-10장은, 바울이 지식이 있는 일부 고린도 신자들보다 의례가 갖는 창조적 힘,

곧 의례가 실재를 만들어 내는 힘에 대해 더 많은 가치를 부여했음을 보여준다. 특히 바울은 의례에 참여하는 자의 의도나 인식이 그 의례의 효과에 미치는 영향력을 크게 평가했다. 즉, 이교의 신들과의 조우라는 신념을 가진 채 우상에게 바쳐진 음식을 먹는 의례에 참여하는 이들에게 그 이교의 신들은 실재하는 것이나 다름없다. 어느 비신자가 고린도의 에클레시아 구성원들 중 하나를 자신의 집에 초대해서 음식을 대접하면, 바울은 그 음식이 어디서 났는지 묻지 말고 그냥 먹으라 권한다(고전 10:27). 그러나 누군가가 "이 음식은 제사에 사용되었던 것(히에로튀톤)입니다"라고 언급한다면, 그 음식을 먹지 말라고 한다(고전 10:28). 그러한 언급은 해당 식사를 이교도의 신들과 관련된 의례로 변모하게 만든다. 그리고 그리스도 신자를 그 혼합주의적 제의의 실재 안으로 이끌어 들인다.[8]

바울은 의례와 무관한 부분에 있어서는 때에 따라 입장을 바꾸거나 혹은 포용적이고 유연한 지침을 주는 듯하다. 실제로, 에클레시아 구성원이 시장에서 파는 음식을 아무거나 사 먹어도 거리낄 필요가 없다(고전 10:25-26). 에클레시아 밖에 있는 이교도가 에클레시아 구성원을 초대해서 식사하고자 해도 문제 될 것은 없다(고전 10:27). 모든 음식은 깨끗하다(롬 14:20). 그러나 그 식사에 참여하는 이가 그것을 의례로 인식한다면, 다시 말해 그 음식이 이교의 신을 위해 구별되었으며, 그 음식을 먹는 것 역시 구별된 행위라는 것을 인식한다면, 그것은 의례적 상황이다. 의례에 관한 한 바울은 배타주의자

---

8   Borgen, "'Yes,' 'No,' How Far?" 52-53.

가 된다. 귀신의 식탁에 참여하는 것은 사도들의 명령에 대한 위반 차원의 문제가 아니라, "그리스도와 이룬 연합과 대립을 이루는 연합을 만들어 내기 때문에" 금지된다.[9] 고린도의 에클레시아 구성원들은 귀신의 식탁 참여와 그리스도의 식탁 참여를 겸할 수 없다(고전 10:21). 이 측면은 10장과 관련해 보다 자세히 확인할 것이다. 그러나 그 전에, 바울이 9장에서 어떻게 자신을 하나의 범례로 제시하여, 고린도의 "지식" 있는 자들에게 행동 조정을 요구하는지를 살펴보자.

범례 바울

고린도전서 8장의 마지막 부분에서 바울은 자기 자신을 예로 들어, "나라면 어떻게 했을까?"라는 질문에 스스로 답한다. 바울은 자신이 먹는 음식이 공동체 안의 다른 이들에게 걸림돌이 된다면, 차라리 그 음식을 먹지 않는 편을 택하겠다고 말한다(고전 8:13). 이 말은 9장 전체에 걸쳐 펼쳐지는 자전적 단락으로 넘어가는 다리 역할을 한다. 9장에서 바울은 자신의 삶을 모범으로 삼아, 우상에게 바쳤던 음식을 먹는 문제에 있어서 지식이 있는 자들이 어떻게 행동해야 할지 권면한다. 이러한 모방으로의 권면은 11:1에 나오는 결론에서 명시적으로 등장한다. "내가 그리스도의 모방자이듯, 너희는 나를 모방하는 자가 되어라!"(고전 11:1 저자 사역)

---

9   E. P. 샌더스, 『바울과 팔레스타인 유대교』, 박규태 옮김(알맹e, 2017), 905.

바울은 그리스도와 고린도 신자들 사이에 자신을 끼워 넣는다. 고린도의 신자들이 그리스도를 닮고자 한다면, 그들은 먼저 바울을 닮아야 한다.[10] 고린도후서를 보면, 그리스도께서 신자들을 위해 죽음에 넘겨지셨던 것처럼, 바울 역시 늘 죽음에 넘겨지며(고후 4:11), 그리스도의 죽음을 자신의 몸에 짊어지고 다닌다(고후 4:10). 죽음이 바울과 그의 동역자들에게 작용할 때, 생명은 고린도의 신자들에게 임한다(고후 4:12).

> [10] 우리가 항상 예수의 죽음을 몸에 짊어짐은 예수의 생명이 또한 우리 몸에 나타나게 하려 함이라 [11] 우리 살아 있는 자가 항상 예수를 위하여 죽음에 넘겨짐은 예수의 생명이 또한 우리 죽을 육체에 나타나게 하려 함이라 [12] 그런즉 사망은 우리 안에서 역사하고 생명은 너희 안에서 역사하느니라 (고후 4:10-12)

즉, 구조적 측면에서 바울은 자신을 그리스도와 비슷한 위치에 두고 있다.[11] 이 정도로 바울이 자신의 위치를 승격시키는 것이 오늘날 독자들에게는 다소 거부감을 일으킬 수 있다(허나, 한국교회에서 "작은 예수가 되자" 등의 수사가 유행했던 적도 있지 않은가!). 바울은 그리스도와 고린도의 신자들 사이의 모방의 연쇄 고리 속에 자신을 독특한 의미의

---

10 Jeong, *Pauline Baptism among the Mysteries*, 276-279.

11 Elizabeth Castelli, *Imitating Paul: A Discourse of Power* (Louisville: Westminster John Knox, 1991), 112.

중간자로 위치시킨다. 여기 고린도전서 8-10장의 맥락에서도 그리스도를 본받는 것(*imitatio Christi*)은 바울을 본받는 것(*imitatio Pauli*)을 매개로 한다.

바울이 자신을 범례로서 진열하는 고린도전서 9장의 논의는 다음의 네 단계로 진행된다.

> 1) 바울은 자신이 사도로서 물질적 지원을 받을 마땅한 권리가 있음을 다양한 수단을 동원해서 증명하려 한다(고전 9:1-14).
>
> 2) 바울은 그 권리를 자신이 의도적으로, 그리고 자발적으로 사용하지 않기로 했다는 점을 강조한다(고전 9:15-18).
>
> 3) 바울은 자신이 정당한 사도적 권리를 사용하지 않을 뿐만 아니라, 상황에 따라 자신의 삶의 방식을 그가 복음을 전할 사람들에게 전적으로 맞추기까지 했다는 점을 밝힌다(고전 9:19-23).
>
> 4) 바울은 그와 같이 다른 사람들에게 맞추는 태도(어찌 보면 원칙 없고 나태해 보일 수도 있는 태도)가 방종으로 이어지지 않고, 도리어 자기 절제를 동반한다고 역설한다(고전 9:24-27).

고린도전서 9장에 대한 한 가지 오해를 짚고 넘어갈 필요가 있다. 바울이 여러 공동체들 가운데 사도로서의 권리가 위협을 당하거나 의혹의 대상이 되었던 것은 어느 정도 분명한 사실이다. 그러나 고린도전서 9장과 관련하여 흔히 추정되어 온 것처럼,[12] 1) 고린

---

12   Ryan S. Schellenberg, "Did Paul Refuse an Offer of Support from the

도 에클레시아 쪽에서 이전에 바울에게 먼저 재정적 지원을 제의했고, 2) 그것을 바울이 거절한 적이 있으며(그들에게 짐이 되기 싫어서), 따라서 3) 그것 때문에 고린도 신자들 가운데 바울의 사도적 권위에 대한 의심이 생겼다는 시나리오는 충분히 증명되기 어렵다. 쉘렌버그(Schellenberg)가 설득력 있게 주장했듯이, 실상은 그 반대였을 수 있다. 즉, 고린도의 신자들은 지금껏 바울에게 아무런 후원을 하지 않았을 수 있다. 그리고 바울이 재정 지원을 받을 수 있는 자격이 있는 사도라는 점에 대해 고린도 공동체의 모든 구성원들이 동의하지 않았을 수 있다. 쉘렌버그는 다음과 같이 말한다.

> 4-14절에서 우리가 발견하는 내용은 후원받기를 거절한 것에 대한 바울 자신의 변명이 아니다. 오히려, 바울은 자신이 그러한 후원을 받을 자격이 있다는 것을 길고 열정적으로 논증한다.[13]

궁극적으로, 고린도전서 9장에서 바울은 자신을 변호하는 것을 최종 목적으로 두지 않는다. 8-10장의 맥락을 볼 때, 바울은 고린도 공동체의 구성원들이 우상에게 바쳐진 음식을 대할 때 취해야 할 태도의 범례를 제시하는 것이다.

바울이 여기서 채색하여 보여주는 자신의 초상화는, 복음이라는

Corinthians?" *JSNT* 40 (2018): 313에 나오는 학자들의 명단을 보라.

13 Schellenberg, "Did Paul Refuse an Offer of Support from the Corinthians?" 315.

지고한 가치를 위해서는 무엇이라도 할 수 있는, 분명한 목적과 유연한 태도를 지닌 인물이다. 다양한 사람들을 대하는 자신의 사역의 원칙을 요약한 고린도전서 9:19-23에서 바울은 자신이 복음에 참여하기 위해 "모든 사람들에게 모든 것이 되었다"고 말한다.[14]

> [19] 내가 모든 사람에게서 자유로우나 스스로 모든 사람에게 종이 된 것은 더 많은 사람을 얻고자 함이라 [20] 유대인들에게 내가 유대인과 같이 된 것은 유대인들을 얻고자 함이요 율법 아래에 있는 자들에게는 내가 율법 아래에 있지 아니하나 율법 아래에 있는 자 같이 된 것은 율법 아래에 있는 자들을 얻고자 함이요 [21] 율법 없는 자에게는 내가 하나님께는 율법 없는 자가 아니요 도리어 그리스도의 율법 아래에 있는 자이나 율법 없는 자와 같이 된 것은 율법 없는 자들을 얻고

---

14 "유대인들에게 내가 유대인과 같이 [되었다]"(고전 9:20)는 말은 바울이 더 이상 유대인이기를 그쳤지만, 잠시 유대인처럼 되었다는 말이 아니다. 물론 20절의 언명이 아마도 바울이 공동식사와 관련된 특정 종류의 할라카(엄격한 바리새적 할라카)를 따르기를 그만 두었다는 뜻으로 해석될 수는 있다. 그러나 크게 보면 바울은 그리스도의 추종자가 된 이후에도 여전히 유대적 규범의 틀 안에 머물러 있었던 유대인이다(21절도 보라). David J. Rudolph, *A Jew to the Jews: Jewish Contours of Pauline Flexibility in 1 Corinthians 9:19-23*, 2nd ed. (Eugene: Pickwick, 2016), 173-208을 참고하라. 루돌프(Rudolph)는 바울이 이 본문에서 특별히 예수 전승을 반영하고 있으며, 바울의 열린 공동식사 참여는 예수의 열린 공동식사 참여를 모방한다고 주장한다. 물론 바울과 예수 전승과의 관계는 좀 더 정밀하게 살펴보아야 할 논점이다. 그러나 적어도 제2성전기 유대교 내에서 단지 엄격한 할라카를 따르는 이들만 존재했던 것은 아니며, 이방인들과 관계를 맺는 방식과 정도가 다양했다는 사실을 염두에 두고 이 본문을 해석해야 한다는 루돌프의 지적은 타당하다.

자 함이라 22 약한 자들에게 내가 약한 자와 같이 된 것은 약한 자들을 얻고자 함이요 내가 여러 사람에게 여러 모습이 된 것은[모든 사람에게 모든 것이 된 것은] 아무쪼록 몇 사람이라도 구원하고자 함이니 23 내가 복음을 위하여 모든 것을 행함은 복음에 참여하고자 함이라 (고전 9:19-23)

그렇게 말하는 바울은 자신이 믿는 진리를 설득하기 위해 의도적으로 "모호함, 계책, 속임수"를 사용하기를 마다하지 않는 카멜레온 같은 존재처럼 보일 수 있다.[15] 또한 자신의 목적을 달성하기 위해서 노예적, 굴종적인 태도도 감수하는 일종의 대중선동가(demagogue)로 여겨질 수 있다.[16] 혹은 이곳 저곳을 떠돌아다니며 물건을 팔듯, 새로운 신에 관한 가르침과 제의를 팔고 다니는 행상처럼 여겨질 수 있다(고후 2:17에서 바울은 이러한 혐의를 반박한다).[17] 바울이 고린도전서 9:19-23에 나오는 파격적인 이미지를 사용해서 조명하고자 하는 것은 복음이라는 가치를 위해서라면, 곧 다른 이들을 구원하기 위한 소명을 위해서라면(고전 9:22-23) 다른 것들은 충분히 상대화할 수

---

15 Mark D. Given, *Paul's True Rhetoric: Ambiguity, Cunning, and Deception in Greece and Rome* (Harrisburg: Trinity Press International, 2001), 103-117.

16 Martin, *Slavery as Salvation*, 86-135.

17 그러나 그러한 묘사가 완전히 근거가 없는 것만은 아니다. 로마 시대의 "종교 전문 프리랜서"(freelance experts in religion)를 비교 연구하는 Heidi Wendt, *At the Temple Gates: The Religion of Freelance Experts in the Early Roman Empire* (New York: Oxford University Press, 2016)은 바울 역시 그와 같은 범주에서 논의한다.

있다는 태도이다. 바울이 보여준 태도 곧 타인의 삶의 양식을 존중하고 타인의 구원을 위하여 자신의 삶의 양식을 기꺼이 조정하려는 태도는 우상에게 바친 음식을 먹는 문제와 관련해서 고린도 신자들이 갖춰야 할 태도다.

에클레시아, 곧 하나님의 신전 공간에서 유지되는 새로운 질서는 바울 자신의 몸 가운데 범례적으로 드러난다. 하나님의 신전 공간을 구성하는 고린도 신자들의 모든 몸은 평등한 위치를 갖지만(고전 12장 참고), 바울의 몸은 특별한 위치를 차지한다. 바울은 고린도에 있는 특정한 에클레시아의 구성원들의 특정한 문제의 해결을 위해 자신을 생생한 그림처럼 묘사하여 제시했다. 그러나 바울은 고린도전서를 쓰면서(혹은 다른 어떤 편지를 쓰면서도) 그것이 훗날 기독교라는 기성 종교의 정경이 될 것을 예상하지 못했을 것이다. 정경화된 고린도전서의 텍스트는 바울의 몸이 고린도 신자들에게뿐만 아니라 그 정경을 받는 후세의 독자들에게도 하나의 기준점으로 인식될 것을 요구한다. 실제로 초기 바울 수용사에서 바울의 몸을 본받는 것, 그리고 바울의 몸을 추앙의 대상으로 삼는 것의 차이는 언제든 흐릿해질 수 있었다.[18]

---

18 바울을 비롯한 유명 사도들/순교자들을 향한 제의가 발전한 것이 초기 기독교 역사의 한 부분이다. 순교 문학과 순교자 제의(cults of the martyrs)에서는 순교자들이 그리스도를 모방할 뿐 아니라, 그리스도에게 돌려지는 다양한 신학적 의미들을 그들도 공유하는 것으로 나타난다. Candida R. Moss, *The Other Christs: Imitating Jesus in Ancient Christian Ideologies of Martyrdom* (New York: Oxford University Press, 2010)을 참고하라.

의례가 창조하는 실재

고린도전서 9장의 흐름으로 본다면, 10장 첫 부분에서 바울은 우상에게 바쳤던 음식을 먹는 문제로 바로 돌아가는 것이 마땅해 보인다. 대략 다음과 같은 권면으로 결론이 나는 게 자연스러운 흐름일 것이다. "내가 어떻게 살아 왔는지를 보여 주었으니, 너희도 마찬가지로, 공동체 안에서 다른 이들의 실족을 피하기 위해, 우상에게 바쳤던 고기 먹는 것을 삼가도록 하라." 물론 이와 같은 결론이 10:31-11:1에 나오기는 하지만, 10장 초반에서 바울은 빠른 결론으로 넘어가지 않고, 이스라엘의 과거로부터 끌어온 예시와 더불어 우회로를 택한다. 바울의 현재 시점으로 돌아와 고린도 공동체의 음식 문제를 다루는 것은 10:23에 가서야 명확하게 나타난다.

> 모든 것이 가하나 모든 것이 유익한 것은 아니요 모든 것이 가하나
> 모든 것이 덕을 세우는 것은 아니니 (고전 10:23)

고린도전서 10:1-13에서 바울은 이스라엘 경전의 출애굽 이야기를 끌고 와서 현재적 의의를 지니도록 해석한다. 특히 10:1에서 바울은 출애굽 당시 사람들을 가리켜 "우리 조상"이라고 부른다.

> 형제들아 나는 너희가 알지 못하기를 원하지 아니하노니 우리 조상들이 다 구름 아래에 있고 바다 가운데로 지나며 (고전 10:1)

여기서의 "우리"는 바울뿐 아니라 고린도 신자들을 포함한다는 점을 고려하면 이것은 흥미로운 표현이라 할 수 있다. 출애굽한 백성들이 유대인 바울의 조상인 것은 당연하지만, 여기서는 또한 바울의 이교도 출신 신자들의 조상도 되었다(고전 12:2). 다시 말해, 이 본문에서 바울은 고린도의 이교도 출신 신자들의 계보를 재정립하고 있는 것이다. 그 신자들은 할례를 받고 유대인이 된 것은 아니지만(갈라디아서에서 바울은 그러한 선택지를 극렬하게 반대한다), 그들은 유대인의 조상을 자신들의 조상이라고도 부를 수 있게 되었다. 바울은 고린도의 탈-이교적 이교도의 계보에 변화가 생겼음을 전제한 채로 10장의 논의를 시작하며, 이스라엘 경전에 나온 예시를 고린도 신자들에게 직접적으로 적용한다.

유대인이 아니면서도 유대인에게 가장 중요했던 정체성을 일부 공유하게 된 이들의 존재는 고대 세계에서 마치 괴짜처럼 보였을 것이다. 갈라디아서에 따르면, 아브라함의 씨인 그리스도를 믿고 세례를 통해 그리스도 안에 들어온 이교도는, 할례받은 자가 아니면서도 아브라함의 씨가 되었다(갈 3:27-29, 개역개정에서는 "아브라함의 자손").

> ²⁷ 누구든지 그리스도와 합하기 위하여 세례를 받은 자는 그리스도로 옷 입었느니라 ²⁸ 너희는 유대인이나 헬라인이나 종이나 자유인이나 남자나 여자나 다 그리스도 예수 안에서 하나이니라 ²⁹ 너희가 그리스도의 것이면 곧 아브라함의 자손이요 약속대로 유업을 이을 자니라 (갈 3:27-29)

그들은 그리스도라는 공간 안에서 이례적으로, 비유대인이면서도 유대적인 정체성을 전유할 수 있게 되었다. 즉, 그들의 존재는 고대 지중해 세계에 존재했던 분류 체계에 깔끔하게 들어맞지 않았다. 프레드릭슨(Fredriksen)은 종말론적 이방인이라는 이론적인 가능성으로만 존재하던 범주가 이 초기 그리스도 공동체 안에서 사회적 실재가 되었다고 해석하면서, 그들을 "탈-이교적 이교도"라고 불렀다.[19] 그리고 나 역시 계속해서 그 용어를 사용한다. 이 이교도 출신 신자들을 가리켜 조슈아 개러웨이(Joshua Garroway)는 "이방유대인"(Gentile-Jew)이라는 혼합형 명칭으로 부르기를 제안한다.[20] 학자들이 신조어를 동원할 정도로 애를 쓰는 것은, 1세기 중엽 이교도 출신의 신자들이 지니고 있었던 사회적 특이성을 방증한다.

또 다른 흥미로운 요점은 바울이 출애굽 이야기에 현재 고린도 신자들이 경험한 의례를 적용한다는 점이다. 바울은 과거를 현재로 이끌어 올 뿐 아니라, 또한 현재를 과거에 집어 넣는다. 홍해를 건넌 출애굽 백성들은 "모세 안으로" 세례를 받은 것이다(고전 10:2, 개역개정에서는 "모세에게 속하여"). 이스라엘이 겪은 출애굽 이야기와 고린도의 탈-이교적 이교도를 접촉시키는 해석 과정의 바탕에는, 이제 종말이 왔고 바울과 고린도의 신자들이 종말을 살고 있다는 확신이 있었다(고전 10:11). 그리스도로 말미암아 시간성에 변화가 일어났기 때

---

19 프레드릭슨, 『바울, 이교도의 사도』, 183-192.

20 Joshua D. Garroway, *Paul's Gentile-Jews: Neither Jew nor Gentile, but Both* (New York: Palgrave Macmillan, 2012), 45-69.

문에, 또한 종말론적 이방인이라는 범주가 이제 에클레시아 가운데 현실화되고 있기 때문에, 과거의 이스라엘 백성의 출애굽 이야기가 현재 고린도 에클레시아의 지평으로 융합될 수 있게 된 것이다. 바울이 고린도전서 9장에서 지나가듯 말한 것처럼, 하나님이 토라(율법)에서 소에 관해 말씀하신 것은 소를 위해서가 아니라 "우리를 위하여" 말씀하신 것이다(9:9-10). 이스라엘이 광야에서 겪었던 일은 종말을 만난 "우리", 곧 바울과 그의 공동체에게 교훈을 주기 위함이다(고전 10:11). 이 융합은 과거에서 현재로 일방향의 움직임이 아니라, 양방향이다. 다양한 시간이 한데 포개어지는 것은 일반적으로 의례 경험의 특징 중 하나다. 바울은 현재 그의 공동체의 의례의 경험에서 출발해 출애굽 이야기를 새로 읽는다.

바울이 고린도전서 10장에서 출애굽 백성들이 광야에서 겪은 일들을 인용한 까닭은 무엇일까? 학자들은 흔히 고린도 신자들이 일종의 지나친 "성례주의", 일종의 "마술적인" 세례 이해에 빠져 있었다고 추론하며, 바울이 그것을 비판하고 있다고 여겨 왔다.[21] 이러한 추론과 해석을 정리해보면 다음과 같다. 출애굽한 이스라엘 백성은 비록 "세례"를 받고(홍해를 건넘) "영적인 음식"(만나)을 먹었으나, 결국 우상숭배의 죄에 빠져 광야에서 다수가 멸망했다. 바울은 그들의 모습을 반면교사로 제시한다. 고린도 공동체 구성원들은 그리

---

21 Rudolf Schnackenburg, *Baptism in the Thought of St. Paul*, trans. G. R. Beasley-Murray (Oxford: Blackwell, 1964), 94; Witherington, *Conflict and Community*, 220; Wolfgang Schrage, *Der erste Brief an die Korinther (1Kor 6,12–11,16)*, EKK VII/2 (Zürich: Benziger Verlag; Neukirchener Verlag, 1995), 381.

스도 이름의 세례를 받고 성찬에 참여하는 자가 된 후에, 자신들이 경험한 성례에 마술적인 보호 효과가 있다고 믿었다. 그러나 바울은 이스라엘 백성들의 부정적 사례를 통해서, 고린도 신자들이 받은 세례가 결코 그들을 마지막 구원에 이르기까지 자동적으로 보호해 주는 것은 아니라는 점을 깨우쳐 주려고 한다.

나는 이러한 해석에 반대한다.[22] 고린도 공동체 신자들이 "마술적 성례주의"에 빠져 있었다는 증거로 고린도전서 10장을 사용하는 것은 본문에 충실한 해석이라기보다는, 해석자들이 갖는 반-성례적, 반-의례적 편견이 작용한 결과로 보인다. 여기에는 개신교의 뿌리 깊은 반-로마 가톨릭적 편견도 한몫을 한다. 또한 마술이라는 단어가 종종 폄하의 의미로 오용되었음도 지적할 필요가 있으며,[23] 소위 마술적 성례주의와 연결되어 호출된 사효론(ex opere operato)과 같은 고전적 신학 용어도 부정확한 이해에 근거해서 이 본문에 적용될 때가 있다.[24] 고린도전서 10장은 바울이 성례를 과하게 신뢰하는

---

22 자세한 논의는 Jeong, *Pauline Baptism among the Mysteries*, 181-185을 보라.

23 마술이라는 단어가 규범에서 어긋나 보이는 종류의 종교적, 의례적 행위를 가리키는 말로 쓰이곤 했던 것에 대한 비판으로는 Radcliffe G. Edmonds, *Drawing the Moon: Magic in the Ancient Greco-Roman World* (Princeton: Princeton University Press, 2019), 5을 참고하라. 또한 David E. Aune, "Magic in Early Christianity," *ANRW* 2.23.2 (1980): 1507-57에 나오는 자세한 논의를 보라. 마술(magic)과 종교(religion)의 경계를 구분하는 것의 어려움과, 그두 가지를 연속체 가운데 이해하려 했던 Hans-Josef Klauck, *The Religious Context of Early Christianity: A Guide to Graeco-Roman Religions*, trans. Brian McNeil (Minneapolis: Fortress, 2003), 216-218도 참고하라.

24 아이작 모랄레스(Isaac Morales)는 슈바이처가 세례를 사효론으로 표현한 것

고린도 신자들의 미신적 신앙을 꾸짖는 본문이 아니다. 오히려 10장은 성례가 갖는 가치와 의의를 바울이 고린도 신자들보다도 더 높게 평가했음을 보여준다. 바울은 자신과 사람들의 종교적 경험을 미신적, 통속적이라고 무시하거나, 혹은 합리주의적인 틀로 축소하여 해치워 버리지 않았다. 바울은 세례가 가져다 주는 종교적 체험과 그 함의를 진지하게 받아들였다.[25]

고린도의 에클레시아, 곧 공동체 구성원들의 문제는 그들이 받은 세례의 결과를 너무 높이 평가한 데 있었던 것이 아니라, 도리어 너무 가볍게 평가한 데에 있었다. 고대 지중해 세계에서 다양한 제의 그룹 및 조합에는 해당 그룹의 일원이 되기 위한 다양한 입문 의례가 있었다(물론 그 형태가 똑같을 필요는 없었다).[26] 그러나 누군가가 한 제

을 비판하면서, "전통적인 신학은 성례와 믿음 사이에 날카로운 구분선을 긋지 않으며 … 성례를 '마술적' 혹은 '비이성적'으로 취급하지도 않는다"고 논평한다. Isaac Augustine Morales, "Baptism and Union with Christ," in *"In Christ" in Paul*, ed. Michael J. Thate et al., WUNT 2/384 (Tübingen: Mohr Siebeck, 2014), 158.

25 종교현상학적인 접근을 제안하는 루크 티모시 존슨(Luke Timothy Johnson)은 성서학, 혹은 넓게 보면 고대 지중해 종교학에 있어서 종교적 체험과 그것이 갖는 힘을 학문적으로 부적절한 범주로 여기지 말고 진지한 탐구의 대상으로 삼아야 한다고 주장했다. Luke Timothy Johnson, *Religious Experience in Earliest Christianity* (Minneapolis: Fortress, 1998), 1-68. 고린도전서에 언급된 다양한 종교적 현상에 대한 언급을 대할 때 그 현상의 중요성을 쉽사리 기각하거나 혹은 우리가 가진 규범적 잣대로 비판하기보다는, 좀 더 공감적인 자세로 그 현상을 기술하고 이해하는 자세가 필요하다.

26 Kloppenberg, *Christ's Association*, 143-144에서도 언급했듯이, 모든 그룹에서 물이 매개로 사용되었던 것은 아니다. 따라서 나는 초기 그리스도 그룹에서

의에 입문하는 것, 혹은 한 조합에 가입하는 것은 대체로 그 사람이 다른 제의에 입문하거나 다른 조합에 참여하는 것을 금하지 않았다. 다시 말해, 입문과 관련된 대다수의 의례는 배타적인 방식으로 작용하지 않았다.[27] 바울의 공동체에 있어서 세례가 입문 의례의 기능을 수행했기에, 고린도 공동체 가운데 "지식이 있는 이들"은 아마도 그리스도 세례 역시 당시의 유사한 기능의 의례 맥락에서 이해했을 가능성도 있다.

그러나 바울은 그리스도 이름의 세례가 배타적인 우주론을 활성화시킨다고 보았다. 그리스도 세례는 이교도를 그리스도에게만 속한 자로 효력 있게 변화시키며, 그 안에는 이스라엘 하나님의 영이 거하고, 이것은 그 사람이 다른 신이 아닌 오직 그리스도와 이스라엘의 하나님께만 충성 관계를 맺는 존재가 되었음을 가리킨다.

의례가 실재를 창조하는 힘을 믿었던 바울이 볼 때, 우상과 관련된 의례와 그리스도 의례는 결코 양립할 수 없었다. 왜냐하면 후자뿐 아니라 전자도 실제적인 존재의 변화를 일으키기 때문이다. 일견, 고린도전서 10:19-21에서 바울의 말은 자기 모순적으로 보인다.

의 세례를 다른 입문 의례들과 비교할 때는, 단순히 물의 사용의 측면에서가 아니라 기능적, 구조적, 기호론적 측면에서 비교를 해야 된다고 생각한다.

27 아풀레이우스의 문학작품인 『변신』에서 이시스 여신이 루키우스에게 나타나서 하는 말은 거의 배타적인 충성의 요구처럼 들릴 수 있으나, 실제로 이시스 신비제의에 입문했던 이들이 여생을 다른 모든 제의에 참여할 수 없었다고 보기는 어렵다. James Rives, "Religious Choice and Religious Change in Classical and Late Antiquity: Models and Questions," *ARS* 9 (2011): 269.

¹⁹ 그런즉 내가 무엇을 말하느냐 우상의 제물은 무엇이며 우상은 무엇이냐 ²⁰ 무릇 이방인이 제사하는 것은 귀신에게 하는 것이요 하나님께 제사하는 것이 아니니 나는 너희가 귀신과 교제하는 자가 되기를 원하지 아니하노라 ²¹ 너희가 주의 잔과 귀신의 잔을 겸하여 마시지 못하고 주의 식탁과 귀신의 식탁에 겸하여 참여하지 못하리라 (고전 10:19-21)

위의 개역개정 번역과 달리 나는 10:19를 이렇게 옮긴다. "그런즉 내가 무엇을 말하느냐? 우상의 제물이 뭐라도 된다거나 우상이 뭐라도 된다고 말하는 것인가?" 즉, 10:19에서 바울은 우상의 음식도 아무 것도 아니고, 우상도 아무 것도 아니라고 암시한다(8:4와 비슷하다). 그렇다면 우상의 음식을 먹는 것도 아무런 문제가 없어야 하는 게 아닌가? 그런데 10:20에서 바울은 이교도의 제사는 하나님이 아닌 귀신에게 제사하는 것이며, 따라서 고린도의 신자들이 귀신과 교제하는 자가 되기를 원하지 않는다고 말한다. 나아가 10:21에서는 귀신의 식탁과 주의 식탁을 겸해서 참여할 수 없다고 말한다. 이처럼 고린도전서 10:19과 10:20-21은 서로 충돌하는 것처럼 보인다 (20절 그리스어 본문은 "그러나"라는 접속사로 시작하면서, 19절에 나온 수사의문문과 20-21절을 대조시킨다).

그러나 고린도전서 8장에 대한 설명에서도 말했듯이, 이런 미묘한 긴장 관계는 의례의 창조적 기능을 통해 어느 정도 해소될 수 있다. 나무와 돌과 금속으로 만든 우상은 아무것도 아니며, 이것은 바울과 고린도 신자들(중 일부)이 공유하는 지식이다. 눈에 보이는 우상 자체에는 아무런 힘이 없다. 음식은 그저 음식일 뿐, 초월적 힘이 있는 것도 아니다(하나님께서 음식을 폐할 날도 온다[고전 6:13]). 그러나 바울은 누군가가 우상을 숭배하는 의례에 실제로 참여한다면, 그 의례 참여는 눈에 보이는 물체를 넘어서 하나님을 대적하는 우주적 질서 전체에 참여하는 형국이 된다고 경고한다.

바울은 우상이라는 가시적 사물, 혹은 입으로 들어가는 음식 자체의 물질성을 문제시하지 않았다. 바울은 이교 의례에 참여함으로 생기는 실제적 결과에 더 관심을 기울였다. 각 의례는 특정한 종류의 우주론을 의례 참여자의 몸에 새긴다. 그리스도 세례를 통해 신자들의 몸으로 소통된 규범적 질서는 오직 그리스도와 그의 아버지 하나님에게 배타적인 충성 관계가 설정되어 있는 우주론이다.[28] 음식 자체는 **아디아포라**의 영역일 수 있지만(모든 음식은 깨끗하다[롬 14:20]), 음식이 의례의 맥락에 놓일 때는 이야기가 달라진다. 고린도의 신자들은 그들이 사는 세계에 존재했던 다양한 종류의 이교 의례에의 참여를 아디아포라처럼 여겨서는 안 된다. 바울이 의미하는 바는 이교 신전과 관련된 일체의 활동과의 단절을 의미한다.[29]

고린도 신자들은 그리스도의 세례를 받은 자들이므로, 오직 그

---

28 Michael Lakey, *The Ritual World of Paul the Apostle: Metaphysics, Community and Symbol in 1 Corinthians 10-11* (London; New York: T&T Clark, 2019), 113-114.

29 왕인성, "고린도전서 8:1-11:1의 '우상제물' 문제에 대한 사회문화적 접근과 전통적 해석 재고(再考)", 「신약논단」 17(2010): 650.

리스도와 관련된 의례에만 참여해야 한다. 고린도전서 10:16-22에 언급된 주의 만찬에 대한 인유는 8-10장 전체에 걸쳐 나오는 음식 논쟁을 포괄하는 원칙을 제공한다.[30] 이제, 그리스도 안에 있는 탈-이교적 이교도들에게 유일한 제의적 식사는 주님의 식탁뿐이다. 세상과 에클레시아는 서로 배타적인 경쟁 관계에 있는 공간이다. 비록 세상은 여전히 고린도 에클레시아가 머물고 움직이는 생활 공간이지만, 제의적 측면에서 볼 때 세상은 이전의 의미와 기능을 잃었다. 이제 오직 그리스도 공동체만이, 곧 에클레시아만이 그들에게 유일한 제의적 공간이 되었다. 또한 오직 주의 만찬만이 제의적으로 의미 있고 적법한 식사가 되었다.

자신의 삶을 모범으로 전시하는 것과(고전 9장), 경전 해석(고전 10:1-13), 그리고 각종 의례의 비교 담론(고전 10:14-22)을 경유하여 10장의 마지막 부분에 도달한 바울은 다시 현재 고린도 에클레시아가 당면한 문제로 되돌아온다(고전 8:7-13에서 언급한 것). 지금까지 우리가 살펴보았듯, 부적절한 성관계에 대해 훨씬 명징하게 정죄했던 5-6장에 비하면, 8-10장에서 바울은 우상에게 바쳐진 음식을 먹는 문제에 대해서 더 복합적인 입장을 취한다. 허나, 10:23에서 최종적으로 바울이 제시한 실질적 권면은 성 문제를 다루었던 6:12과도 공명한다.

> 모든 것이 가하나 모든 것이 유익한 것은 아니요 모든 것이 가하나
> 모든 것이 덕을 세우는 것은 아니니 (고전 10:23)

---

30 Turley, *The Ritualized Revelation of the Messianic Age*, 138.

모든 것이 내게 가하나 다 유익한 것이 아니요 모든 것이 내게 가하

나 내가 무엇에든지 얽매이지 아니하리라 (고전 6:12)

바울은 고대 그리스-로마 시대의 심의적 수사에서처럼, "가능한 것"과 "유익한 것" 사이를 구분하여, 무엇이 공동체에게 유익한 것인지를 제시하고 그것을 향한 행동을 취하도록 설득한다. 고린도의 신자들은 자기 자신을 위해서가 아니라 다른 사람들의 유익을 위해서(9장에 나온 바울 자신의 사례와 같이) 공동체 안에서 판단하고 행동해야 한다. 우상에게 바쳤던 음식을 먹는 문제도 그와 마찬가지다. 10:31 에서 바울은 타인을 배려하는 행동이 곧 하나님께 영광을 돌리는 행동이라고 말한다.

그런즉 너희가 먹든지 마시든지 무엇을 하든지 다 하나님의 영광을

위하여 하라 (고전 10:31)

비록 고린도전서 8-10장에 암시된 문제가 로마서 14-15장과는 다르지만, 10장의 마지막 부분에서 바울이 제시한 결론은 로마서 14-15장에서 제시한 것과 상당히 유사한 방향으로 흐른다(예: 롬 15:1-7). 또한 고린도전서 9:15-27에서 바울은 자신이 받을 구원과 타인에게 복음을 전하는 소명을 분리하지 않았던 것도 기억해 보라.[31] 바울

---

31 김세윤, 『고린도전서 강해』(전자책), "III. 고린도 교회의 편지에 답함" 장을
    보라.

은 자신이 취했던 것과 동일한 그 원리를 그의 에클레시아에게도 요구한다.

> 유대인에게나 헬라인에게나 하나님의 교회(에클레시아)에나 거치는 자가 되지 말고, 나와 같이 모든 일에 모든 사람을 기쁘게 하여 자신의 유익을 구하지 아니하고 많은 사람의 유익을 구하여 그들로 구원을 받게 하라 (고전 10:32-33)

내가 누리는 구원, 타자지향적인 태도를 통한 타인의 구원, 그리고 하나님께 영광을 돌리는 것, 이 세 가지는 에클레시아 공간에서 융합된다.

음식과 관련한 긴 논의를 마무리하는 바울의 권면은 여전히 현대의 독자들에게 질문을 남긴다. 이전 시대 개신교 해석자들이 종종 바울을 "유대교"를 떠나 "기독교"로 개종한 인물, 개신교적 기독교의 영웅으로 보던 시절이 있었다. 그러한 관점에서 보면, 바울이 자신의 편지들에서 배제, 비판, 교정하고자 했던 주된 타자(others)는 바로 유대인, 혹은 여전히 유대주의에 얽힌 기독교인들이었을 것이다. 그러나 스텐달과 샌더스 이후, 이러한 반-유대적 바울 해석을 조금의 망설임이나 수정도 없이 그대로 주장하기는 어렵게 되었다.[32]

---

32   기념비적인 저술인 Krister Stendahl, "The Apostle Paul and the Introspective Conscience of the West," *HTR* 56 (1963): 199-215와 E. P. Sanders, *Paul and Palestinian Judaism: A Comparison of Patterns of Religion* (Philadelphia: Fortress, 1977)을 참고하라. 두 책 모두 한국어로 번역되었다. 전자는 크리스

바울의 텍스트를 세밀하게 읽을 때 우리는 메시아를 따르던 유대인 바울, 유대 묵시사상의 한 버전을 소망하며 살고 활동했던 바울을 만난다. 유대인은 바울의 타자가 아니며, "바울은 결코 그 집[유대교]을 버린 적이" 없었다.[33] 바울은 유대인이다.

그러나 바울을 바라보는 새 관점과 그 이후 일어난 다양한 해석 경향의 변화에도 불구하고,[34] 바울 텍스트에 잔류하는 타자화의 수사와 논리는 완전히 세탁될 수 없다. 호교적, 논쟁적인 몇몇 유대 문헌 저자들이 그랬듯이(그리고 구약의 신명기처럼), 바울이 생각했던 타자는 바로 타락한 이교도, 이교의 신들, 그리고 이교의 우상숭배 행위였다.[35] 다시 말해 이교 세계 전체가 곧 바울에게 타자다. 바울은 에클레시아, 즉 하나님의 신전 공간과 세상의 공간을 분리하고, 그 안과 밖의 질서를 구분했다. 바울은 세상 곳곳에 있는 이교도로부터 믿음의 순종을 이끌어 내기 위해(롬 1:5) 지중해 세계를 두루 돌며 전

터 스텐달, 『유대인과 이방인 사이에 있는 바울』, 김선용, 이영욱 옮김(감은사, 2021)의 한 챕터("사도 바울과 서구의 성찰적 양심")에서 찾을 수 있고, 후자는 E. P. 샌더스, 『바울과 팔레스타인 유대교』, 박규태 옮김(알맹e, 2017)이다.

33 보카치니, 『바울이 전하는 세 가지 구원의 길』, 36. 또한 65-75을 보라. 보카치니는 바울을 유대인으로 보는 것이 논의의 결론이 아니라 출발점이라고 올바르게 지적한다.

34 오늘날 학계에서 바울을 바라보는 다양한 관점들의 개관으로는 스캇 맥나이트와 B. J. 오로페자가 엮은 『바울에 관한 다섯 가지 관점』, 김명일 외 공역(감은사, 2023)을 참고하라.

35 Lawrence M. Wills, *Not God's People: Insiders and Outsiders in the Biblical World* (Lanham: Rowman & Littlefield, 2008), 179-182.

진했다. 종말이 오면, 온 신들과 우주적 세력들까지도 하나님과 그의 그리스도에게 복속될 것이다(고전 15장). 이제 이교도에게 주어진 선택지는 오직 두 가지뿐이다. 그리스도께로(그리고 그를 통해, 살아 계신 하나님께로) 돌아오거나, 혹은 진노를 맞이할 뿐이다(살전 1:9-10). 로렌스 윌스(Wills)가 표현한 것처럼, "식민화된(colonized) 사도는 식민지 개척자(colonizer)가 되었다."[36] 새 관점과 유대교 안의 바울 관점은 바울 텍스트 안에 존재하는 걸림돌 중 일부를 제거하는 데 도움을 주었으나, 이교도에 관련된 걸림돌은 여전히 남아 있다. 오늘날 다양한 맥락에서 적실하게, 그리고 책임성 있게 바울 텍스트를 읽기 위해서는 더 다양한 해석의 틀과 성찰이 필요하다.[37]

다음 장으로 넘어가기 전에 마지막으로 한 가지를 더 언급하려 한다. 우리가 지금까지 살펴본 것처럼, 바울의 텍스트는 그리스도 공동체를 하나님의 신전으로 구성한다. 특히 고린도전서 8-10장에서 바울은 이 하나님의 신전을 유일한 제의적 공간으로 규정한다.

---

36 Wills, *Not God's People*, 182. 그러나 우리가 바울서신에서 로마의 질서를 닮은 순간들을 발견한다면, 그것은 포스트식민주의에서 말하는 모방(mimicry)으로 이해될 수 있을 것이다. 본서에서는 포스트식민주의 관점을 적극적으로 활용하지는 않았다. 그러나 제국의 맥락에서 바울을 해석하고자 할 때, 이 접근은 시사하는 바가 크다. 포스트식민주의적 바울 읽기를 개괄적으로 살펴보려면 Christopher D. Stanley (ed.), *The Colonized Apostle: Paul through Postcolonial Eyes* (Minneapolis: Fortress, 2011)를 참고하라.

37 예를 들어, Joseph A. Marchal (ed.), *Studying Paul's Letters: Contemporary Perspectives and Methods* (Minneapolis: Fortress, 2012)는 다양한 현대적 관점으로 바울을 읽는 몇 가지 사례들을 제공한다.

이 같은 바울의 규범적 권면을 받은 고린도 공동체 구성원들은, 이교의 신전에 직접 들어가서 의례에 참여하는 행위를 어느 정도 삼갈 수 있었을지도 모른다. 그러나 그들의 가정에서의 삶은 어땠을까? 전문적인 이교 신전과는 다르겠지만, 로마 시대의 가정은 이미 여러 다신교적 제의가 행해지는 장소였다. 가정마다 가정 제의가 있었다. 의례가 갖는 수행적 효과를 떠올려 본다면, 가정에서의 제의들을 통해서 가정은 신들의 공간이 되었다고 말할 수 있다.[38] 특히 바울의 공동체들이 만일 때때로(전적으로는 아니더라도) 가정에서 모였다면, 그 장소 안에는 이교의 신들과 관련된 도상도 있었을 가능성이 있다.[39] 주류는 아니지만, 고대 기독교 역사에서도 유일신론(monotheism)보다는 단일신론(henotheism)의 관점에서, "이 많은 신들 중 우리의 하나님이 가장 우월하다"라는 방식의 담론이나, 열등한 구약의 신을 신약의 신과 대비시켜 위계화된 신들의 세계를 상정하는 담론이 간혹 지속되기도 했다.[40]

---

[38] 신약시대 이후 세워진 기독교 공동체들(시리아의 두라 에우로포스와 로만 브리튼의 럴링스턴 지역 등)의 공간을 분석한 Jenn Cianca, *Sacred Ritual, Profane Space: The Roman House as Early Christian Meeting Place* (Montreal: McGill-Queen's University Press, 2018)을 참고하라.

[39] David L. Balch, "The Suffering of Isis/Io and Paul's Portrait of Christ Crucified (Gal. 3:1): Frescoes in Pompeian and Roman Houses and in the Temple of Isis in Pompeii," *JR* 83 (2003): 24-55.

[40] Alfons Fürst, "Monotheism between Cult and Politics: The Themes of the Ancient Debate between Pagan and Christian Monotheism," in *One God*, 82-99; 프레드릭슨, 『바울, 이교도의 사도』, 383-388.

고린도전서에 나오는 바울의 여러 권면은 에클레시아 공간을 세상과는 다른 종류의 의례를 통해 구성되는 공간으로 전제하지만, 고린도 공동체의 구성원들의 사회적 삶과 가정에서의 삶은 더 복합적이었을 수 있다. 우리는 고린도 공동체 곧 에클레시아의 공간 질서를 통제하고, 의례에 관한 규범적 가르침을 제시하는 바울의 텍스트 사이사이로, 고린도 사람들의 다양한 의례적 행동을 엿볼 수 있다. 이것이 바로 다음 장의 주제다.

4장 우상에게 바쳤던 음식 요약

의례는 다른 행동과의 차이를 통해 그 의미를 획득한다. 본서 4장에서 우리는 우상에게 바쳤던 음식을 먹는 문제와 관련된 고린도전서 8-10장을 의례의 관점에서 살펴보았다. 세례나 주의 만찬은 고린도에 있는 공동체—하나님의 에클레시아, 그리스도 제의 그룹—에서 긍정적, 규범적인 위치를 가진 의례였다. 이에 반해, 우상에게 바쳤던 음식을 먹는 것을 그리스도 공동체 자체를 위한 의례라고 말하기는 어렵다. 특히 고린도전서 8-10장은 에클레시아 밖에서 의례화 되었던 음식을 먹는 것이 다른 취식 행위와 동일한 일상적 행동인지, 아니면 이교 신과 관련된 의례적 메시지를 활성화시키는지에 관한 문제가 고린도의 에클레시아에서 발생했음을 시사한다.

고린도전서 8장에서 바울은 우상에게 바쳤던 음식을 먹는 행위가 이교의 신들과의 실제적 관계를 활성화하는 의례가 되어 양심과 몸의 오염을 초래할 수 있는 가능성을 언급한다. 고린도전서 8장은 고린도 공동체 내에 문화적, 사회·경제적으로 차이가 있는, 적어도 두 개의 그룹이 있었음을 상정한다. 우상은 아무 것도 아니라는 "지식"을 가진 이들은 우상에게 바쳤던 음식을 먹을 때 거리낌이 없었다. 원칙적으로 바울은 자신의 인식론적 입장을 그 지식 있는 자들과 가까이 배치시킬 수 있었다. 하지만 바울은 이와 같은 지식이 없는 이들, 곧 우상의 관습에 익숙한 "약한 자들"의 경우 그러한 음식을 먹음으로 인해 양심이 오염되고 파멸에 이를 수 있음을 상기시킨다. 따라서 바울은 본인에게 지식이 있음에도 불구하고 행동의 측면, 공동체 윤리의 측면에서는 약한 자들의 실족을 방지하기 위해서 고기를 먹지 않는 쪽을 택하겠다고 말한다. 더 나아가, 우상에게 바쳤던 음식을 먹으면서 그것이 곧 이교의 신들과 관계 맺는 것이라고 여기는 자들에게는 그 음식을 먹는 행위가 이교의 신들과 관련된 실제 의례로 변모한다고 인정한다는 점에서, 바울은 고린도의 지식 있는 자들과 완전히 동일한 입장은 아니다.

고린도전서 9장에서 바울은 자기 자신의 사도적 삶을 하나의 범례로 제시하여 고린도의 지식 있는 자들, 곧 특권을 누리는 이들이 우상에게 바쳤던 음식을 먹는 문제에 있어서 타인을 위한 선택을 하도록 권면한다. 바울은 복음이라는 가장 중요한 가치를 위해서, 그리고 다른 이들을 구원하기 위해서, 스스로의 정체성을 유연하게 조정할 수 있는 인물로 자신을 그린다. 고린도 공동체, 곧 에클레시아 구성원들은 이러한 바울을 모방함으로써 그리스도를 모방하는 데에 이르러야 한다. 세례를 받고 한 몸이 된 고린도 에클레시아의 모든 구성원들은 평등한 연대를 이루지만, 바울의 범례적 수사는 자신의 사도적 몸을 하나의 기준점이자 권위의 통로로 제시한다.

이어서 고린도전서 10장 초반에서 바울은 이스라엘 백성의 출애굽 이야기에, 현재 그리스도 공동체의 의례적 경험을 거꾸로 집어 넣어 읽음으로써, 고린도 에클레시아의 구성원들에게는 오직 그리스도와 관련된 의례만이 유일한 제의적 선택지임을 강조한다. 바울은 출애굽 백성이 광야에서 겪은 부정적인 결과를 나열하여, 고린도 신자들의 과도한 성례주의나 마술적 세례 이해를 비판하려 한 것이 아니다. 오히려 바울의 진단에 따르면, 고린도의 신자들은 세례의 결과를 너무 가볍게 평가한 것이 문제였다. 그리스도의 세례는 그리스도와 이스라엘의 하나님을 향한 충성 관계를 신자들의 몸에 새기며, 또한 배타적인 우주론을 그들의 에클레시아(신전 공간)에 활성화시킨다. 따라서 우상과 관련된 의례와 그리스도의 의례는 양립할 수 없다. 물론 손으로 만든 우상은 아무것도 아니며 음식 자체는 아무런 힘이 없으나, 이교 의례에 참여하는 것은 가시적 우상 뒤에 있는 이교 신과 관련된 질서를 활성화시키기 때문에 철저히 배제함이 마땅하다.

마지막으로 고린도전서 10장 끝부분에서 바울은 8-9장에서도(그리고 로마서 14-15장에서도) 언급했던, 타자를 향한 사랑에 근거한 행동 방식을 통해 고린도 신자들이 하나님께 영광을 돌릴 것을 권면하며 단락을 마무리한다.

영적 은사들

고린도전서 12장부터 14장까지에 걸쳐 바울은 은사들(카리스마타)을 다룬다. 12:1에서 바울은 "영적인 것들"(프뉴마티카)에 관해 이야기를 시작한다(개역개정에서는 "신령한 것"). "은사들"이라고 번역되는 카리스마타는 12:4에 가서 나오기는 하지만, 12-14장을 은사에 관한 담론으로 이해하는 것이 가능하다.[1]

---

1   물론, 고린도전서에서 **프뉴마티카**와 **카리스마타**는 완전히 동일한 의미로 보이지는 않는다. 고린도전서 12:1에 언급된 영적인 것들(프뉴마티카)은 포괄적인 범주일 수 있고, 그 안에 은사들(카리스마타), 섬김의 사역들(디아코니아이), 그리고 능력의 나타남들(에네르게마타)이라는 세부적인 범주들(고전 12:4-6)이 있다고 볼 수도 있다. 그러나 바울은 동일한 대상을 문학적인 효과를 위해 다양하게 표현하고 있을 가능성도 있기 때문에, 영적인 것들과 은사들 사이의 어휘적 구분을 교리적 차원으로 밀어 붙일 필요는 없다. 참고로, 복수 속격에서 문법적 성의 구분이 어려운 그리스어의 특성상, 12:1은 영적

> [1] 형제들아 신령한 것에 대하여 나는 너희가 알지 못하기를 원하지
> 아니하노니 … [4] 은사는 여러 가지나 성령은 같고 (고전 12:1-4)

다소 이질적으로 삽입된 것처럼 보이는 13장조차도 은사들에 관한 이야기 안에서 이해된다. 본서의 이 장에서 나는 의례로서의 은사 사용에 초점을 맞추어 이야기를 전개하려 한다.

은사라는 말과 의례라는 말이 서로 어울릴까 싶지만, 예배 상황에서 나타날 수 있는 은사들(방언, 예언 등)의 사용은 그 자체로 의례적이다. 오늘날, 은사를 강조하는 교회의 예배나 집회를 떠올려 보자. 공동기도서나 예식서에 의해 모든 순서가 미리 짜여진 전례적 전통 교회에 비하면, 은사를 강조하는 공동체는 격식이 없고 더 자유로운 측면이 있다. 하지만 그 안에도 나름의 규칙이 존재한다. 아무 때나 개인이 느닷없이 방언을 하는 것이 아니라, 자연스럽게 방언으로 통성기도하는 타이밍이 있다. 집회에서 신유가 나타날 때도 신유를 행하는 자와 받는 자 사이에서 기대 되는 동작의 패턴이 있다. 인도자가 즉흥적으로 부르는 영적 노래(spontaneous song)의 경우도, 어느 정도 정해진 화성 안에서 조화가 가능한 선율의 움직임이 있다. 이 모든 것은 예식서와 같은 매뉴얼에 기록된 종류의 규범적 메시지가 아니라, 해당 공동체 안에서 암묵적으로 관찰되고 전달되고

인 것들(프뉴마티카)을 가리킬 수도 있고, 영적인 사람들(프뉴마티코이)을 가리킬 수도 있다(이와 유사한 모호함은 2:13에서 쓰인 동일한 단어의 복수 여격에서도 나타난다). 14:1을 참고해 보았을 때, 12:1에서는 영적인 사람들을 가리키기보다는 영적인 것들을 가리킬 가능성이 크다.

공유되는 종류의 규범적 메시지다. 다시 말하지만, 방언이나 예언과 같은, 예배 가운데서 이루어지는 은사들의 사용 역시 하나의 의례이다. 이러한 은사들은 그것이 발휘되는 공간을 정의하고, 그 공간에 속한 이들을 한데 묶어주며, 그것을 독특하게 매개할 수 있는 이들의 권위를 강화한다는 점에서, 전례적인 교회에서 잘 짜여진 방식으로 진행되는 의례와 기능적으로 유사하다고 말할 수 있다. 물론 고린도전서 12-14장의 은사 본문에서는 예배와 무관해 보이는 은사들도 나온다. 하지만 예언과 방언이 14장에서 전면에 등장한다는 점을 고려해 볼 때, 본서의 의례적인 관점은 고린도전서 12-14장 전체를 이해하는 데 분명 적지 않은 도움을 준다.

바울은 고린도전서 12:2-3에서 고린도의 그리스도 신자들이 "이방인으로 있을 때에"(즉, 이교도였을 때)라는 과거 시점을 언급한다.

> [2] 너희도 알거니와 너희가 이방인으로 있을 때에 말 못하는 우상에게로 끄는 그대로 끌려 갔느니라 [3] 그러므로 내가 너희에게 알리노니 하나님의 영으로 말하는 자는 누구든지 예수를 저주할 자라 하지 아니하고 또 성령으로 아니하고는 누구든지 예수를 주시라 할 수 없느니라 (고전 12:2-3)

이 본문은 고린도 신자들이 민족적으로 비유대인 출신이라는 점을 재차 확인시킨다. 그러나 그들은 과거에 이교도였음에도 불구하고 현재는 더 이상 이교도가 아닌 존재이다(따라서, 탈-이교적 이교도가 되었다). 그들이 이교도였을 때에는 "말 못하는 우상"에게 속수무책으로 끌려 다니는 신세였다. 그러나 그들은 이제 성령으로 인하여, "예수는 저주 받았다!"가 아니라 "예수는 주님이시다!"라고 외칠 수 있게 되었다(고전 12:3). 고린도전서 12:2-3 본문은 12-14장 전체를 이해하도록 돕는 안내 표지판과도 같다. 즉, 고린도 신자들의 과거와 현재의 존재론적 대조는 의례화된 외침의 대조로 구체화된다. 이후 펼쳐지는 12-14장의 내용은, 성령에 이끌려 "예수는 주님이시다!"라고 외칠 수 있게 된 에클레시아 공간을 무대로 펼쳐지는, 의례로서의 은사 사용에 관한 바울의 긴 지침이다.

12:4-11에서는 다양한 은사들이 개괄적으로 소개된다.

> 4 은사는 여러 가지나 성령은 같고 5 직분은 여러 가지나 주는 같으며 6 또 사역은 여러 가지나 모든 것을 모든 사람 가운데서 이루시는 하나님은 같으니 7 각 사람에게 성령을 나타내심은 유익하게 하려 하심이라 8 어떤 사람에게는 성령으로 말미암아 지혜의 말씀을, 어떤 사람에게는 같은 성령을 따라 지식의 말씀을, 9 다른 사람에게는 같은 성령으로 믿음을, 어떤 사람에게는 한 성령으로 병 고치는 은사를, 10 어떤 사람에게는 능력 행함을, 어떤 사람에게는 예언함을, 어떤 사람에게는 영들 분별함을, 다른 사람에게는 각종 방언 말함을, 어떤 사람에게는 방언들 통역함을 주시나니 11 이 모든 일은 같은 한 성령이 행하사 그의 뜻대로 각 사람에게 나누어 주시는 것이니라 (고전 12:4-11)

여기서 바울이 강조하려는 메시지는 다양성과 일치성 사이의 조화이다. 한편으로, 영적 은사는 다양하게 나타나며, 섬김의 종류도 다양하고, 능력의 활동 역시 다양하다. 그러나 다른 한편, 이 모든 것들은 동일한 성령, 동일한 주님, 동일한 하나님께로부터 나온다. 고린도 신자들의 영적인 경험 너머에, 하나의 통일된 권위와 원천으로 계시는 성령, 주님, 하나님이 계신다. 그런데 12:7-11을 보면, 이러한 세부 범주들(은사든, 섬김이든, 능력이든)에 속하는 여러 현상은 결국 성령께서 원하시는 대로 각 개인에게 분배해 주시는 것이라고 명시되어 있다. 흥미롭게도, 로마서 12:3-8에서는 이와 비슷한 분배의 기능을 성령이 아니라 하나님께 돌린다. 이로 미루어 볼 때, 바울은 공동체 안에서 현상적 나타남에 있어서, 하나님, 그리스도, 성령의 역할을 각기 따로 분리해서 이해하는 것 같지는 않다. 바울에게 있어서 하나님과 성령의 활동, 그리고 주님의 활동은 서로 분리될 수 없는, 통일된 활동이다.

바울은 여러 은사들을 개괄적으로 설명한 뒤, 12:12-31에서 몸 은유를 사용하여 에클레시아 내에서 다양한 은사, 섬김, 능력을 지닌 구성원들 사이의 이상적인 관계를 우화적으로 권면한다.

> [12] 몸은 하나인데 많은 지체가 있고 몸의 지체가 많으나 한 몸임과 같이 그리스도도 그러하니라 … [15] 만일 발이 이르되 나는 손이 아니니 몸에 붙지 아니하였다 할지라도 이로써 몸에 붙지 아니한 것이 아니요 (고전 12:12-15)

우화를 사용해서 자신의 주장을 전달하는 것은 구약에서도 종종 발견되는 유대 전통의 한 부분이다(예: 삿 9:7-15의 요담 우화). 하지만 고린도전서 12장에 기록된 우화의 구체적인 소재 면에 있어서, 바울은 그리스-로마 세계의 호모노이아 연설 전통을 따르고 있는 것으로 보인다. 호모노이아 연설은 시민 공동체의 갈등의 문제를 지적하고, 일치와 연합을 독려하는 연설 양식이다.[2] 이 가운데 바울처럼 특히 몸의 은유를 사용해서 현실의 문제와 해법을 간접적으로 제시하는 경우들이 더러 있었다. 대표적으로, 할리카르나소스의 디오니소스(*Ant. Rom.* 6.86.1-5) 및 리비우스(*Hist.* 2.32.8-12)가 보도하는 메네니우스 아그리파 우화가 자주 고린도전서 12장과의 비교의 대상으로 소환된다.[3] 로마 공화정 초기의 인물인 메네니우스 아그리파는 주전 5세기 초, 평민들이 귀족들에게 불만을 갖고 일종의 파업에 돌입했을 때 그것을 잠재우는 일을 맡았다. 그는 평민들을 설득하는 연설 가운데 몸의 우화를 사용했다.

　　고린도전서 12장은 그리스-로마의 호모노이아 전통에 나타나는 몸의 우화를 활용하는 동시에 전복한다. 메네니우스 아그리파가 전하는 우화는 소요를 일으킨 몸의 지체들이 배에게 아무 것을 가져

2　디온 크리소스토모스, 디온 카시오스, 아일리오스 아리스테이데스 등을 분석하는 Martin, *The Corinthian Body*, 38-47을 참고하라.

3　아그리파 우화의 몸의 은유 및 세네카 『관용론』의 몸 은유(세네카는 네로 황제에 관해 말한다)에 대한 분석은 Michelle V. Lee, *Paul, the Stoics, and the Body of Christ* (Cambridge; New York: Cambridge University Press, 2006), 29-45을 참고하라.

다 주지 않고 파업을 해 버리면, 얼마 가지 않아 몸 전체가 굶어 죽게 된다는 결론으로 끝을 맺는다. 그는 이 우화를 지배 계층과 평민 사이의 갈등에 적용하여, 다스리는 자들이 몸 전체에 영양을 공급하고 있음을 깨닫도록 촉구한다. 즉, 이 우화는 지도층의 입장을 대변하고, 백성들이 그 권위를 인정함으로써 공동체가 일치를 이룰 것을 강조하는 것이다. 12장에서 바울은 아그리파 우화에서처럼 몸의 지체들에게 목소리를 부여하고, 각 지체가 고유한 기능으로 몸에 기여한다는 점을 전제한다. 그러나 바울은 몸의 각 지체들 사이에 위계 관계를 설정하고 있지 않다는 점에서 차이를 보인다.[4] 고린도 공동체 곧 에클레시아 내의 위계 관계는 몸의 모든 지체들과 하나님 사이에만 존재하며, 몸의 각 지체들을 배열하신 것은 하나님이다(고전 12:18). 강한 이, 합당한 이에게 영예를 수여하는 것이 그리스-로마 사회의 보편적인 문화 코드라고 생각해 본다면, 약한 지체, 부끄러운 신체의 부위를 가장 명예롭고 아름다운 방식으로 대하는 (고전 12:22-25) 바울의 우화는 반-문화적으로 들리기도 한다.

고린도전서 12:27부터 바울은 이 몸과 몸의 지체들이 등장한 우화의 의미를 풀이한다.

---

4 고린도전서 12장에서는 "머리"가 여러 지체들 중 하나로 나오고(고전 12:21), 특별히 다른 지체들보다 더 우월하다는 인상을 주지 않는다. 비록 11장에서는 그리스도를 (남자의) 머리로 빗대는 구절이 나오긴 하지만, 바울은 명시적으로 "그리스도가 교회의 머리다"라는 언급을 12장에서 하지 않는다. 교회의 머리로서의 그리스도라는 사상은 역사적 바울의 유산을 발전시킨 제2바울서신 - 골로새서(1:18; 2:19)와 에베소서(1:22; 4:15) - 에 나타난다.

²⁷ 너희는 그리스도의 몸이요 지체의 각 부분이라 ²⁸ 하나님이 교회 중에 몇을 세우셨으니 첫째는 사도요 둘째는 선지자요 셋째는 교사요 그 다음은 능력을 행하는 자요 그 다음은 병 고치는 은사와 서로 돕는 것과 다스리는 것과 각종 방언을 말하는 것이라 ²⁹ 다 사도이겠느냐 다 선지자이겠느냐 다 교사이겠느냐 다 능력을 행하는 자이겠느냐 ³⁰ 다 병 고치는 은사를 가진 자이겠느냐 다 방언을 말하는 자이겠느냐 다 통역하는 자이겠느냐 ³¹ 너희는 더욱 큰 은사를 사모하라 내가 또한 가장 좋은 길을 너희에게 보이리라 (고전 12:27-31)

고린도의 신자들은 그리스도의 몸이며, 각각 그 몸의 지체로 볼 수 있다. 고린도전서 12:28에서는 12:8-10에서처럼 은사들 혹은 섬김의 직분들의 예시가 나열된다. 일단 은사들과 직분들이 함께 나열된다는 점, 그리고 보다 비일상적으로 보이는 은사들과 좀 더 일상적으로 보이는 직분들(다스림/행정)이 범주의 구분 없이 등장한다는 점에 주목할 필요가 있다. 일견 12:28에서 바울이 각 직분과 은사 간에 위계를 설정하는 것처럼 보일 수 있지만, 이들은 각자의 역할에 따라 다른 자리에 배치가 되었을 뿐이다. 또한 12:29-30에 나오는 것처럼, 은사는 사람에 따라 다르게 주어진다. 나에게 주어진 은사와 타인에게 주어진 은사는 다르다. 한 사람이 모든 은사를 독점하지 않는다.

따라서 위에 인용한 개역개정과 달리, 고린도전서 12:31의 첫 부분은 명령문이 아니라 바울의 수사 의문문으로 읽는 것이 흐름상

더 적합하다. 이것을, "그러나 너희는 더욱 큰 은사들을 추구하라"라고 명령문으로 읽는다면(개역개정에서는 "사모하라"), 바로 앞에서 몸의 지체들 간의 평등한 관계를 강조하고 하나님의 뜻에 따른 은사들의 분배에 관해 이야기해 오던 맥락과 어긋난다. 바울은 여기서 그의 청중을 향해, "그런데도 너희는 더욱 큰 은사들을 추구하고 있느냐?"라고 수사적으로 질문하는 것이다.[5] 바울이 보았을 때, 본질적으로 더욱 작은 은사나 혹은 더욱 큰 은사 같은 것은 없다. 모든 은사는 하나님께로부터 온 것이다. 바울은 12:31 상반절의 수사적인 질문에 이어서 12:31 하반절에서 "그렇다면[즉, 너희가 남보다 '더욱 큰 은사들'을 추구하며 경쟁한다면] 내가 너희에게 가장 뛰어난 길을 보이겠다"라고 말한다. 그리고 13장에 나오는 사랑의 찬가(encomium)가 이어진다.

고린도전서 13장의 사랑의 찬가는 그 자체로 놓고 보면 전시적(epideictic) 수사에 가깝지만, 크게 보면 고린도전서 전체의 심의적 수사의 목적 안에 잘 맞아 떨어진다. 13장의 사랑의 찬가는 그 기원이 어떠하든 간에[6] 독립적인 단락이 아니다. 그것은 12-14장으로 이어

---

5   대부분의 성경 번역은 고린도전서 12:31에 나오는 동사(젤루테)를 명령형으로 해석했다. 반면, 나는 해당 동사를 직설법으로 읽는 것이 문맥에 더 맞으며, 더 나아가 해당 문장을 평서문보다는 의문문으로 번역하는 것이(직설법은 평서문, 의문문 양쪽 다 가능) 바울의 논점을 더 잘 살려준다고 생각한다. 자세한 논증 및 예상되는 반론에 대한 재반박으로는 Donghyun Jeong, "Translating 1 Corinthians 12.31a as a Rhetorical Question," *BT* 75 (2024): 65-81을 참고하라.

6   Stephen J. Patterson, "A Rhetorical Gem in a Rhetorical Treasure: The Origin

지는 공동체 내에서의 은사 사용에 관한 단락(크게 보면 11장부터 시작됨)의 일부분이며, 바울이 자신의 청중들을 설득하려고 개진한 논지를 강화하는 일종의 삽화적 예시이다. 고린도전서 8-10장의 맥락에서, 바울이 자신의 삶을 삽화적인 예시로 제시한 9장이 나타났던 것과 비슷한 구조다.

몇몇 영어성경에서는(예: NRSV, NRSVue, CEB 등) 고린도전서 13장에 "사랑의 은사"라는 소제목을 붙여 놓았지만, 사실 바울에게 있어서 사랑은 은사 중 하나라고 보기 어렵다. 고린도전서 12장에서 보았듯이, 은사들은 각 사람에게 개별적으로 나누어지며, 따라서 각자에게 주어진 은사가 서로 다르다. 그러나 갈라디아서 5장의 표현에 따르면 사랑은 성령의 열매다. 누구에게는 사랑이 있고, 누구에게는 없어도 되는 것이 아니다. 사랑은 일종의 근본적인 기독교적 가치, 곧 모든 신자들이 공유해야만 하는 덕목이며 태도이다.[7] 고린도전서 12:31에서 바울은 언어를 매우 섬세하게 사용하여, 은사들과 사랑

---

and Significance of 1 Corinthians 13:4-7," *BTB* 39 (2009): 87-94을 참고하라.

7   테레사 모건(Teresa Morgan)은 은혜(카리스), 신뢰/믿음(피스티스), 의(디카이오쉬네), 사랑(아가페), 성결(하기오테스), 자유(엘류테리아), 평화(에이레네), 소망(엘피스) 등을 가리켜 "돌봄과 경배의 관계를 나타내는 태도(therapeutic attitude)"라고 부른다. 이는 그리스도 안에서 가능하게 된 새로운 삶의 방식과 관계망을 총체적으로 가리키는 용어다. Teresa Morgan, *Being 'in Christ' in the Letters of Paul*, WUNT 449 (Tübingen: Mohr Siebeck, 2020), 207-208. 모건이 therapeutic이라는 영어 단어의 일반적인 뜻(치료)이 아니라, 연관된 그리스어 동사(테라퓨에인)의 이중적 의미(누군가를 돌보고 치료하는 것, 신을 섬기는 것)를 가져다 쓰기 때문에, 나는 therapeutic을 "돌봄과 경배의 관계를 나타내는"이라고 풀어서 번역했다.

사이를 구별한다. 바울이 12:31 상반절에서 "그런데도 너희는 더욱 큰 은사를 추구하고 있느냐?"라고 물은 후, 12:31 하반절에서 "그렇다면 내가 너희에게 가장 뛰어난 은사를 보이겠다"고 말을 이어가지 않았다. 12:31 하반절에서 바울은 "그렇다면 내가 너희에게 가장 뛰어난 길을 보이겠다"고 말했다. 바울에게 있어서 사랑은 여러 은사 중 하나가 아니라, 가장 좋은 길이다. 사랑은 모든 은사들이 유효하게 작동하기 위한 필수적인 기반과도 같다.

사랑이 없으면 은사들도 아무런 유익이 없다. 고린도전서 13장에서 "내가 사람의 방언과 천사의 말을 할지라도, 사랑이 없으면"(고전 13:1)이라고 말하며 찬가를 시작할 때, 사람의 방언과 천사의 말은 방언의 은사를 가리킬 수도 있고, 어쩌면 수사적 재능을 가리킬 수도 있다.

> ¹ 내가 사람의 방언과 천사의 말을 할지라도 사랑이 없으면 소리 나는 구리와 울리는 꽹과리가 되고 ² 내가 예언하는 능력이 있어 모든 비밀과 모든 지식을 알고 또 산을 옮길 만한 모든 믿음이 있을지라도 사랑이 없으면 내가 아무 것도 아니요 ³ 내가 내게 있는 모든 것으로 구제하고 또 내 몸을 불사르게 내줄지라도 사랑이 없으면 내게 아무 유익이 없느니라 (고전 13:1-3)

"내게 예언하는 능력이 있어 모든 비밀[신비]과 모든 지식을 알고 … 사랑이 없으면"(고전 13:2)에서 바울은 예언의 은사와 지식의 은사를 가리키는 것 같다. 또한 3절에서는 구제의 은사와 자기희생을 가리키는 듯하다. 하지만 각각의 은사가 아무리 뛰어나다 할지라도 사랑이 없다면 공동체에 아무런 유익도 가져다 주지 못한다.

사랑은 고린도 공동체의 문제를 해결하기 위한 바울의 해법이다. 먼저, 고린도전서 13:4부터 13:7까지 바울은 사랑의 여러 측면을 긍정문으로 서술한다.

> [4] 사랑은 오래 참고 사랑은 온유하며 시기하지 아니하며 사랑은 자랑하지 아니하며 교만하지 아니하며 [5] 무례히 행하지 아니하며 자기의 유익을 구하지 아니하며 성내지 아니하며 악한 것을 생각하지 아니하며 [6] 불의를 기뻐하지 아니하며 진리와 함께 기뻐하고 [7] 모든 것을 참으며 모든 것을 믿으며 모든 것을 바라며 모든 것을 견디느니라
>
> (고전 13:4-7)

여기서 사랑은 인내, 친절 등 다양한 태도들의 집합체이자 모든 종류의 기독교적 태도를 대표하는 것으로 간주될 수 있다. 바울은 다른 서신들에서 여러 덕목을 나열할 때, 사랑을 늘 맨 앞에 두곤 했다(예: 갈 5:22; 롬 12:9). 고린도전서 전체의 맥락에 놓고 볼 때, 사랑에 대한 바울의 서술은 그가 인지한 고린도 공동체의 문제 상황과 반대 방향에 있는 이상(ideal)이다. 범죄한 구성원의 잘못을 고린도 에클레시아가 좌시하고 심지어 그것을 자랑스럽게 여기는 데 반해(고전 5:6), 사랑은 불의를 기뻐하지 않고 진리와 더불어 기뻐하는 것을

의미한다. 고린도 에클레시아의 구성원들이 서로 경쟁적인 태도를 보이고 다른 이들을 무시하는 데 반해(고전 1-4장, 8장), 사랑은 시기하지도 자랑하지도 교만하지도 않는 것을 가리킨다. 따라서 고린도전서 13장의 사랑의 찬가는 아름답기만 한 것이 아니라 논쟁적이다. 바울이 말하는 사랑은 로맨틱한 사랑이 아니라, 그리스도 공동체 운영에 있어서 화합과 일치를 촉구하는 정치적 수사의 한 전략이다.[8] 따라서 고린도전서 13장의 사랑은 그리스도 신자들 모두가 견지해야 하는 가장 근본적인 가치 및 태도인 동시에 고린도 공동체를 하나로 묶어주는 정치적 이념이다.

> 사랑은 없어지지 않습니다. 그러나 예언도 사라지고, 방언도 그치고,
> 지식도 사라집니다 (고전 13:8 새번역)

고린도전서 13:8에서 "사랑은 없어지지 않[는다]"라는 표현은 공동체가 갖추어야 할 태도로서의 사랑을 넘어, 사랑의 존재론적 특성을 드러낸다. 곧, 사랑의 영속성을 말하는 것이다. 이 영속성 때문에, 사랑은 모든 은사들보다 더 우월하다. 심지어, 사랑은 동일하게 영속적인 믿음과 소망이라는 다른 핵심 덕목들(고전 13:13; 살전 1:3 참고)보다도 더 우월하다. 예언도, 방언도, 지식도, 언젠가는 끝나게 되겠지만, 사랑은 영원히 남아 있을 것이다. 바울은 어린이와 어른의 비유, 그리고 거울의 비유를 통해서 지식의 제한성과 유한성에 대

---

8   Mitchell, *Paul and the Rhetoric of Reconciliation*, 165-71, 271-77.

해서 길게 서술하는데(고전 13:11-12), 이는 그동안 지식에 대한 추구를 논쟁적 맥락에서 다루어 온 담론 방식을 상기시킨다(1-4장, 8장 등). 지식은 우쭐대게 만들지만 사랑은 덕을 세운다(고전 8:1).

앞서 말했듯, 바울은 몸의 지체들 사이에 위계질서를 만들지 않았고, 또한 은사들 사이에 위계질서를 만드는 것 역시 거부했다(고전 12장; 14장). 비록 방언과 예언이 14장에서 집중적으로 비교되지만, 바울은 그 두 은사 사이에 본질적으로 높고 낮음의 관계가 있다고 본 것은 아니다.

바울의 담론에서 실제적인 위계질서는 다른 측면에서 전개된다. 곧 바울은 사랑이라는 근본적인 태도 혹은 덕목을 우월하게 두고, 모든 은사들을 사랑에 비추어 상대화한다. 여기서 우리는 은사의 의례 사용을 둘러싸고 드러나는, 고린도 신자들과 바울의 입장 차이를 발견한다. 고린도 공동체 즉, 에클레시아 공간에서 발휘되는 의례로서의 은사들은 고린도 신자들에게 때로 각자의 우월함을(혹은 반대로 열등함을) 가시적으로 보여주는 통로였을 수 있다. 하지만 바울은 은사 간에 위계가 있다는 개념을 거부한다. 그렇지만 바울이 이 은사 담론(12-14장)에서 위계질서 구조를 완전히 없애는 것은 아니다. 바울은 그 질서의 방향을 재정의한다. 이 점에서 고린도전서 13장은, 1장에 나왔던 가치 재설정의 수사와 공명한다. 또한 의례의 규범화 과정에서 사랑을 핵심에 두었다는 측면에서, 이 12-14장은 8-10장에서의 바울의 접근 방식과 일치한다.

예언과 방언

고린도전서 13장에서 사랑의 찬사를 통해 모든 은사들을 상대화한 후, 바울은 이제 14장에서 고린도 공동체 내에서의 은사 사용의 문제로 돌아온다. 바울은 특히 방언과 예언이라는, 공동체의 예배 상황과 관련된 두 가지 의례적 은사 사용을 집중적으로 다룬다. 비록 원칙적으로는 은사 간에 우열이 없지만(고전 12장), 바울이 볼 때 실천적 차원에서는 방언보다 예언이 더 권장할 만한 은사이다(고전 14:1, 5). 바울이 예언을 선호하는 까닭은 분명해 보인다. 고린도전서 14장에서 예언은 공동체 구성원들과 일반적인 소통이 가능한 언어 양식으로 정의되는데 반해, 방언은 소통이 되지 않는 언어 양식으로 간주된다(고전 14:5). 소통이 가능한 언어 양식은 공동체를 세우는 데 도움이 되지만, 소통이 되지 않으면 공동체를 세우는 데 도움이 되지 않는다. 소통이 되지 않으면 그것을 말하는 자기 자신만의 권위를 높일 우려가 있다(고전 14:4). 따라서, 공동체를 건축하는 목표를 위해서라면 명료한 의사소통을 가능하게 하는 예언이 실천적 측면에서 더 유용하다.[9] 그러나 우리는 바울이 방언 자체를 폄하하지 않았다

---

9 외국어 현상으로 이해되는 사도행전 2장의 방언과 달리, 고린도전서 14장의 방언은 황홀경에서 발화되는 말로 흔히 이해되어 왔다. 그러나 바울이 말하는 방언이 "하늘의 언어"와 인간 세계의 외국어 양쪽 모두를 포괄한다는 견해에 대해서는 막스 터너, 『성령과 은사』, 김재영, 전남식 옮김(새물결플러스, 2011), 404-408을 참고하라. 만약 바울이 여기 고린도전서 14장에서 공동체의 주류 언어가 아닌 외국어로 말하는 것을 "방언"이라는 표현으로 지

는 점도 기억해야 한다(고전 14:39). 실제로 바울은 자신이 고린도 신자들보다 방언을 더 말한다는 점을 감사한다고 언급한다(고전 14:18).

지난 세기 의례학에서 중요한 연구로 손꼽히는 프리츠 스탈(Frits Staal)의 논문(The Meaninglessness of Ritual)은 의례가 본질적으로 "무의미성"으로 특징지어진다고 주장했다.[10] 스탈의 논의는 의례를 의미론적(semantic) 차원에서 주로 바라봤던 이전 시대의 접근에 중요한 도전을 제기했다. 허나, 바울의 의례관은 무의미성의 틀로만 이해하기 어렵다. 나는 책의 초반에, 의례를 일차적으로 특정한 의사소통의 한 방식으로 이해하는 견해를 소개했다. 즉, 의례를 통해 전해지는 메시지들—자기지시적 메시지와 규범적 메시지—이 있다. 그리스도 공동체의 의례 해석자 바울은 결코 의례가 무의미하다고 보지 않았다. 바울에게 있어서 의례적 발화는 규칙에 따라 흠 없이 진행되는 의미 없는 주문이 아니며, 그 발화의 의미는 공동체 구성원들 모두에게 이해되어야 한다. 즉, 바울에 따르면 이해될 수 있는 의례가 공동체를 세운다.

공간에 관심을 두는 본서의 작업을 고려해 보면, 예언과 방언이

칭하고 있다면, 투파마후(Tupamahu)가 근래에 주장한 바처럼, 이 본문은 로마시대 고린도라는 맥락, 곧 다양한 지역의 이민자들이 섞여 살면서 각 언어 간의 위계가 존재했던 상황에서 발생한 언어 권력의 문제를 반영할 수도 있다. 즉, 우월한 지위를 가진 라틴어 및 그리스어, 그리고 주변부적 지위를 가진 지방어(민족어)들의 갈등을 암시할 수 있다는 것이다. Ekaputra Tupamahu, *Contesting Languages: Heteroglossia and the Politics of Language in the Early Church* (New York: Oxford University Press, 2023).

10   Frits Staal, "The Meaninglessness of Ritual," *Numen* 26 (1979): 2-22.

공동체의 경계를 나타내는 의례라는 점이 특히 중요하다. 바울에게 있어서 이와 같은 의례적 발화들은 이해됨과 이해되지 않음이라는 상반되는 상태를 디지털적으로 구분함으로써 공동체의 경계를 표시한다. 고린도전서 14:20-25에서 바울은 지금 새롭게 구성된 그리스도 공동체의 공간성 및 경계 만들기 작업에 있어서 예언과 방언이 어떤 기능을 갖는지를 조명한다. 이를 위해 바울은 이스라엘 경전의 한 본문을 새롭게 해석한다(사 28:11-12).[11]

> [11] 그러므로 더듬는 입술과 다른 방언으로 그가 이 백성에게 말씀하시리라 [12] 전에 그들에게 이르시기를 이것이 너희 안식이요 이것이 너희 상쾌함이니 너희는 곤비한 자에게 안식을 주라 하셨으나 그들이 듣지 아니하였으므로 (사 28:11-12)

이사야 28:11에서 "더듬는 입술"과 "다른[낯선] 방언"(외국어)은 예언자의 말을 듣길 거부한 예루살렘의 교만한 지도자들을 향한 하나님의 심판의 징표를 뜻했다. 그러나 바울은 고린도전서 본문에서, "믿는 자"와 "믿지 않는 자"라는 범주를 가지고 구약의 본문을 재맥락화하여 사용한다. 혹은 바울 공동체에서 경험하는 성령의 은사를

---

11 바울이 실제로 인용하고 있는 것은 이사야 본문임에도 불구하고, 바울은 그것을 "율법"이라고 말한다. 갈라디아서에서 바울이 "율법의 행위"를 믿음이나 약속 등과 극명하게 대조시켰던 것을 기억한다면, 이사야를 율법이라 지칭하는 바울의 언급은 매우 흥미롭다. 여기서는 "율법"이라는 표현이 부정적인 어감을 갖지 않는다. 바울이 율법에 호소하는 것은 14:34에도 나온다.

통해 이사야 본문을 "회고적"으로 읽는다고도 말할 수 있을 것이다.[12] 낯선 방언은 이사야의 맥락에서처럼 예루살렘 지도자들(혹은 이스라엘)에게 주어진 심판의 징표가 아니라, 지금 바울 시대에 그리스도를 믿지 않는 자들이 누구인지를 드러내는 징표다. 즉, 그것은 믿지 않는 자들이 "신적 계시에 접근 불가능함을 상징하는 것"이다.[13] 반대로, 예언은 믿는 자에게 주어진, 즉 믿는 자가 누구인지를 드러내는 기능을 한다. 물론 방언이 통역될 경우(고전 14:5, 13) 에클레시아를 세운다는 점에서 예언과 기능적으로 유사해지기도 한다.

다시 말해, 바울에게 있어서 소통 불가능한 방언은 믿지 않는 자들이 신적 계시에 접근할 수 없다는 표시, 즉 투과할 수 없는 단단한 경계선을 가리킨다. 따라서 14:23에서처럼, "숙련되지 않은 자들"(알지 못하는 자들)이나[14] 믿지 아니하는 자들이 공동체 안으로 들어와서,

---

12 김성종, 『고린도전서 14장 회고적 읽기와 성령의 은사』(바울, 2019), 60-97. 또한 바울은 10:1-4에서도 고린도 공동체가 현재 경험하는 의례를 출애굽 이야기로 읽어 넣는 방식을 보여준 적이 있다.

13 Hays, *First Corinthians*, 240. 하나님의 은혜로 말미암은 은사 중 하나인 방언을 "저주와 심판의 성격"을 가진 것으로 보기 어렵다는 김성종의 지적은 옳다(『고린도전서 14장 회고적 읽기와 성령의 은사』, 93). 그러나 나는 방언이 특정한 지시적 기능(이 경우, 믿지 않는 자들을 드러내는 기능)을 가졌다고 보는 견해가, 방언을 저주나 심판과 결부된 부정적 성질을 가진 은사로 규정하는 견해와 동일한 것은 아니라고 생각한다.

14 "숙련되지 않은 자들"과 "믿지 아니하는 자들", 양쪽 모두는 기본적으로 외부인을 가리키는 듯하다. 그러나 트레빌코(Trebilco)가 해석한 것처럼, 바울 공동체에서는 숙련되지 않은 자들을 위한 일종의 "비유적인 의미에서의" 자리가 있었을 수도 있다. Trebilco, *Outsider Designations*, 110-111.

모든 이들이 방언하는 것을 들으면 그들은 여전히 믿지 않는 자로 남아 있을 수밖에 없다.

> ²³ 그러므로 온 교회가 함께 모여 다 방언으로 말하면 알지 못하는 자들이나 믿지 아니하는 자들이 들어와서 너희를 미쳤다 하지 아니하겠느냐 ²⁴ 그러나 다 예언을 하면 믿지 아니하는 자들이나 알지 못하는 자들이 들어와서 모든 사람에게 책망을 들으며 모든 사람에게 판단을 받고 ²⁵ 그 마음의 숨은 일들이 드러나게 되므로 엎드리어 하나님께 경배하며 하나님이 참으로 너희 가운데 계신다 전파하리라
> (고전 14:23-25)

그러나 공동체가 예언을 할 때 숙련되지 않은 자들이나 믿지 아니하는 자들이 공동체 공간 안으로 들어오면(고전 14:24), 그들은 자신의 마음의 찔림을 받고 하나님을 경배하며 그 하나님의 임재가 그 공간 안에 있음을 인정하게 된다(고전 14:25). 소통이 가능한 예언은 에클레시아의 경계를 침투 가능한 형질로 만든다. 예언을 듣는 자들은 곧 믿는 자들이 된다.

결론적으로 나는 두 가지를 강조하고자 한다. 첫째, 바울에게 있어서 예언이나 방언과 같은 은사의 사용은 에클레시아 경계의 안과 밖, 믿는 자와 믿지 않는 자 사이에 구별을 만들어 내는 공간 구성 의례 중 하나다(이 점에서 세례 및 성찬과 겹치는 기능이 있다). 해당 의례가 거해질 때, 그것은 누가 내부인인지, 혹은 누가 외부인인지를 가리키

는 표식이 되며, 그 과정에서 에클레시아의 경계가 재확립된다. 특히 이해가 되지 않는 방언은 에클레시아 곧 하나님의 신전 공간의 경계를 단단한 성벽처럼 만든다. 하나님의 영을 받지 않은 외부인들에게 있어서, 방언은 이해될 수 없는 소통 수단이다. 방언이 선포되는 공간은 결국 그 외부인들이 믿지 않는 자들임을 가시화한다.

둘째, 예언을 통해 에클레시아 공간은 계속해서 침투를 겪는다. 한편으로, 예언은 이 공간을 확립하는 데 기여한다. 바울은 14:4에서 "방언하는 자들은 자신을 건축하지만, 예언하는 자들은 에클레시아를 건축한다"라고 말한다.

> 방언을 말하는 자는 자기의 덕을 세우고 예언하는 자는 교회의 덕을
> 세우나니 (고전 14:4)

방언이 통역될 경우 기능적으로 예언과 같아지므로, 소통이 된 방언 역시 에클레시아 건축에 참여하는 의례가 된다고 할 수 있다(고전 14:4). 그런데 이렇게 예언(및 소통된 방언)으로 경계가 구성된 공간은 믿지 않는 자에게 열려 있다. 일반적으로 말하면, 강한 결속과 정체성을 지닌 공동체 안으로 외부인이 들어올 때, 이는 기본적으로 그 공동체에 사회적 오염 및 혼란의 위험을 초래할 수 있기에 경고가 동반된다.[15] 고린도전서 6:9-11에서 바울은 세례와 저주 의례의 양쪽

---

15   예컨대 1QS 2:25-3:12의 경우, 일종의 리미널(liminal)한 상태에 있는 신규
       입회자들과 관련된 오염 및 정결에 관한 표현이 집중적으로 나온다. Suh,

측면을 암시한 적이 있다(물론, 거기서도 오염은 내부적 요인이다). 14:20-25에서는 공동체가 방언과 예언의 의례를 행할 때 그 자리에 들어오고 나가는 외부인들이 공동체에 오염을 초래할까봐 염려된다는 낌새를 전혀 내비치지 않는다. 바울이 고린도전서 전반에서 말하듯, 고린도 에클레시아 즉, 하나님의 신전 공간의 오염은 외부인으로 인해 발생하지 않는다. 도리어 오염은 내부의 도덕적 문제 때문에 발생한다. 더욱이 바울은 예언이 가진 변혁적 힘을 믿었다. 공동체가 예언을 통해 하나님 신전 공간의 특색을 나타낼 때, 외부인은 그 공간 안에 들어와 새로운 종류의 질서—하나님의 임재(고전 14:25)라는 말로 대표되는—를 경험하고 변화될 수 있다.

이 주제를 마무리하면서, 고린도전서 14장의 적용적 한계점에 관해 짧게 언급하고자 한다. 14장에서 바울이 보여준 모습처럼, 의례의 소통 가능성, 특히 오직 언어적 매개를 통한 소통의 가능성을 강조하다 보면, 그렇지 않은 종류의 의례, 즉 비언어적 의례를 열등하게 취급하거나 배제하는 방식으로 흐를 위험이 있다. 소통되지 않고 남아있는 방언은 "야만인"의 소리와 같다(고전 14:11).[16]

Power and Peril, 182.

16 투파마후는 이 부분에 주목하여, 우리가 다음 단락에서 살펴볼 14:34-35의 경우도 언어 현상에 관한 14장 전체의 일부분으로 간주한다. 즉, 주류 언어에서 제외된 언어를 말하는 이들을 소외시키는 것과 여성의 말하기를 소외시키는 것이 서로 연결되어 있다는 것이다. 두 가지 모두 소통이 안 되는 비이성적인 말하기 방식으로 간주된다. 외국어로 말하는 이들, 즉 야만인들은 또한 여성화된(feminized) 이들이다. Tupamahu, *Contesting Languages*, 142-184. 말하기와 젠더의 관계에 대한 투파마후의 논지는 앞서 내가 지적하기도 했

그러므로 내가 그 소리의 뜻을 알지 못하면 내가 말하는 자에게 야만인이 되고 말하는 자도 내게 야만인이 되리니 (고전 14:11 개역개정 수정)

한번 생각해 보자. 만약 지중해 동부 지역의 비도시 지역에서 그 해당 지역의 방언만 사용하던 사람이 고린도에 이민을 왔다면, 그래서 그리스어나 라틴어를 더듬거리는 수준으로만 말할 수 있었다면, 그 사람이 드리는 기도나 찬양의 소리는 과연 고린도 에클레시아 공간을 세우는 의례가 될 수 있었을까? 바울 본인도 특정한 신체 장애를 겪는 사람이긴했지만(고후 12:7; 갈 4:13-14 등),[17] 과연 그가 언어적 소통 장애를 겪는 사람이 공동체 안에 충분히 포용될 수 있는 길을 마련해 주었을까? 만약 신체적, 정신적 장애 때문에 구두로 소통이 불가능한 사람이 있었다면, 그 사람은 어떻게 바울의 공동체에 참여할 수 있었을까?

1세기 사람 바울에게서 다양한 종류의 정신적, 신체적 장애나, 혹은 언어적 소통의 차이를 고려한 포용적(inclusive), 다중감각적(mul-

---

던 공적/사적 공간의 날카로운 구분에 기반한다는 점에서, 동의하기 어려운 지점이 많다. 그럼에도 이 본문이 해석사에서 암시적으로 작용해 온 방식에 우리가 주의를 기울이도록 초대한다는 의의가 있다(특히 그 책의 6장 참고).

17 Adela Yarbro Collins, "Paul's Disability: The Thorn in His Flesh," in *Disability Studies and Biblical Literature*, ed. Candida R. Moss and Jeremy Schipper (New York: Palgrave Macmillan, 2011), 165-183. 바울의 장애가 그가 당했던 박해 때문에 생긴 것으로 보는 입장은, Susan Grove Eastman, *Recovering Paul's Mother Tongue: Language and Theology in Galatians* (Eugene: Cascade: 2022), 93-97을 참고하라.

tisensory) 예전의 발전된 형태를 찾기는 어려울 것이다. 고린도전서 14장의 방언과 예언 본문의 메시지를 오늘날의 상황에 적용하는 이들은, 이러한 바울의 시대적 한계를 염두에 두고 읽을 필요가 있다. 따라서 방언과 예언뿐 아니라 더 다양한 방식의 종교적 경험 및 다채로운 은사의 의례적 사용을 통해 공동체를 세우고자 하는 이들에게, 고린도전서 14장은 종착지가 아니라 하나의 출발점의 역할을 할 수 있을 것이다.

공간과 여성

고린도전서 12장으로부터 시작된 은사에 관한 긴 단락은 14:26-40에서 마감된다. 14:26에서 바울은 다시금 모든 은사들이 갖는 고유의 가치를 인정하는 원칙으로 돌아간다.

> 그런즉 형제들아 어찌할까 너희가 모일 때에 각각 찬송시도 있으며 가르치는 말씀도 있으며 계시도 있으며 방언도 있으며 통역함도 있나니 모든 것을 덕을 세우기 위하여 하라 (고전 14:26)

이어서 고린도전서 14:27-33에서 바울은 은사 사용에 관한 실질적인 지침을 준다. 공동체 안에서 방언, 예언, 계시 등의 은사가 나타날 때, 고린도 공동체의 구성원들은 서로를 배려하고 자신의 차례를 기다리는 등 질서 있게 은사를 사용해야 한다. 예언하는 자들의 영들은 예언하는 자들 자신에게 복종한다는 말은, 이 은사들의 사용이 통제 불가능한 영역이 아니라, 질서 있게 사용할 수 있는 것임을 암시한다.

예언하는 자들의 영은 예언하는 자들에게 제재를 받나니 (고전 14:32)

공동체 안에서의 질서 유지에 관한 지침은 바울만이 아니라, 당시 그리스-로마 세계의 여러 조합에서도 공유되는 관심사였다. 예를 들면, 고대 문헌 자료에서 흔히 광란적이고 무질서한 모임으로 묘사되곤 했던 디오니소스/바코스 제의 그룹들까지도, 비문헌적 자료를 들여다 보면 그 내부에서 이루어지는 의례 혹은 서로를 향한 태도를 통제하는 규율이 있었음을 알 수 있다(앞서 말한 것처럼, 바운더리가 없는 그룹은 없다!).[18] 제의 그룹 안에서 나타날 수 있는 다양하고, 때로 즉흥적인 의례 행동들에 질서를 부여하려는 시도를 한다는 점에서 바울은 동시대인들로부터 아주 멀리 떨어져 있지는 않았다.

이제 마지막으로 살펴볼 것은, 공동체의 예배 공간, 질서, 의례의

---

18 2세기의 한 디오니소스/바코스 제의 조합의 규율을 담은 비문 자료(Syll.[3] 3.1109 = IG II[2] 1368)를 보면, 한 구성원이 다른 구성원을 모욕하거나 해를 가했을 때, 조합 전체에게 얼마 정도의 벌금을 내야 하는지가 나온다. 고린도전서 14장과 비교했을 때, 이 조합의 의례적 행동들에 관한 다음의 대목은 매우 흥미롭다. "함께 모였을 때 누구도 노래하거나 소란을 피우거나 손뼉을 쳐서는 안 된다. 사제나 우두머리가 명령하는 대로 질서 있고 정숙하게, 자기에게 할당된 몫을 말하거나 행해야 한다."

문제가 어떻게 젠더 이슈와 상호 교차하는지에 관한 질문이다. 바울서신을 젠더 이슈와 관련해서 읽고자 할 때 먼저 짚고 넘어갈 두 가지 요점이 있다.

첫째로, 고대 문헌인 바울서신이 과연 현대적 관심사 중 하나인 젠더 이슈와 관계가 있는 것인가 하는 질문이 제기될 수 있다. 물론 바울서신이 남성과 여성의 이슈를 중심 주제로 다루고 있다고 말하기는 어려울 것이며, "젠더"(gender)라는 말을 사용할 때 우리는 성을 구성된 것으로 보는(더 나아가 주디스 버틀러[Judith Butler]가 강조하듯, 수행성[per-formativity]의 측면에서 보는) 현대의 담론을 염두에 둔 채로 바울의 고대 세계로 들어간다는 점을 인정해야 한다. 그러나 바울서신을 해석함에 있어서 남성과 여성의 문제는 결코 주변부에 있지 않다.[19] 또한 바울서신에서 아버지 이미지보다 어머니 이미지가 더 자주 나타난다는 것도 주목할 만한 부분이다.[20] 남성과 여성, 남성성과 여성성에 관한 현대적 용어가 바울의 세계에 존재하지 않았다고 해서, 그러한 사회적 현실이 존재하지 않았던 것은 아니다.

---

19 예를 들어, 바울은 유대인과 이교도를 가리켜 각각 할례자와 무할례자로 부르는데, 그리스어에서 직역을 하면 이는 "할례"와 "포피"로 옮길 수 있다. 다른 말로 하면, 바울은 그의 이교도 신자들(남자와 여자 모두 포함하는 이들)을 대유적으로, 남성 성기의 한 부분을 가리키는 용어로 지칭한 것이다. 바울은 또한 그리스도 안에 있는 자유와, 율법 아래 있는 속박을 대조하는 갈라디아서 4:21-5:1에서, 사라와 하갈이라는 성경에 나오는 두 여성을 풍유적으로 사용한다.

20 Beverly Roberts Gaventa, *Our Mother Saint Paul* (Louisville: WJK, 2007), 6-7.

둘째로, 바울을 이미 의혹의 시선으로 바라보는 이들은 바울이 여성(혹은 여성 대신 다른 종류의 사회적 정체성을 넣어서 생각을 해 볼 수 있다)에 관해 차별적 입장을 가지고 있다는 전제를 가진 채로 바울서신에 접근하곤 한다.[21] 실제로 내가 미국 신학교에서 가르치는 학생들 가운데서는 바울에 관한(정확히 말하면, 바울을 특정 방식으로 사용하는 것에 관한) 트라우마를 지닌 이들이 있다. 어떤 학생들은 여성 안수를 허락하지 않거나 여성의 행동 양식을 과도하게 규제하는 보수적인 교단 전통에서 자라는 가운데 바울에 대한 반감을 가지게 되었다. 또한 어떤 학생들은 미국의 노예제 전통과 결부시켜, 바울서신이 노예 주인들의 입장을 뒷받침하는 방식으로 쓰였던 일 때문에 바울에 대한 거부감을 느끼기도 한다. "예수는 좋지만 바울은 싫다"와 같은 표현에서 이러한 정서가 드러난다. 나는 바울서신의 사용(혹은 오용)이 기독교 역사에 초래한 비극을 안타깝게 생각한다. 또한 바울서신이 여전히 현대적 맥락에서 다양한 정체성을 지닌 이들의 삶과 사역을 억압하는 방식으로 사용되는 점에 분개한다.

바울서신 자체에 억압적인 본문과 해방적인 본문 모두가 나타나는 것이 사실이다. 신약 시대 전체를 놓고 보아도, 여성의 삶은 억압이나 자유와 같은 양자택일로 수렴될 수 없었고, 훨씬 더 복합적

---

21 그러나 이것 역시 획일적으로 말할 수 없다. 바울에 대한 반응은 굉장히 다양하다. 예컨대 내가 가르쳤던 LGBTQ 학생들 중에서는 바울서신에 나오는 문제적 본문들을 전향적으로 해석하고, 바울을 동지(ally)로 여기는 경우도 있었다.

이었다.[22] 바울은 그러한 세계 안에서 나름의 길을 찾아간 인물이다.

해방적인 본문으로 가장 유명한 사례는 갈라디아서 3:28일 것이다. 바울은 그리스도 안에서는 더 이상 유대인이나 이방인, 노예나 자유인, 남성과 여성이 없다고 말한다.

> 너희는 유대인이나 헬라인이나 종이나 자유인이나 남자나 여자나 다 그리스도 예수 안에서 하나이니라 (갈 3:28)

모두가 그리스도 안으로 세례를 받고, 그리스도로 옷 입고, 그리스도 안에서 하나가 되었다. 이것을 본서의 관심사인 공간 언어로 옮겨보면 곧 그리스도라는 공간—그리스도라는 기표로서 환유적으로 표현된 에클레시아 공간—안에 들어오면, 그 경계 바깥에서 작동했던 정체성이 새롭게 이해된다는 것이다. 곧 유대인과 이방인의 관계, 노예와 자유인의 관계, 남성과 여성의 관계의 기존 질서가 상

---

22 수전 하일렌(Susan E. Hylen)은 *Finding Phoebe: What New Testament Women Were Really Like* (Grand Rapids: Eerdmans, 2023)에서 신약 시대 여성의 다양한 삶의 측면을 개론적으로 소개했다. 여성들은 자신의 재산을 소유하거나 사용할 수 있었고, 사회적 영향력을 행사할 수 있었으며, 여러 상황에서 자신의 발언을 활용할 수 있었다. 이는 바울이나 신약성경을 읽을 때뿐 아니라, 고대 로마 세계를 이해하는 데에도 중요한 관점이 된다. 당시 세계에서 남성과 여성이 완전히 평등한 관계였다고 말할 수는 없지만, 때로 우리는 우리가 가진 선입견 때문에, 고대 로마 사회에서 여성들이 그 사회 규범을 다양한 방식으로 협상하며 자신들의 위치를 찾아 나섰던 긍정적인 측면을 놓치기도 한다.

대화 되고, 그리스도에 의해 빚어진 새로운 종류의 정체성과 관계가 시작된다는 것이다. 모두가 그리스도 안에서 하나라는 말은 이전에 지녔던 모든 특수성과 차이들이 소거되어 동일성(획일성)만이 남는다는 것을 뜻하지 않는다.[23] 다양한 삶을 사는 모두가 이제 그리스도 안에 있다는 개념의 중요성을 이 본문은 강조하는 것이다.

그럼에도 바울은 복합적 인물이며, 바울서신과 젠더 이슈 역시 흑과 백으로 나누어질 수 없다. 바로 앞서 말한 갈라디아서 3:28을 고려해 볼 때, 그것과 반대편에 위치한 것처럼 보이는 억압적 본문은 고린도전서 14:34-35일 것이다.

> [33] 하나님은 무질서의 하나님이 아니시요 오직 화평의 하나님이시니라 성도의 모든 에클레시아들에서와 같이 [34] 여자는 교회에서 잠잠하라 그들에게는 말하는 것을 허락함이 없나니 율법에 이른 것 같이 오직 복종할 것이요 [35] 만일 무엇을 배우려거든 집에서 자기 남편에게 물을지니 여자가 교회에서 말하는 것은 부끄러운 것이라 (고전 14:33-35 개역개정 수정)

여기서 바울은 에클레시아에서 여성들이 잠잠할 것을 요구한다. 여성들이 무엇인가를 배우고자 한다면, 집에서 자신들의 남편에게 물어야 하며, 에클레시아에서 입 밖으로 무엇인가를 꺼내는 것은 수치스러운 일이다. 만약 14:33 하반절("성도의 모든 에클레시아들에서와 같

---

23   Gaventa, *Our Mother Saint Paul*, 73.

이[저자 사역]")이 33절 상반절과 붙어 있는 것이 아니라 34절과 붙어 있는 것이라면(구문상으로 양쪽 모두 가능하다), 바울은 여성에 대한 이런 엄격한 요구가 고린도 에클레시아뿐만 아니라 모든 에클레시아들에게 적용되는 규율이라고 격상시키고 있는 것이다. 더욱이 바울은 그의 명령을 "율법"의 권위에 의지해서 뒷받침하고 있다(고전 14:34).

14:34-35을 더 자세히 고찰하기 위해서는 11장으로 되돌아가, 바울이 이와 비슷한 이슈에 관해 어떻게 말했는지 살펴볼 필요가 있다. 고린도전서 11:2-16에서 바울은 여성이 에클레시아에서 기도 혹은 예언을 할 때, 머리 형태를 어떻게 해야 하는지에 관한 지침을 준다. 이는 크게 보면, 공동체 안에서 여러 은사들의 사용에 질서가 부여되어야 한다는 12-14장의 지침과 일맥상통한다. 그러나 11:2-16은 특별히 여성과 남성, 즉 젠더 차이에 집중해서 지침을 준다는 점에서 눈길을 끈다. 11:2-16에서 바울의 논의는 다소 복잡하고, 마치 길을 잃은 것처럼 보인다. 먼저, 11:2에서 바울은 이전에 고린도를 방문했을 때 자신이 그들에게 전수하여 준 전통을 상기시킨다. 그리고 그것을 고린도의 신자들이 잘 붙들고 있음을 칭찬하는 이야기로 논의를 시작한다. 아마도 그 전통은 공동체의 질서에 관한 내용이었을 것이다. 그리고 11:3에서 바울은 고린도 신자들이 "각 남자의 머리는 그리스도요 여자의 머리는 남자요 그리스도의 머리는 하나님"이라는 점을 이해하기를 원한다고 말한다(고전 11:3).

이 신학적 원리는 그 다음에 진행될 바울의 실질적 권면, 곧 에클레시아에서 여자들이 기도나 예언을 할 때 머리를 가려야 한다는 권면을 위한 전제가 된다.[24] 이때 바울은 남자와 여자 사이에 서로 다른 지침을 주면서, 성별 간 위계 관계를 설정하는 것처럼 보인다. 바울은 다양한 근거를 끌어 오는데, 예컨대 창세기의 창조 기사에서 남자와 여자의 창조 순서(고전 11:8), 묵시문학에서 발전된, 타락한 천사들과 인간 여자에 관한 이야기(고전 11:10), 본성에 대한 호소(고전 11:14), 그리고 여러 에클레시아들에서 이미 관습적으로 정착한 규율에 대한 호소(고전 11:16) 등이다.

그런데 반대로, 바울은 이러한 남녀 차이에 근거한 명령을 상쇄시키는 듯한 단서들을 주기도 한다. "주 안에는 남자 없이 여자만 있지 않고, 여자 없이 남자만 있지 [않다]"는 11:11은 갈라디아서 3:28("너희는 유대인이나 헬라인이나 종이나 자유인이나 남자나 여자나 다 그리스도 예수 안에서 하나이니라")을 떠오르게 한다. 물론 창세기의 창조 기사를 고려했을 때 여자가 남자에게서 나온 것은 맞지만, 출생 시 모든 남자는 여자에게서 태어나므로 남자 역시 여자에게서 나왔다고 말할 수 있다. 궁극적으로 남자든 여자든 하나님께 그 기원을 갖는다(고전 11:12). 11:2-16 단락의 마지막 절(고전 11:16)에서 바울은 약간 윽박지르듯이, "너희 가운데 이견이 있을지라도 관습적으로 내 말을 따르라"는 식

---

24 머리를 가린다는 것이 머리 위에 무엇인가를 쓰는 것인지, 혹은 특정한 종류의 헤어스타일을 가리키는 것인지에 관해서는 여러 논의가 있다. Anthony C. Thiselton, *The First Epistle to the Corinthians*, NIGTC (Grand Rapids: Eerdmans, 2000), 823-826을 참고하라. 어떤 재구성을 택하든, 현재 본문에서 바울의 논지가 여자와 남자가 공예배에서 머리를(즉, 몸을) 어떤 방식으로 드러내는가에 있어서 가시적인 차이를 두고자 한다는 점은 분명하다.

으로 말하는데, 이는 그도 자신의 구불구불한 논증이 전적으로 받아들여지지는 않을 것을 예상하고 있기 때문이다. 고린도 신자들 가운데 누군가는 갈라디아서 3:28과 같은 바울의 가르침을 떠올려, 손을 들고 바울의 말에 이의를 제기할지도 모르는 일이다. 그러나 11:2-16에서 분명한 것은, 바울은 여자들이 에클레시아에서 기도나 예언과 같은 말하기 활동을 하는 것을 자연스럽게 받아들이고 있었다는 점이다.

일부 학자들에게, 고린도전서 11:2-16은 고린도 공동체의 "열광주의자들", 영적 은사들이나 지식 등에 고취된 자들이 자신들을 마치 현세의 질서(젠더 질서를 포함해서)를 초월한 이들로 여기는 태도에 바울이 브레이크를 거는 본문으로 여겨진다.[25]

그런데 다음 장에서 자세히 살펴보겠지만, 바울 자신이 강조하는 미래 종말과 메시아의 도래에 관한 메시지는 현 시대의 질서, 로마의 질서를 교란할 만한 가능성을 충분히 가지고 있었다. 바울 자신도 그리스도 안에 있는 이들이 실제로 현세의 질서를 초월한 존

---

25 열광주의, 혹은 과도하게 실현된 종말론을 문제로 보는 견해는 Witherington, *Conflict and Community in Corinth*, 236; 김세윤, 『고린도전서 강해』(전자책), "III. 고린도 교회의 편지에 답함"; 그리고 Ernst Käsemann, *Commentary on Romans*, trans. Geoffrey W. Bromiley (Grand Rapids: Eerdmans, 1980), 240-243(롬 8:26-27을 고전 14장과의 연관성 속에서 이해함)을 보라. 물론 바울이 고린도전서에서 교회 내에 질서를 부여하려고 하는 것은 사실이지만, 이것을 열광주의와의 대결로 보는 것은 설득력이 떨어진다. 또한 호른(F. W. Horn)의 영-열광주의 가설을 비판하는 김판임, 『바울과 고린도교회』, 31-32도 참고하라.

재라고 생각했다. 바울이 그의 편지에서 그려내는 그리스도 공동체는 새 창조가 선취적으로 이뤄진 공간이었고(갈 6:15; 고후 5:17 참고), 적어도 그 안에서는 위계질서와 차이가 존재했던 여러 사회문화적 조건들과 정체성이 상대화되었다(갈 3:28). 종말론적으로 가능했던 특수한 이방인, 곧 유대인이 되지 않고서도 배타적으로 유대인의 하나님만을 경배하는 이방인의 범주가 이제 그리스도 공동체 안에서 사회적 현실이 되고 있었다. 어떤 이들이 보기에는 바울(바울의 대적자들이 아니라!) 역시 충분히 열광주의자로 보였을 것이다.

이제 다시 고린도전서 14장으로 돌아가 보자.

> [34] 여자는 교회에서 잠잠하라 그들에게는 말하는 것을 허락함이 없나니 율법에 이른 것 같이 오직 복종할 것이요 [35] 만일 무엇을 배우려거든 집에서 자기 남편에게 물을지니 여자가 교회에서 말하는 것은 부끄러운 것이라 (고전 14:34-35)

우리가 관심을 가지고 살펴보는 14:34-35에서 나타나는 해석적 어려움은 크게 세 가지 정도가 있다.

첫째, 여자가 에클레시아 안에서 침묵하도록 명령하는 14:34-35은, 여자가 예언하고 기도하는 것을 전제한 채로 다만 머리 스타일에 관해서 권면하는 11:2-16과 모순되어 보인다. 바울은 11장에서는 여자들의 예언과 기도의 발화를 당연하게 받아들였으면서, 어떻게 14장에 와서는 여자들의 발언 자체를 막는 명령을 할 수 있을까?

둘째, 고린도전서 14장의 전체적 맥락 안에 14:34-35을 놓고 보면, 두 구절의 흐름이 매끄럽지 않아 보인다. 바울은 바로 앞 단락(고전 14:26-33)에서 2인칭 복수 형태의 동사나 대명사를 통해, 영적 은사들의 사용에 관해 권면했다. 그러나 14:34-35에서는 갑자기 2인칭이 아닌, 3인칭 복수를 사용하여 여자들의 발화에 관한 지침을 준다. 그리고 14:36부터는 다시 2인칭 복수로 돌아와 영적 은사들의 사용에 관해 권면한다. 다시 말해, 34-35절을 빼고 읽는다면, 14장은 좀 더 매끄럽게 읽힐 수 있다.

셋째, 14:34-35에는 본문비평적 이슈가 있다. 서방 사본들에는 14:34-35이 현재 우리에게 익숙한 위치(33절과 36절 사이)가 아니라 14:40 뒤에 나타난다.[26] 다시 말해, 34-35절은 사본학적으로 그 위치가 다소 불안정하다.

14:34-35은 바울 해석사 가운데 적어도 세 가지 방식으로 이해되어 왔다. 어떤 해석자들은 윗 문단에서 제시한 해석적 난점들을 바탕으로, 34-35절이 바울의 말이 아니라 바울 이후에 누군가가 써놓은 난외주가 본문의 필사 및 전달 과정에서 고린도전서 본문(33절에서 36절 사이든, 아니면 40절 뒤의 위치든)에 삽입된 것으로 추측한다. 신학적으로 볼 때 반대쪽 끝에 있는 또 다른 해석자들은, 두 구절을 바울 자신의 것으로 여길 뿐 아니라 더 나아가 오늘날 교회에서 여성 안

---

26 대부분의 표준적 주석들이 이 본문의 비평적 이슈, 그리고 해석사 내에서 해석상 여러 선택지들에 관해 설명한다. 자세한 내용으로는 Fee, *The First Epistle to the Corinthians*, 780-792을 참고하라. 고든 피는 이 두 구절이 바울의 말이 아니라 삽입된 것으로 이해한다.

수를 반대하는 근거로 사용하기도 한다. 한편, 중간에 있는 입장에서는 이 본문을 바울의 말로 여기면서도, 당시 고대 사회의 문화, 혹은 당시 고린도 공동체의 특수한 상황에 근거한 것으로 맥락화하여 이해하기도 한다. 즉, 오늘날 기독교인 여성의 상황에 적용하기는 곤란하다는 점을 인정하는 것이다. 물론 이것은 아주 거칠게 요약을 한 것이고, 이보다 더 세분화되고 복잡한 입장들이 존재한다.

일단 나는 고린도전서 14:34-35이 바울 자신의 말이 아니라는 결론은 본문비평 차원에서 확증될 수 있다고 생각하지는 않는다.[27] 그러나 바울서신 전체와의 사상적 일관성을 놓고 본다면, 두 구절은 바울 진정서신을 통해 재구성한 바울의 사상과는 긴장 관계에 있고 오히려 목회서신과의 친연성을 드러낸다(예: 딤전 2장). 이런 측면

---

27 현재 우리가 가진 신약 사본들을 보면 고린도전서 14:34-35의 위치가 바뀌어 있는 경우는 있지만, 두 구절이 완전히 빠져 있는 경우는 없다. 34-35절을 40절 뒤에 위치시킨 서방 사본들은 두 구절이 갖는 해석상의 어려움을 해결하기 위해 본문의 위치를 옮기는 방향으로 해결점을 찾고자 했던 서기관들의 노력을 반영하는 것으로 보인다. 외적 증거상, 대부분의 우수한 사본들은 현재 NA28판에서 채택하였고, 대부분의 현대 번역이 반영하고 있는 34-35절의 현재 위치(즉, 33절과 36절 사이에 위치하는 것)를 지지한다. 두 구절이 바울의 말이 아니며 삽입된 것이라는 견해를 지지하는 입장으로는 앞서 언급한 고든 피의 고전적 논의를 참고하라. 최근의 한 본문비평 논문은 이 34-35절의 본문비평 이슈를, 고린도전서의 다른 부분에 나타나는 성차별적 이독들(고전 14:37, 16:19 등)과 결부시켜 고려했을 때, 실제로 두 구절이 초기 사본에서 아예 부재했었을 가능성을 높여 준다고 주장한다. Richard G. Fellows, "The Interpolation of 1 Cor. 14.34-35 and the Reversal of the Name Order of Prisca and Aquila at 1 Cor. 16.19," *JSNT* (2024): 1-39. (아직 발행호 수가 미배정된 논문이다.)

에서 두 구절은 후대의 삽입일 가능성이 있다. 이 책에서 나는 두 구절의 진정성 여부와 관련하여 한 쪽 입장을 강하게 지지하는 논증을 펼치려는 것은 아니다. 사실, 역사적 바울의 저작 여부와 관계 없이, 두 구절 역시 정경이라는 차원에서 본다면 동일한 정경적 지위를 갖고 있다.[28] 그러나 정경에 나오는 모든 구절이 오늘날의 교회 현실에 동일하게 적용되지는 않는다. 이를테면, 고린도전서 11:2-16을 생각해 보라. 오늘날 보수적인 개신교 교회에서도, 여성에게 머리를 가린 채로 기도나 예언을 하라고 요구하거나 머리를 짧게 자른 여성에게 면박을 주지 않는다. 오늘날 우리에게 무엇이 유의미한지, 혹은 어떻게 유의미한지를 결정하는 해석학적 판단은, 해당 구절의 역사적 진정성 여부에 달려 있지 않다.

여기서 고린도전서 14:34-35을 현대의 여성 안수 이슈에 적용하는 교회의 관습에 관해 잠시 이야기하고자 한다. 오늘날 특정 교단이나 교회에서 고린도전서 14:34-35을 여성 목사 안수 및 장로 안수를 반대하는 근거 본문으로 삼는다면, 그것은 그 교단(교회)의 자유라고 말할 수 있을 것이다. 하지만 나는 그렇게 하는 이들이 그렇게 하지 않는 이들보다 더 "문자적으로" 성경을 이해하는 사람들이라

---

28 이는 신약성경의 다른 부분에서 이루어지는 진정성 논의에도 동일하게 적용된다. 골로새서나 에베소서를 바울이 직접 썼든, 바울의 유산을 이어받은 다른 이들이 썼든, 그 문서들은 모두 기독교 정경 안에 포함되어 있으며, 우리가 기독교 전통의 일부분으로 이어받았다. 교회 내에서 해당 문서(혹은 그 안의 특정 본문)를 사용할 때, 바울이 직접 쓴 것과 아닌 것 사이의 구분이 그것의 기독교 내 규범적 권위의 문제와 직접적으로 연결되진 않는다.

고 생각하지 않는다. 고린도전서 14:34-35로 여성 안수를 반대하는 사람들은 성경을 여전히 선택적으로 해석하고 있음을 인정할 필요가 있다. 누군가 완전히 문자적으로 이 말씀을 적용한다고 말하고자 한다면, 그 사람은 여자들이 교회 안에서 목소리를 내는 위치에 있는 모든 경우를—교육부서의 전도사든, 교사든, 성가대나 찬양팀이든, 봉사 부서나 사역팀의 리더든—차단시켜야 마땅할 것이다. 그리고 집에서 직접 물을 남편이 없는 여자는 이 지침에서 완전히 배제된다고 말해야 할 것이다. 유독 여성들이 목사 안수를 받거나 장로 안수를 받는 것을 제한하는 용도로 고린도전서 14:34-35을 사용하는 것은, 하나님의 말씀을 문자적으로 받은 결과가 아니라 특정한 방식으로 그 본문을 해석한 결과임을 인정해야 한다.

앞서 말한 대로, 이 본문의 해석과 적용은 해당 교단이나 교회가 정책적으로 판단할 영역이다. 그러나 내 읽기에 따르면, 고린도전서 14:34-35은 여성이 목사가 될 수 없다고 말하는 본문이 아니다. 일단, 현대어에서 "목사"(pastor)라고 번역될 가능성이 있는 그리스어 단어 **포이멘**은 신약성경에 자주 등장하지 않는다. 에베소서에서 바울이 **포이멘**이라는 단어를 한 차례 언급하는데(엡 4:11), 그러나 그 단어로 지칭된 직분자가 정확히 어떤 역할을 수행하는지는 본문상에서 불확실하다. 목회서신으로 가 보아도, **포이멘**이라는 단어는 나오지 않는다. 물론, **포이멘**이라는 단어에만 집중할 필요는 없다. 예를들어, 목회서신에 나오는 장로(프레스뷔테로스)나 감독(에피스코포스)과같은 용어가 오늘날로 친다면 아마도 목회적 역할을 지칭할 수 있을 것이다. 하지만 다시 고린도전서 14:34-35로 돌아와 보면, 두 구절에는 **포이멘**은 물론, **프레스뷔테로스**나 **에피스코포스**와 같은 용어조차 등장하지 않음을 알 수 있다. 14:34-35은 에클레시아에서 여성의 말하기를 금지하는 본문이지, 직분에 대한 본문이 아니다.

바울에게는 목회자적인 특성이 있었고, 그의 편지는 오늘날의 목회자들에게도 지침을 준다. 그러나 바울은 현대적 의미의 교회 목사가 아니었고, 고린도전서 14:34-35에서 콕 집어서 여자가 (현대적 의미의) 목사가 될 수 없다는 금지 명령을 준 것도 아니다. 한 번도 자신을 목사(포이멘)라고 부른 적이 없는 바울에게는 몇 가지 다른 자기 호칭들이 있었다. 그 가운데 가장 자주 등장하는 것은 사도라는 호칭이며, 때로는 스스로를 가리켜 **디아코노스**라고 부르기도 했다(고전 3:5; 고후 3:6 등).[29] 여기서 우리가 꼭 기억해야 할 것은, 바울이 이 호칭들(사도, 디아코노스)을 남자에게만 국한시키지 않았다는 점이다. 우리는 바울처럼 동일하게 사도라고 불린 여성("유니아"[롬 16:7])과 바울처럼 동일하게 **디아코노스**라고 불린 여성("뵈뵈"[롬 16:1])에 관해 알고 있다.[30] 더군다나 뵈뵈는 고린도와 인접한 겐그레아 에클레시아의 **디아코노스**였다. 바울이 고린도전서 14:34-35과 같은 지침을 가지고

---

29 디아코노스는 흔히 집사(deacon)라는 직함을 가리키는 것처럼 이해되지만, 사실 신약성경에서는 다양한 대상을 지칭하는 용어이다. 이 단어는 바울에게 적용되었을 뿐 아니라, 그리스도에게도 사용되며(롬 15:8) "위에 있는 (세속)권세"를 가리킬 때도 사용된다(롬 13:4).

30 유니아와 뵈뵈에 관해서는 비벌리 로버츠 가벤타, 『로마서에 가면』, 이학영 옮김(도서출판 학영, 2021), 34-47을 참고하라.

유니아에게 "당신은 여자이기에 사도가 될 수 없다"고 말하거나, 혹은 고린도 근처에 있는 뵈뵈에게 "당신은 여자이기에 디아코노스라 불릴 수 없다"고 말하는 장면은 상상하기 어렵다.

현대 교회에서 안수 문제로의 적용 가능성 논란을 제쳐 두고, 바울의 텍스트 자체만 놓고 본다면, 고린도전서 14:34-35에서 바울은 여성들을 향해 차별적인 발언을 하는 것은 분명해 보인다. 11:2-16과 14:34-35에서 바울은 고린도의 에클레시아 공간을 남성 중심으로 젠더화된 공간으로 제시하는 듯하다. 그러나 나는 이러한 젠더화된 공간 질서가 바울 우주론의 불변하는 상수는 아니라고 생각한다.[31] 고린도전서 11장과 14장에 나타나는 젠더와 관련된 바울의 공

---

31 오클랜드(Økland, *Women in Their Place*)는 젠더화된 공간 질서를 바울 우주론의 중요한 한 부분으로 여긴다. 그 책에 나오는 주된 주장은 다음과 같다. 의례를 통해 구성된 고린도의 에클레시아(신전 공간)는 남성 중심으로 젠더화된 공간이었으며, 이것은 당시 그리스-로마 세계, 좁게 보면 로마령 고린도의 신전 담론에서의 남성/여성의 공간적 분화를 반영한다. 또한 바울의 에클레시아와 이교적 신전 양쪽 모두에 있어서 의례 공간의 젠더화는 우주론적 질서를 표현한다. 그러나 나는 로마령 고린도의 신전/의례 공간이 일반적으로 젠더화되어 있었다는 주장에 대해서 오클랜드만큼 확신하지는 않는다. 마찬가지로, 고린도전서 11:2-16과 14:34-35이 남성 중심의 의례적, 공간적 질서를 표현한다는 점에는 동의하지만, 그것이 오클랜드가 보는 것 만큼 바울의 우주적 질서에 관한 신념을 온전히 반영한다고 생각지는 않는다. 오히려, 고린도전서 11:2-16에 나오는 바울의 다소 힘겨운 논증은, 잘 짜여진 우주적 신념을 의례 공간에 적용하려는 모습보다는, 현실에서 벌어진 사안을 대응하기 위해 다소 억지스럽더라도 이리저리 필요한 말을 끌어오는 모습에 더 가깝다. 바울이 11:16에서 다소 윽박지르는듯이 논의를 마무리 짓는 것을 생각해 보라.

간 구성은 다소 비판적으로 이해할 필요가 있다. 바울은 예배의 질서가 유지되기를 원했고, 이는 혼돈으로부터 질서를 창조하신 이스라엘의 하나님께서 일하시는 방식을 반영하는 것이다. 하지만 종말의 때에 이스라엘의 하나님께서 일하시는 방식, 곧 메시아 예수 안에서 이루어진 새 창조가 성을 따라 구분되었던 기존의 공간을 어떻게 재구성할 수 있는지, 또한 갈라디아서 3장에서 언급된 비전이 이 고린도의 상황에 대한 구체적 응답과 어떻게 연관될 수 있을지, 바울은 아쉬운 침묵을 남긴다. 이를 통해서도 알 수 있듯이, 바울은 광범위하고 총체적인 신학을 저술한 것이 아니라, 특정한 공동체들을 위한 상황적 서신들을 남겼을 뿐이다.

1세기 고린도에서든 에베소에서든, 바울은 유일한 그리스도 신자가 아니었다. 그러나 2천년의 기독교 역사가 흘러가는 동안 바울은 기독교의 영웅으로 자리매김 했고, 바울의 사상은 기독교 전통 안에서 규범적 신학의 위치에 올랐다. 반면, 바울의 일차 청중들이었던 1세기 공동체들, 데살로니가인들, 고린도인들, 갈라디아인들, 로마인들, 그리고 그러한 청중들 안에도 속하지 않았던 바울의 "대적자들"의 목소리를 명확히 듣는 일은 매우 어렵다. 왜냐하면 그들이 바울에게 보낸 편지들이나 그들이 따로 쓴 글은 우리에게 전해지지 않았기 때문이다. 그들은 모두 바울의 텍스트 속에 유령처럼 존재한다. 많은 경우, 그들은 바울의 꾸지람의 대상, 비판의 대상, 무지하고 어리석으며 문제를 일으키고 잘못된 방향으로 가는 이들로 인식된다. 특히 여러 고린도전서 해석자들에 의해 그들은 열광주의

자, 원-영지주의자, 혹은 과도한 종말론에 경도되어 방종한 삶을 사는 자들로 낙인 찍힌다. 그들은 바울의 신학을 돋보이게 만드는 배경 역할을 한다. 고린도전서를 읽으면서 우리는(특별히 설교자들은) "바른 가르침"을 선포하는 바울을 자기 자신과 동일시하고, 고린도교회를 문제 투성이인 우리네 교회와 동일시하고자 하는 유혹을 받는다. 바울의 목소리를 빌려 내가 남에게 하고 싶은 말을 정당화하는, 일종의 신학적 복화술사가 되는 것이다. 그러나 우리는 바울이 아니며, 우리의 교회는 고린도교회가 아니다. 바울은 유일한 1세기 그리스도인이 아니라, 여러 그리스도인들 중 하나였다.

바울은 종말이 여기 와 있었음을 믿었다. 메시아의 임박한 도래라는 종말론적 기대(고전 7장), 그리고 그 메시아를 따르는 이들 가운데서 이루어진 사회문화적 정체성의 급진적인 상대화(갈 3장)는 바울의 사상과 실천의 한 측면이었다. 다른 한편, 바울이 가졌던 복음의 비전을 더 적극적으로 구현했던 이들은 고린도전서 14장의 바울이 아니라 고린도에 있었던, 이름이 기록되지 않은 여자들일 수도 있다.[32] 그들의 예언과 기도, 방언과 다양한 은사들의 의례는 바울이

---

32 Antionette Clark Wire, *The Corinthian Women Prophets: A Reconstruction through Paul's Rhetoric* (Minneapolis: Fortress, 1990). 수사비평을 과도한 거울 읽기와 결합했던 와이어(Wire)의 논증에는 방법론적 차원에서 여러 문제 제기가 일어날 수 있다. 하지만 그 책이 열어 준 비평적 관점의 중요성이 그로 인해 약화되지는 않는다. 와이어의 책 출간 30주년을 맞아서, 그 책이 신약학계에 미친 영향을 조명하는 여러 학자들의 글이 담겨 있는 편서도 출간되었다. Joseph A. Marchal (ed), *After the Corinthian Women Prophets: Reimagining Rhetoric and Power* (Atlanta: SBL, 2021).

11-14장에서 상정한 젠더화된 공간과 다른 종류의 공간을 창조적으로 만들고 있었을지도 모른다. 그들은 그리스도 안에서 새로워진 자신의 정체성을 그러한 은사들로 수행하고 있었을 수도 있다. 르페브르(Lefebvre)의 범주를 빌려 표현해 보자면, 바울의 편지는 고린도의 의례화된 신전 공간이 젠더와 어떻게 교차하는지를 규범화하려 시도하지만(공간 재현[representations of space]), 그와 별개로 고린도에 있었던 이들은 다양한 방식으로 그 공간을 살아가고 변화시키며, 그 공간의 구성에 참여했을 수 있다(재현 공간[representational spaces]).[33] 궁극적으로, 우리는 고린도전서에서 바울의 말을 듣고자 하는 것이 아니라 바울을 통해서, 바울과 그의 공동체의 상호 작용을 통해서, 그리고 때로는 바울을 거슬러 말씀하시는 하나님을 듣는다.

---

33 공간 실천(spatial practice), 공간 재현(representations of space), 재현 공간(representational spaces)에 관한 간략한 정의는 Henri Lefebvre, *The Production of Space*, trans. Donald Nicholson-Smith (Oxford: Blackwell, 1991), 33, 38-39을 보라.

5장 은사와 젠더 요약

5장에서 우리는 공동체의 예배 상황에서 나타날 수 있는 방언이나 예언과 같은 은사들 역시 의례로 이해할 수 있음을 지적하며 논의를 시작했다. 이러한 은사들은 그것이 나타나는 공간의 특성을 정의하고, 거기 속한 이들을 묶어주며, 또한 그러한 은사를 매개하는 이들의 권위를 강화한다. 고린도전서 12-14장을 통해 우리는 고린도 공동체 곧 에클레시아에서 은사들이 사용되었던 정황을 추정해 보았고, 바울이 그러한 은사의 의례적 사용과 그 의미를 어떤 방식으로 재조정하고 규범을 부여하려 했는지를 살펴보았다. 그리고 마지막으로 이 은사의 의례적 사용과 신전 공간, 그리고 젠더가 어떻게 상호 교차하는지를 탐구했다.

먼저 은사에 관한 바울의 권면의 토대가 되는 몇 가지 중요한 전제들을 다루었다. 첫째로, 고린도전서 12:4-11에 언급되었듯이 모든 은사가 한 성령에게서 기원한다는 점이다. 따라서 다양한 은사의 표출과 활용은 동일한 원천이라는 측면에서 일치성을 지닌다. 둘째로, 12:12-31에서 바울은 몸 은유를 사용하여, 주님의 몸인 고린도 공동체의 구성원들 가운데, 그리고 그들에게 나타나는 서로 다른 종류의 은사들 가운데, 아무런 위계 관계가 존재하지 않는다는 점을 강조한다. 고린도전서 12장 마지막 부분에서 바울은 은사를 경쟁적으로 사용하려는 경향이 고린도에 있었음을 암시한다. 그리고 13장에서는 근본적인 기독교적 가치와 태도이자, 연합을 위한 정치적 이념인 사랑의 중요성을 역설한다. 따라서 위계 관계는 소멸되는 것이 아니라 새로운 가치에 비추어 재설정된다. 모두가 동일하게 추구해야 할 "사랑"은 개별적인 모든 은사들보다 근본적, 영속적이며, 따라서 우월하다. 다시 말해, 바울은 구성원들 안에 필수적인 이들과 불필요한 이들이 있다는 생각, 혹은 은사들 가운데 우월하거나 열등한 것이 있다는 생각을 거부하면서도, 모든 은사들을 사랑에 비추어 상대화하는 방식으로 위계 관계를 새롭게 설정한다.

이 과정을 거친 후에 바울은 고린도전서 14장에서 본격적으로 방언과 예언, 두 가지의 은사 사용에 초점을 맞추어 이야기한다. 여기서 우리는 세 가지의 중요한 점을 살펴보았다. 첫째, 흔히 오해되는 것과 달리, 바울은 방언을 더 열등한 은사로 보지 않았다. 다만, 바울은 고린도 에클레시아(신전 공간)를 제대로 건축하기 위해서는 소통과 이해가 가능한 은사, 곧 예언이 더 유용하다고 보았다. 둘째, 소통 불가능한 방언과 소통 가능한 예언은 누가 공동체의 밖과 안에 있는지를 지시하는 경계 확증의 역할을 하는 의례가 되기도 한다. 셋째, 그럼에도 불구하고 방언과 예언의 차이는 영구하지 않다. 방언이 통역을 통해 예언과 실질적으로 동일한 기능의 의례—에클레시아를 세우는 데 참여하는 의례이자 외부인들이 경계를 투과하여 들어와 신전 공간을 채운 하나님의 임재와 질서를 경험하도록 초청하는 의례—가 될 수 있기 때문이다.

바울의 의례적, 공간적 규범이 가진 한계점은 여성과 관련된 고린도전서 14:34-35에서 드러난다. 바울은 11:2-16에서 이미 고린도 에클레시아의 여자들이 예배 가운데 기도나 예언과 같은 의례에 주도적으로 참여할 수 있음을 전제했다. 그러나 14:34-35에서 바울은 여자들이 에클레시아에서 전적으로 침묵하도록 명령함으로, 일견 11:2-16에 전제된 상황과 배치되는 것 같은 모습을 보인다. 고린도전서 14:34-35의 진정성 여부, 즉 그것이 바울의 말인지 혹은 후대의 삽입인지는 본문비평적인 차원에서 확실하게 결정될 수는 없다. 어느 쪽이든, 이 본문을 오늘날 현대의 교회에서 여성들의 직분이나 리더십을 제한하는 방식으로 사용하는 것은 재고해 볼 필요가 있다. 고린도전서 14:34-35 텍스트 자체를 놓고 보면, 고린도의 에클레시아(신전 공간)가 남성 중심으로 젠더화된 공간으로 상정된 것은 분명해 보인다. 하지만 바울의 텍스트가 제시하는 규범적 의례 해석, 공간 해석과는 별개로, 1세기의 그리스도 공동체들 가운데는 다양한 방식의 의례 수행과 공간 구성이 존재했을 것이다. 이름이 기록되지 않은 고린도 에클레시아의 여성들은 그러한 사회적 실재를 엿볼 수 있는, 그리고 오늘날의 실천을 위한 영감을 제공하는 통로가 된다.

이제 우리는 본서의 마지막 부분인 3부로 넘어간다. 지금까지 직접적으로 다루지 않았지만, 논의의 곳곳에 나타났던 바울의 시간 이해, 종말에 관한 이해가 3부의 중심 주제이다. 바울은 "현재"를 어떤 시간으로 이해했을까? 그리고 그 시간은 어떻게 공간적으로 표현되었고, 또한 어떻게 의례를 통해 구체화될 수 있었을까?

3부_공간의 시간성

하나님 나라는 이곳이란다
여전히 아프고 슬픈 일이 있지만
행복과 기쁨이 여전히 있는걸
우리가 하늘과 땅의 통로야

김준영, 송은정, 「그가 다스리는 그의 나라에서」

그리스도 안의 시간

이제는 은퇴하신지 꽤 된 큰아버지는 천문학과 교수셨다. 정확히 언제인지는 기억이 나지 않지만, 아마도 내가 저학년이었던 어느 명절에, 나는 타임머신에 관해 큰아버지께 질문을 던진 적이 있다. 미래에는 타임머신을 만들 수 있는 날이 올지 궁금했던 것이다. 큰아버지는 기차를 예로 들어, 타임머신 제작의 난관에 대해 설명해 주셨다. 만약 선로를 달리는 기차와 같이 시간도 한 방향으로 흐른다 치고 그 방향을 우리가 알 수 있다면, 진행방향으로(미래로) 더 빨리 갈 방법도 있을 것이다. 하지만 문제는 우리가 시간의 방향을 모른다는 것이 (내 기억에는) 큰아버지의 설명이었던 것 같다. 물론, 어린 나를 앞에 두고, 광속이나 상대성 이론을 거론하며 시간 여행의 난점을 설명하실 수는 없었을 것이다.

흔히, 시간의 흐름을 생각하는 두 가지 방식이 있다고 한다. 하나는 시간을 원환적(cyclical)으로, 곧 시간의 흐름이 마치 원을 그리듯 반복되는 것으로 여기는 것이고, 또 다른 하나는 시간이 일직선에 위치한 것처럼(linear) 한 방향으로 진행된다고 여기는 것이다.[1] 그러나 이것은 사람들이 시간을 공간적 이미지로 변환하여 나타낸 표상들일 뿐이다. 우리의 일상 경험은 이러한 원환적 시간과 직선적 시간 개념이 꼭 양자택일의 관계일 필요가 없음을 알려준다. 시간이 과거에서 현재, 미래의 한 방향으로 흐른다고 여기는 사람도, 반복되는 단위(날, 주, 월, 연, 월급일, 기념일 등)로 구성되어 되풀이되는 시간

---

[1] 고대 그리스인들은 시간을 원환적으로 본 반면, 고대 히브리인들은 시간을 직선적, 목적론적으로 보았다는 것이 시간 표상에 관한 일반적인 견해였다. 소광희, 『시간의 철학적 성찰』(문예출판사, 2001), 41-90에도 이러한 견해가 반영되어 있다. 그러나 고대의 증거 자체의 다양성에 비추어 보면, 이러한 거시적 이분법을 엄격하게 유지하기 어렵다. 첫째로, 히브리성경에서도 원환적 시간 표상이 자주 등장하며(예: 사사기), 시간의 종말이라는 단일한 목적지를 향해 직선적으로 흘러간다는 개념은 이스라엘 경전에 뚜렷하게 나타나지 않는다. "[히브리]성경에 의하면, '시간의 종말' 같은 것은 없다. 그러나 이상화된 미래에 관한 다양한 묘사들은 있다." Marc Brettler, "Cyclical and Teleological Time," *Time and Temporality in the Ancient World*, ed. Ralph M. Rosen (Philadelphia: University of Pennsylvania Museum of Archaeology and Anthropology, 2004), 124. 아마도 역사의 지평을 넘어선 종말에 대한 분명한 기대는 묵시문학, 특히 에녹계 전통에 이르러서야 처음으로 발견된다고 말할 수 있을 것이다(보카치니, 『바울이 전하는 세 가지 구원의 길』, 117-118). 둘째로, 원환적인 시간성을 그리스인들의 시간 표상의 전부로 여길 필요도 없다. 이를테면, 헤시오도스의 작품에는 시간의 원환적 구성(『일과 날』)과 직선적 구성(『신들의 계보』) 모두가 등장한다. Alex Purves, "Topographies of Time in Hesiod," in *Time and Temporality in the Ancient World*, 147.

에 맞추어 자신의 삶을 구조화한다. 특정한 종교가 없는 사람일지라도 한 방향으로 흐르는 것처럼 보이는 시간을 분절하는 시민 사회의 공통된 의례(새해, 연말, 몇 가지의 중요한 국가적 명절 혹은 휴일 등)에 참여한다. 다른 한편, 우리가 기본적으로 시간을 원환적으로 반복되는 구조라고 생각할지라도, 그 각각의 반복되는 사건들은 개별적으로 독특하게 경험되며 또한 불가역적이다.

그렇다면 기독교에서는 시간을 어떻게 이해하는가? 앞서 말한 두 가지의 시간 표상은 기독교의 시간 이해에서도 함께 나타난다. 기본적으로 기독교에서의 시간은 창조로부터 시작되어 그리스도의 초림, 그리고 그리스도의 재림과 더불어 맞이할 역사와 우주의 종말이라는 목표를 향해 흘러가는 직선적인 형태로 이해되곤 했다. 혹은 아우구스티누스를 따른다면, 시간은 아직 존재하지 않는 것(미래)으로부터 우리에게 와서 더 이상 존재하지 않는 것(과거)을 향해 흘러간다고도 말할 수도 있다(『고백록』11.21.27). 그러나 기독교 전통 안에서 이러한 직선적 시간 개념만이 있었던 것은 아니다. 대림절-성탄절-주현절로 이어지고, 사순절-부활절-성령강림절로 이어지는 교회력의 구조 및 세부적인 절기와 전례는 기독교인들의 시간을 그리스도의 이야기에 동기화하며, 그 순환의 시간을 몸으로 구현할 것을 요구한다.

직선과 순환의 시간 중 어떠한 표상을 따르든지 간에, 기독교인들에게 있어서 시간은 기계적으로 균질하지 않다. "구주와 함께 나 죽었으니 구주와 함께 나 살았도다"라고, 또한 "나의 생명을 드리니

주 영광 위하여 사용하옵소서"라고 찬양하며 고백할 때, 우리는 그리스도 안에 계신 하나님께서 부여한 새로운 시간의 의미를 살게 된다. 물론, 시간의 두 가지 표상 사이의 역동적 관계는 본서 3부에서의 주된 논점은 아니다.

일단 나는 고린도전서에서 "그리스도 안"이라는 표현이 어떻게 공간과 시간의 상호 교차를 나타내는지에 주목하고자 한다. 앞선 1부와 2부에서도 "그리스도 안"이라는 바울의 숙어를 종종 언급하긴 했지만, 그 의미를 자세히 따져보지는 않았다. 바울서신에서 "그리스도 안"이라는 말은 때로 "에클레시아 안"에 있다는 말과 비슷하게 들리기도 한다. "그리스도 안으로" 세례를 받은 사람들은 "그리스도 안에" 있게 된다고 말할 때(갈 3:27-28), 바울은 세례를 통해 그들이 그리스도 공동체 안으로 입회하게 되었음을 가리키는 것처럼 보인다. 그러나 또한 바울에게 있어서 "그리스도 안"은 이 땅에서의 에클레시아를 초월한다. 죽은 자들 역시 그리스도 안에 있기 때문이다(고전 15:18). 더구나, 로마서 6:3은 사회적, 공동체적 함의를 지닌 "그리스도 안으로 받은 세례"라는 전통을 "그리스도의 죽음 안으로 받은 세례"로 재정의하여 구원과 관련된 효력을 강조한다.[2] 곧 그리스도 안은 그리스도의 죽음으로 말미암아 창조된 구원의 영역이다.

정리하자면, "그리스도 안"은 가시적인 에클레시아와 밀접하게 관련되어 있지만, 단순히 에클레시아의 동의어는 아니다. 그리고 보면 "그리스도 안"이라는 표현이 기독교 역사 안에서 교회론, 기독

---

2   Jeong, *Pauline Baptism among the Mysteries*, 244-247.

론, 구원론, 종말론 등 다양한 신학적 함의와 더불어 끊임없이 탐구되어 왔던 것도 놀랄 일은 아니다. 특히 20세기 중, 후반 이후 (영어권) 신약학계에서는 (그리스도 안으로의) "참여"(participation)라는 개념이 중요한 해석적 틀이 되었기에, 이 "그리스도 안"이라는 바울의 참여적 표현은 더욱 중요하게 대두되었다.[3]

바울의 "그리스도 안"이라는 숙어는 기본적으로 그리스도를 하나의 공간으로 상정한다. 다이스만(Deissmann)에 따르면, "그리스도 안"에 있다는 것은 곧 영 안에 있는 것, 사람이 숨 쉬는 공기 안에 있는 것에 비견된다. 또한 슈바이처(Schweitzer)는 "그리스도 안"이라는 공간적 표현이 신비주의적이며 실제적인 연합을 지칭하는 것으로 이해했다. 하지만 근래에 테레사 모건(Teresa Morgan)은 문헌 비교를 통한 역사언어학적 관점에서 볼 때, 그것을 "그리스도의 손에 붙들려"라는 의미로 이해하는 게 더 낫다고 주장했다. 즉, 신자가 거하는 공간이나 신비주의적 연합을 가리키는 것이 아니라, 신자가 그리스도의 능력과 권세 아래 살아가는 삶을 표현한다는 것이다.[4] 그러나

---

3   해당 주제의 중요한 학자들의 글을 모은 2014년 편서 Michael J. Thate, Kevin J. Vanhoozer, and Constantine R. Campbell, *"In Christ" in Paul: Explorations in Paul's Theology of Union and Participation*, WUNT 2/384 (Tübingen: Mohr Siebeck, 2014)을 참고하면, 전반적인 논의의 지형 및 각 학자의 주저에 관한 정보를 얻을 수 있다.

4   앞서 언급한 Morgan, *Being 'in Christ' in the Letters of Paul*을 보라. 이 주제에 관한 가장 최근의 논의는 Barbara Beyer, *Determined by Christ: The Pauline Metaphor 'Being in Christ'* (Leiden; Boston: Brill, 2024)이다. 바이어(Beyer)는 누군가가 그리스도 안에 있다는 말은 곧 "그리스도에 의해 결정되고, 다

모건이 "그리스도 안"의 은유를 "그리스도의 손에 붙들려"라는 또 다른 은유를 통해 패러프레이즈 할 수밖에 없었다는 사실은 의미심장하다. 후대 기독교 역사 및 다른 종교 전통에서 발전된 신비주의를 전적으로 바울서신에 넣어 읽을 필요는 없겠지만, "그리스도 안"이라는 함축적 표현이 환기하는 공간의 은유는 바울 해석에 있어서 분명 중요한 의미를 가진다.

더 나아가, "그리스도 안"이라는 공간적 표현은 하나의 새로워진 시간성을 나타낸다.[5] 고린도전서 1장의 시작 부분으로 돌아가서 이 표현을 다시 생각해 보자. 편지의 서두에서 바울은 "그리스도 [예수] 안"에서 수신자들에게 주어진 하나님의 은혜로 인해 감사한다고 말한다(고전 1:4). 앞서 잠시 언급했듯이, 고린도 신자들이 "그리스도 안"에 있게 된 것은 곧 그들이 세례를 거쳤음을 암시한다. 세례와 관련해서 바울이 갈라디아서와 로마서에서 흔히 사용한 표현이 바로 신자들이 "그리스도 안으로" 세례를 받는다는 표현이었기 때문이다. 로마서 6장에서 말하듯, 그리스도 안으로 세례를 받은 자

스림을 받고, 그리스도에게 의존해 있는 상태"를 가리킨다고 주장한다. 바이어의 책은 은유 이론을 사용하고 의례에 대해서도 더 관심을 보였다는 점에서 모건과 다소 차이를 보이지만, 큰 틀에서는 모건의 주장과 유사한 지점이 많다. 바이어에 따르면, "그리스도 안"이라는 말은 신비주의적 연합에 관한 표현이 아니라, 그리스도의 권위 아래에 전적으로 붙들린 삶을 의미한다.

5 L. Ann Jervis, *Paul and Time: Life in the Temporality of Christ* (Grand Rapids: Baker Academic, 2023), 118. 또한 124를 보라. 저비스(Jervis)에 따르면, "바울은 그리스도와의 연합이 특정한 종류의 시간과의 연합을 포함한다고 간주했다."

는 그리스도의 죽음과 합하여 세례를 받은 것이다. 또한 갈라디아서 3장에서 말하듯, 그리스도 안으로 세례를 받고 그리스도 안에 거하게 된 이들은 이제 하나가 되었다. 이교도들은 그리스도 안에서 참 아브라함의 씨인 그리스도로 옷을 입음으로써 아브라함의 자손, 즉 하나님의 자녀들이 되었다. 즉, 그리스도 안에서 현재의 신자들은 과거의 사건(그리스도의 죽음, 아브라함의 약속)과 결합한다.

또한 그리스도 안에 있다는 것은 과거의 시간 자체를 바꾸는 효력이 있다. 고린도전서 1:30에서 바울은 자신과 고린도 신자들이 하나님께로부터 "나[와]서"(기원을 가리킴) 그리스도 "안에" 있다고(현재의 소속을 가리킴) 말한다.

> 너희는 하나님으로부터 나서 그리스도 예수 안에 있고 예수는 하나님으로부터 나와서 우리에게 지혜와 의로움과 거룩함과 구원함이 되셨으니 (고전 1:30)

세례를 통해 그리스도 안이라는 공간에 있게 된 고린도의 탈-이교적 이교도들은 이 공간에서 과거를 재방문한다. 이는 다른 서신에서도 비슷하게 나타난다. 앞서 살펴본, 로마서 6장에서 바울은 신자들이 현재 세례를 받아 그리스도 안으로 들어간다는 것을, 과거에 일어난 그리스도의 십자가 처형 및 매장을 경험하는 것과 일치되는 행위로 해석했다. 또한 갈라디아서 3장에서 바울은 그리스도 안에 있는 이교도들이 아브라함의 씨가 되어 아브라함 약속의 혜택을 받는다는 차원에서, 이교도를 이스라엘의 과거와 접붙였다. 고린도전서 1:30은 한 걸음 더 나아가 그들의 과거 계보(genealogy)가 완전한 변화를 겪었다고 암시한다. 이제 탈-이교도들은 이교의 신들로부터, 곧 이교적 세계로부터 온 자들이 아니라, "하나님께로부터 기원한 자들"로 선언된다. 따라서 그리스도 안은 마치 타임머신과 같다. 그 안에 탑승한 이는 과거를 재방문하여 새롭게 기록한다.

하지만 그리스도 "안"이라는 전치사는 무엇보다 현재의 시간이 갖는 의미에 스포트라이트를 비춘다. 그리스도 안은 그리스도를 통해 새롭게 구성된 생명의 시간이다. 경험적 차원에서 보면 세례라는 의례를 통해 구성된 그리스도의 공간은 신자들이 현재 누리고 있는 실재를 가리킨다. 그 안에서 과거(이스라엘의 역사, 그리스도의 죽음과 매장)의 지평이 현재와 융합되고, 또한 그 안에서 신자들은 미래의 완성을 기다린다(그들은 그리스도와 "함께" 있게 될 것이다[살전 4:17 참고]). 고린도전서 10:11에 나오는 수수께끼 같은 구절이 바로 시간들이 합류한 이 실재를 가리킨다.

> 그들에게 일어난 이런 일은 본보기가 되고 또한 말세를 만난 우리를 깨우치기 위하여 기록되었느니라 (고전 10:11)

10:11에서 바울은 "말세를 만난 우리" 다시 말해, "세대들(복수)의 끝들(복수)이 우리들 가운데 도착해 있다"고 말한다. 곧, 여러 세대들의 지평이 현재 그리스도를 따르는 공동체 구성원들 가운데 포개짐

을 말하는 것이다. 그리스도 안에서 과거와 미래의 지평이 현재로 존재한다는 바울의 사상은, 인간 의식의 현재 속에 과거와 미래라는 서로 다른 시간들이 함께 존재한다고 말했던 4세기 교부 아우구스티누스의 시간 철학을 떠올리게 한다. 그러나 1세기의 바울은 시간의 철학을 전개한 것이 아니며, 보편적인 이론이 아니라 그의 에클레시아에 관해 말했을 뿐이다.[6] 바울의 그리스도 안이라는 숙어는 질적으로 달라진 현재의 시간, 즉 그리스도의 시간을 가리킨다.

이미 언급하였듯이, 에클레시아가 그리스도 안과 동의어라 할 수는 없지만, 에클레시아 공간은 그리스도 안이라는 공간의 중요한 표현 방식 중 하나이다. 더구나, 에클레시아 공간은 그리스도 안에 있는 시간을 의례화, 시각화, 구체화한다. 그와 대비되어, 고린도전서에서 "세상"(코스모스)이라는 공간적 개념은 악한 "세대"(아이온)라는

---

6 『고백록』 11.26.33에도 나오듯이, 아우구스티누스는 시간을 정신의 연장 (*distentio*)으로 여긴다. 과거, 현재, 미래의 세 시제를 모두 현재와 관련시키는 다음의 문단은 우리에게도 잘 알려져 있다(『고백록』 11.20.26, 번역 및 강조는 나의 것이다). "이제 우리에게 분명해진 사실은 미래의 일들이나 과거의 일들이 존재하지 않는다는 점, 그리고 '과거, 현재, 미래, 이 세 가지 시간들이 있다'고 말하는 것이 부적절하다는 점이다. 그렇다면 다음과 같이 말하는 게 적절할 것이다. '과거의 일들의 측면에서의 현재, 현재의 일들의 측면에서의 현재, 그리고 미래의 일들의 측면에서의 현재라는 세 가지의 시간들이 있다.' 이 세 가지 종류의 시간들은 정신(*anima*) 속에 존재하지만, 그 밖에 어디서도 나는 그것을 볼 수 없다. **과거의 일들의 현재는 기억**(*memoria*)**이다. 현재의 일들의 현재는 주의 깊게 바라봄**(*contuitus*)**이다. 미래의 일들의 현재는 기대**(*expectatio*)**이다.** 우리가 이러한 방식으로 말할 수 있다면, 나는 세 가지의 시간들을 볼 수 있으며, 그것들이 세 가지로 존재한다는 것을 받아들인다."

시간적인 개념과 거의 동의어처럼 나타난다. 고린도전서 1:20에 연속적으로 나오는 질문들이 그것을 잘 보여준다.

> 지혜 있는 자가 어디 있느냐 선비가 어디 있느냐 이 세대(아이온)에 변론가가 어디 있느냐 하나님께서 이 세상(코스모스)의 지혜를 미련하게 하신 것이 아니냐 (고전 1:20)

고린도전서 2:6-16 역시 "이 세대(아이온)의 지혜"(고전 2:6, 개역개정에는 "세상의 지혜")와, "이 세상(코스모스)의 영"(고전 2:12) 등의 표현을 통해 두 개념이 호환 가능함을 암시한다. 또한 2:6의 "이 세대(아이온)의 지혜"는 3:19의 "이 세상(코스모스)의 지혜"와 평행되는 표현이다.[7]

정리하자면, 바울이 말하는 종말은 시간이 일직선적으로 흐른다는 단일한 관점만으로는 파악할 수 없다. 바울에게는 세상과 에클레시아의 공간적 대비가 시간을 표상한다. 이 세상이라는 공간은 멸망을 향해 가는 악한 세대라는 시간을 표상하는 한편, 에클레시아는 그리스도의 오심, 십자가 죽음, 그리고 부활로 인해 활짝 열린 그리스도의 생명의 시간을 공간화한다. 현대 물리학의 일반상대성 이론에 따르면, "공간 속의 모든 지점마다 다른 시간이 적용"된다고 한다.[8] 그와 같이 고린도 공동체와 세상을 나누는 공간적 경계선을

---

7   Joseph A. Fitzmyer, *First Corinthians: A New Translation with Introduction and Commentary*, AB 32 (New Haven: Yale University Press, 2008), 175..

8   카를로 로벨리, 『시간은 흐르지 않는다』, 이중원 옮김(쌤앤파커스, 2019), 24.

사이에 두고, 서로 다른 두 종류의 시간이 병치되어 있다.

참고로, 고대 맥락에서 시간이 공간을 통하여 표현되는 것은 바울에게만 국한된 것은 아니었다. 고대의 여러 전통에서 우리는 시간과 공간의 혼성 관계를 엿볼 수 있다. 특히 수직적인 공간들의 위상이 시간과 밀접한 관계가 있는 것으로 나타날 때가 많았다. 예를 들어, 『에녹1서』와 같은 유대 묵시문헌에서는 천상으로의 여행이 과거의 역사를 회고하고 장차 다가올 일에 관한 계시를 받는 통로가 되곤 한다. 즉, 천상이라는 공간은 지상과 다른 시간성을 지닌다. 기독교적 편집 작업이 가미된 묵시문헌인 『이사야 승천기』에서 이사야는 환시 가운데 여러 층으로 된 천상을 여행한다. 이 문헌은 겉옷으로 표현된 영광의 몸이 7층 하늘에 보관되어 있다가 주님의 귀환 때 성도에게 주어지는 것처럼 묘사함으로써, 천상이라는 공간에 종말의 시간성을 부여한다.

반면, 고대 그리스 서사시인 헤시오도스의 『일과 날』 및 『신들의 계보』에서는 지하라는 공간과 시간을 밀접하게 연결시킨다. 『일과 날』에서 곡식을 항아리에 담아 땅 속에 저장해 두는 것은, 곧 다 쓰이지 않은 현재를 장래를 위해 남겨두는 행위이며, 『신들의 계보』에서 땅 속, 곧 타르타로스는 패퇴한 과거의 신들을 영원한 정체 상태, 즉 영원한 과거에 묶어 두는 일종의 평행우주다.[9] 이렇게 수직 관계로 표현되는 공간들이 시간성을 나타낼 수 있었다는 점은, 바울서

---

9   『일과 날』 및 『신들의 계보』에 나오는 시간의 토포그라피에 관한 분석은 Purves, "Topographies of Time in Hesiod," 147-68을 참고하라.

신을 이해하는 데에도 어느 정도 도움을 줄 수 있다. 예컨대, 빌립보서 2:10에 나오는 하늘, 땅, 땅 아래라는 공간들은 각 공간에 거하는 존재들뿐 아니라, 그 공간이 표상하는 모든 종류의 시간을 포괄하는 것으로 읽을 수 있는 가능성이 열린다.

> 하늘에 있는 자들과 땅에 있는 자들과 땅 아래에 있는 자들로 모든
> 무릎을 예수의 이름에 꿇게 하시고 (빌 2:10)

그러나 본서에서 바울에게 있어 그리스도 안이라는 공간적 표현이 시간을 나타낸다고 말할 때, 나는 이러한 수직적인 공간 관계에서 표현되는 시간에 관심을 두는 것은 아니다.

그리스도 안이라는 공간은 하나의 은유이며, 그것은 에클레시아 공간과 세상의 공간의 수평적 병치 관계 속에서 가시화, 구체화, 혹은 협상과 조정을 거친다. 한편, 앞으로 고린도전서 7장과 15장을 통해 살펴보겠지만, 그리스도 안이 나타내는 시간은 제국의 정치적 권력과 경제적 생산성을 위해 제국 신민들의 몸을 통제했던 로마 제국의 시간 규범성과 불화의 관계가 있다.[10] 다시 말해, "그리스도

---

10 시간 규범성(chrononormativity)이라는 개념에 관한 설명은 퀴어 시간성 (queer temporalities)을 연구하는 엘리자베스 프리먼(Elizabeth Freeman)의 저서에 나온다. 프리먼에 따르면, 퀴어 시간성은 시간 규범성을 교란한다. Elizabeth Freeman, *Time Binds: Queer Temporalities, Queer Histories* (Durham and London: Duke University Press, 2010). 물론, 프리먼의 논의에서 퀴어 시 간성은 아직 오지 않은 유토피아적인 미래 시간을 가리키는 것이 아니라, 과

안"은 제국의 시간을 혼란스럽게 만드는 대안적인 시간성을 가능하게 한다.

다른 한편, 그리스도 안에 있는 대안적 시간성은 일종의 제의 조합인 에클레시아 안에서 역설적이게도 새로운 시간 규범성으로 고착화되기도 한다. 예를 들어, 고린도전서 6:9-11은 이교도 출신 고린도 신자들이 세례를 통해 그리스도의 시간(이교적 과거에서 벗어난 현재)과 공간(하나님의 나라로 연결됨) 안으로 들어왔음을 보여준다..

> [9] 불의한 자가 하나님의 나라를 유업으로 받지 못할 줄을 알지 못하느냐 미혹을 받지 말라 음행하는 자나 우상 숭배하는 자나 간음하는 자나 탐색하는 자나 남색하는 자나 [10] 도적이나 탐욕을 부리는 자나 술 취하는 자나 모욕하는 자나 속여 빼앗는 자들은 하나님의 나라를 유업으로 받지 못하리라 [11] 너희 중에 이와 같은 자들이 있더니 주 예수 그리스도의 이름과 우리 하나님의 성령 안에서 씻음과 거룩함과 의롭다 하심을 받았느니라 (고전 6:9-11)

그런데 그들이 5장과 6장에 암시된 것처럼 공동체 바깥의 불의한 이교도의 행실을 끊어내지 않는다면, 이는 공간을 혼동하는 문제일 뿐 아니라, 또한 그리스도 안에서 질적으로 달라진 시간을 혼동하

거의 조각들을 새롭게 읽고 해석하고 향유하는 것, 곧 "문화적 잔해의 무더기를 질질 끌고 와서(drag) 특이한 형태로 쌓아"(*Time Binds*, xiii), 일종의 엇나간 시간성을 구현하는 역사서술적 실천을 가리킨다.

는 문제가 된다. 바울은 세례가 만든 공간과 시간의 규범을 위반하는 자는 바깥으로 추방되어야 한다고 일갈한다.

건축하는 이들의 미래

고린도의 그리스도 신자들은 그리스도 안에 있다. 그리고 이 그리스도 안에서 공간과 시간은 새롭게 된다. 그러나 그 선언이 무색하게도, 고린도 공동체 즉, 에클레시아는 다양한 종류의 진통을 겪는다. 크게 보면, 공동체의 분열의 문제지만(고전 1-4장), 앞서 우리가 살펴 보았듯이 바울은 그 외에도 다양한 문제들을 편지 곳곳에서 언급하고 있다. 그리스도 안에 있음에도 왜 여전히 문제를 겪는가? 일종의 이상과 현실의 괴리인 것일까? 아니면, 기독교의 종말론을 이해하는 고전적인 방식인, "이미"와 "아직" 사이의 긴장인 것일까?[11]

구원사적 바울 해석과 묵시적 바울 해석 양쪽 모두가 전제하는 두 시대(옛 시대와 새 시대)의 겹침이라는 시나리오를 비판적으로 다루는 앤 저비스(Ann Jervis)의 최근 저작은 "이미"와 "아직"의 긴장의 구도가 바울의 시간성 이해에 들어맞지 않는다고 주장했다. 바울과 그의 공동체는 "부분적으로만 그리스도 안에 있고, 또 부분적으로는 악한 세대 안에 있는 것이 아니라, 전적으로 그리스도 안에 있

---

11   Oscar Cullmann, *Christ and Time: The Primitive Christian Conception of Time and History*, trans. Floyd V. Filson (Philadelphia: Westminster, 1962), 81-93.

다."[12] 그들은 온전히 그리스도의 시간, 생명의 시간을 산다. 바울은 다가오는 새 시대가 아니라 그리스도에 관해서 말할 뿐이다.[13]

저비스의 정의에 따르면, 그 주체가 변화를 겪어야 시간의 흐름에 관해 말할 수 있다. 그러나 종말에 펼쳐질 시나리오(예: 고전 15장)는 그리스도가 누구인지, 그리고 그리스도 안에 있는 이들이 누구인지에 대해 시간적 의미에서 그 어떤 변화도 가져오지 않을 것이며, 영광 가운데 오시는 그리스도가 행하실 것은 오직 "그리스도의 현재 시제를 덮은 베일을 들어 올리는 것"뿐이다.[14] 저비스의 통찰은 바울의 시간성을 이해하는 데 있어서 매우 의미심장하다. 하지만 바울이 그리스도 안에 있는 이들은 생명의 시간을 누린다고 확신했음에도 불구하고, 몇몇 이들에게 다가올 미래의 심판과 보상의 그림을 완전히 지우지 않았다는 점이 간과되어서는 안 된다.[15] 또한 바울은

---

12 Jervis, *Paul and Time*, 56.

13 Jervis, *Paul and Time*, 48-49.

14 Jervis, *Paul and Time*, 88-89.

15 아래서 내가 다룰 고린도전서 3장은 저비스의 주장을 부분적으로 비판하는 근거가 될 수 있을 것이다. 저비스는 자신의 책에서 이 본문을 간략하게만 언급한다(Jervis, *Paul and Time*, 92). 또한, 저비스는 바울의 종말 시나리오가 그리스도 자신의 존재에 아무런 변화도 가져오지 않을 것이라 말한다. 그런데 저비스는 현재 그리스도의 고양된 상태가 그대로 나타날 것이라고 말하면서도, 그리스도가 하나님께 "궁극적으로 복종하게 될 사건"은 한 가지 예외(except for)라고 인정한다. Jervis, *Paul and Time*, 88. 이 예외는 저비스의 현재적 강조점에 의문을 제기하게 만든다. 그리스도가 겪을 미래적 변화를 부정하기보다는, 미래에 펼쳐질 종말의 시나리오가 그리스도의 변화를 포함하고 있다고 말하는 것이 바울의 텍스트에 더 충실한 해석일 것이다.

곳곳에서 의례를 통해 과거와 현재와 미래가 다양한 방식으로 포개어진다는 개념을 표출한다. 하나님의 눈으로 본다면 이와 같은 시간성은 무화될 수도 있겠다. 그러나 시간의 흐름에 관해 말할 때, 특히 미래에 관해 말할 때, 나는 하나님의 입장이 아니라 시간의 흐름을 경험하는 우리 인간의 입장에서 말하고자 한다.

고린도전서 3-4장에서 중요한 것은 고린도의 신자들과 지도자들(바울을 포함) 사이의 구분이다. 바울은 이러한 구분에 근거하여, 서로 다른 인간 지도자들을 추종하여 분열이 생긴 고린도 공동체를 교정하고자 한다. 이는 이중적인 메시지를 포함한다. 한편으로 바울은 고린도 공동체 구성원들이 그리스도의 공간에서 그리스도의 시간을 사는 고양된 존재라고 선언한다. 그러나 다른 한편, 바울은 이 공동체를 구성하는 사람들을 재료로 하여 지어지고 있는 건축물, 곧 하나님의 신전이 정말로 탄탄한지는 종말의 순간에 최종적으로 검증된다고 엄중히 경고한다. 그리스도 안이라는 공간과 시간에 있으면서도, 이 공동체는 여전히 미성숙한 모습을 보이며 위태롭기만 하다.

그런데 고린도전서 3-4장의 논의를 따라가다 보면, 바울이 날카롭게 경고를 날리는 주된 대상은 미성숙한 고린도 공동체 자체가 아니라, 그러한 미성숙한 공동체의 모습을 틈타 분열을 일으키는 일부 사람들, 혹은 지도자들이다. 바울은 특히 지도자들이 맞이할 심판의 시간에 대해서 말한다.

먼저, 바울이 고린도 신자들의 고양된 현재를 어떻게 묘사하는

지 살펴보자. 세상의 지혜와 하나님의 어리석음을 비교하는 고린도전서 1장의 주제를 다시 이어 받아 연주하는 고린도전서 3장 끝부분을 생각해 보자.

> [18] 아무도 자신을 속이지 말라 너희 중에 누구든지 이 세상에서 지혜 있는 줄로 생각하거든 어리석은 자가 되라 그리하여야 지혜로운 자가 되리라 [19] 이 세상 지혜는 하나님께 어리석은 것이니 기록된 바 하나님은 지혜 있는 자들로 하여금 자기 꾀에 빠지게 하시는 이라 하였고 [20] 또 주께서 지혜 있는 자들의 생각을 헛것으로 아신다 하셨느니라 [21] 그런즉 누구든지 사람을 자랑하지 말라 만물이 다 너희 것임이라 [22] 바울이나 아볼로나 게바나 세계나 생명이나 사망이나 지금 것이나 장래 것이나 다 너희의 것이요 [23] 너희는 그리스도의 것이요 그리스도는 하나님의 것이니라 (고전 3:18-23)

3:18은 "자신을 속이지 말라"라는 권면으로 시작한다. 무엇에 대해 속지 말라는 것일까? 3:21에 나오는 권면을 통해 미루어 보면, 그것은 바로 인간들(혹은 인간 지도자들)에 관해 자랑하는 태도, 다시 말해 인간 지도자들의 위치를 과하게 높이고자 하는 생각에 속지 말라는 것이다. 바울은 1:12에서처럼("나는 바울에게 [속했다]", "나는 아볼로에게 [속했다]", "나는 게바에게 [속했다]", "나는 그리스도에게 [속했다]"), 각자 자신들이 선호하거나 개인적으로 연결고리를 가지고 있는 지도자들을 따름으로 인해 공동체가 분열된 현상을 암시하는 듯하다. 물론, 앞서 말했듯

이 실제로 고린도 공동체 안에 네 당파가 있었다거나 혹은 고린도 신자들이 그러한 슬로건을 사용했다는 것을 우리는 확신할 수 없다.

바울은 고린도 공동체 곧 에클레시아에 속한 개개인이 선호하는 지도자들(바울 자신도 포함해서)이 누구든 간에, 그들이 사실은 아무것도 아니라고 역설한다. 고린도의 신자들이 그 지도자들에게 속한 게 아니다. 도리어 그 지도자들이 고린도 신자들에게 속해 있다.[16]

> [21] 그런즉 누구든지 사람을 자랑하지 말라 만물이 다 너희 것임이라 [22] 바울이나 아볼로나 게바나 세계나 생명이나 사망이나 지금 것이나 장래 것이나 다 너희의 것이요 [23] 너희는 그리스도의 것이요 그리스도는 하나님의 것이니라 (고전 3:21-23)

심지어 바울, 아볼로, 게바와 같은 인간 지도자들뿐만 아니라, "세계[전체]", "생명", "사망", "지금[있는]것"과 "장래[있을]것"(이는 로마서 8장을 연상시킨다), 이 모든 것들이 고린도 신자들의 것이다. 그리스도 안에 있는 신자들은 더 이상 일상의 영역에 속해 있지 않고, 이미 새로운 존재 양식으로 옮겨졌기 때문이다.[17] 고린도전서 6장에서

---

16 고린도전서 1:12에서 바울은 자신이 특정 지도자들에게 속했다고 말하는 고린도 신자들에 관해 이야기한다(3:4도 참고). 이제 3:22에서 바울은 그러한 지도자들이 고린도 청중에게 속했다고 대응한다. 이 점에서 1:12과 3:22은 대조적인 수미상관을 형성한다. Fitzmyer, *First Corinthians*, 192.

17 Albert Schweitzer, *The Mysticism of the Apostle Paul*, trans. William

말하듯이, 그들은 심지어 세상과 천사들까지도 심판하게 될 것이다 (고전 6:2-3). 이처럼 바울은 지도자들이 아니라 고린도의 신자들 전체를 한껏 높이 끌어올리고 있다.

물론 바울은 고린도 신자들을 고양하는 데서 멈추지 않는다. 고린도 신자들이 현재 소유한 것들(지도자들, 세계, 생명, 사망 등)을 열거하던 바울은, 3:23에서 다시 한 번 그리스도와 하나님께로 방향을 꺾어 문장을 마무리 짓는다. 바울의 점증적 수사에 의하면 고린도 신자들은 마치 세상 모든 것들의 주인이나 다름 없는데(고전 4:8도 참고), 그들 모두는 사실 그리스도에게 속했다. 즉, 그리스도가 그들의 주인이다. 그리고 그리스도는 하나님께 속했다. 이와 같은 소속의 연쇄 고리는 고대 철학 및 중세 교회사에서 발견되는 존재의 사다리(*scala naturae*, 혹은 존재의 사슬) 사상을 떠오르게 한다. 바울 버전의 존재의 사다리에 따르면, 하나님이 제일 위에 있고, 그 다음에 그리스도, 그 다음에 고린도의 신자들이 있다. 그리고 게바와 아볼로, 바울과 같은 인간 지도자들이 맨 밑바닥에 위치한다. 고린도전서 4:1-13에서 묘사하듯, 바울이든 게바든 아볼로든, 이 모든 이들은 "그리스도의 종"이자 "하나님의 비밀(신비)을 맡은 청지기"이다. 이 지도자들은 고린도 신자들 위에 군림하는 존재들이 아니다. 오히려 그들은(바울을 포함해서!) 만물의 끝과 같이, 존재의 사다리 가장 아래에 있다(고전 4:13). 따라서 바울이 볼 때, 고린도의 그리스도 신자들은 인간 지도자들을 추종할 이유가 전혀 없다.

Montgomery (Baltimore: The Johns Hopkins University Press, 1998), 95-101.

우리가 지금까지 세상의 더러운 것과 만물의 찌꺼기 같이 되었도다

(고전 4:13)

이것을 염두에 두고 고린도전서 3장의 첫 부분으로 돌아가 보자. 3장에서 바울은 고린도 신자들이 고양된 존재라고 칭송하는 것이 아니라, 오히려 그들이 미성숙한 자들이라고 혼을 낸다. 바울이 2:6-16에서 제시했던 다소 알쏭달쏭한 이야기는 바로 이 3:1의 선언을 위한 복선과 같다.

형제자매 여러분, 나는 여러분에게 영에 속한 사람에게 하듯이 말할 수 없고, 육에 속한 사람, 곧 그리스도 안에서 어린 아이 같은 사람에게 말하듯이 하였습니다 (고전 3:1 새번역)

바울은 고린도의 신자들에게는 영적인 자들에게 말하는 것처럼 이야기할 수 없다. 왜냐하면, 고린도 신자들은 "육에 속한 사람들", 곧, "그리스도 안에 있는 어린 아이"에 지나지 않기 때문이다(고전 3:1). 비록 그들이 그리스도 공간 안에 있기는 하지만, 그들은 여전히 미성숙한 상태이다. 고린도의 신자들이 육에 속한 사람들이자 어린 아이와 같은 이유는 3:3-4에도 언급되었듯이, 그들이 바울이나 아볼로와 같은 지도자에게 소속감을 두고 충성을 돌린 나머지, 에클레시아 안에 갈등이 생겼기 때문이다.

³ 여러분은 아직도 육에 속한 사람들입니다. 여러분 가운데에서 시기와 싸움이 있으니, 여러분은 육에 속한 사람이고, 인간의 방식대로 살고 있는 것이 아닙니까? ⁴ 어떤 사람은 "나는 바울 편이다" 하고, 또 다른 사람은 "나는 아볼로 편이다" 한다니, 여러분은 육에 속한 사람이 아니고 무엇이겠습니까? ⁵ 그렇다면 아볼로는 무엇이고, 바울은 무엇입니까? 아볼로와 나는 여러분을 믿게 한 일꾼들이며, 주님께서 우리에게 각각 맡겨 주신 대로 일하였을 뿐입니다 (고전 3:3-5 새번역)

바울은 이러한 갈등의 문제를 해결하기 위해, 고린도전서 3-4장에서 크게 두 가지 전략을 쓴다. 한 가지 전략은 앞서 살펴본 것처럼, 고린도의 신자들이 인간 지도자들에게 속한 자들이 아니라 훨씬 더 고양된 존재임을 상기시키는 것이었다(고전 3:18-4:13). 다른 하나의 전략은, 지금 협력 혹은 경쟁 관계에서 일하고 있는 모든 인간 지도자들은 최종 테스트의 날을 맞이하게 될 것임을 깨우치는 것이다 (고전 3:1-17). 고린도의 신자들은 인간 지도자들("일꾼들")이 경작하고 있는 밭이며, 또한 그들이 세우고 있는 건물이다. 그리고 그 건물이 견고한지 아닌지의 여부는 장차 불을 통한 테스트로 판별될 것이다. 또한 이 건물 테스트의 결과는 그 건물을 세우는 데 참여한 이들의 미래와 직결된다.

건축자들은 지금 사람들로 건물을 세우고 있다. 그렇기에 건축자들의 미래는 고린도 신자들의 서고 넘어짐에 달려 있다. 고린도 신자들로 이루어진 건물은 곧 하나님의 신전이기 때문이다. 따라서 건물의 구성원들이 실족하고, 분열되어, 신전이 무너지게 되면, 건축자들이 손해를 입는다(고전 3:15).

> ¹⁵ 어떤 사람의 작품이 타 버리면, 그는 손해를 볼 것입니다. 그러나 그 사람은 구원을 받을 것이지만 불 속을 헤치고 나오듯 할 것입니다
> (고전 3:15 새번역)

지도자들에게 경각심을 일깨우는 이 전략에 대해서 조금 더 자세히 살펴보자. 고린도전서 3장에서 바울은 고린도 공동체를 가리켜 하나님이 소유한 공간으로 묘사하고, 자신과 다른 사도들을 가리켜 그곳의 일꾼으로 묘사한다. 3:5부터 바울은 특별히 아볼로를 언급하면서, 자신과 아볼로가 경쟁이나 반목의 관계가 아니라 같은 목적을 두고 협력하는 관계임을 거듭 강조한다(고전 4:6도 참고). 그들은 하나가 되어 일했고, 각각의 역할과 수고에 따라 서로 다른 상 혹은 보수가 주어질 뿐이다(고전 3:8).[18]

---

18 사도행전의 묘사에 따르면 아볼로는 바울이 고린도를 떠난 뒤에 고린도에 도착했다. 따라서 바울이 농경 은유를 통해서, "내가 심었고 아볼로는 물을 주었으되"(고전 3:6)라고 말하는 것은, 어쩌면 바울과 아볼로 사이의 그러한 시간상 선후 관계를 암시하는 것일지도 모른다. 하지만 3:5을 보면, 바울은 자신과 아볼로 양쪽 모두를 고린도 공동체의 설립자로 여기고 있는 것처럼 보인다.

⁸ 심는 이와 물 주는 이는 한가지이나 각각 자기가 일한 대로 자기의 상을 받으리라 ⁹ 우리는 하나님의 동역자들이요 너희는 하나님의 밭이요 하나님의 집이니라 (고전 3:8-9)

여기서 바울이 "우리"(바울, 아볼로, 선교팀)와 "너희"(고린도 공동체) 사이를 대비시키는 것을 분명히 확인할 수 있다. "우리"는 상호 간 협력 관계에 있는 하나님의 일꾼들이고, "너희"는 하나님의 밭이자 하나님의 건물이다(고전 3:9). 그리고 3:9 마지막 부분에서는 농경 은유로부터 건축 은유로, 짧은 순간에 그 맥락이 옮겨가는 것을 볼 수 있다.[19] 요약하자면, 고린도 공동체는 밭과 건물에 비유된다. 이들은 사람에게 속해 있지 않고 오직 하나님께 속한 밭과 건물이며, 하나님께서 전적으로 소유하고 계신 성스러운 공간이다.

바울이 봤을 때 이 공간은 다양한 건축자들에 의해 계속해서 지어지고 있다. 고린도전서 3:5-9에 나왔던 "우리"(밭의 일꾼)와 "너희"(밭) 사이의 대비는 10절부터 이어지는 건축의 은유에서도 계속해서 이어진다("우리"=짓는 자들, "너희"=건축물).

바울은 3:9부터 이 공간을 건축하는 행위를, 종말 심판의 시간표 속에 위치시킨다. 특히 3:13은 해석사 속에서 내세와 보상, 그리

---

19 농경적 표현과 건축 표현(특히 3:16에도 나오는 "하나님의 신전[성전]"이라는 표현)이 혼재되어 사용되는 것은, 바울만의 독특한 방식은 아니며, 이스라엘의 경전 및 유대 문헌들에 그 선례가 있다(예를 들어, 렘 1:10; 18:9; 24:6; 겔 17:5-8; 36:9-10; 신 20:5-6; 1QS 8.5). Fitzmyer, *First Corinthians*, 196. 또한, Hogeterp, *Paul and God's Temple*, 318을 보라.

고 바울의 구원관에 대한 다양한 사변을 낳았다. 물론 3:13은 종말과 관련이 있다. 그러나 이 구절이 속한 맥락이 우선적으로는 사도들(지도자들)의 사역에 관한 논의임을 이해하는 것이 중요하다. 이 구절은 모든 그리스도인들의 행위와 구원의 관계를 교리적으로 정리해 주는 보편적인 이론을 나타내는 것이 아니다. 고린도전서 3장에서 바울은 고린도 공동체에 찾아온 다른 지도자들이 어떤 방식으로 공동체를 "건축"했으며, 그들의 미래가 어떠할지에 관해 하나의 우화를 제공하는 것이다.

그 우화를 자세히 들여다 보자.

> [10] 나는 하나님께서 나에게 주신 은혜를 따라, 지혜로운 건축가와 같이 기초를 놓았습니다. 그런데 다른 사람이 그 위에다가 집을 짓습니다. 그러나 어떻게 집을 지을지 각각 신중히 생각해야 합니다. [11] 아무도 이미 놓은 기초이신 예수 그리스도 밖에 또 다른 기초를 놓을 수 없습니다. [12] 누가 이 기초 위에 금이나 은이나 보석이나 나무나 풀이나 짚으로 집을 지으면, [13] 그에 따라 각 사람의 업적이 드러날 것입니다. 그 날이 그것을 환히 보여 줄 것입니다. 그것은 불에 드러날 것이기 때문입니다. 불이 각 사람의 업적이 어떤 것인가를 검증하여 줄 것입니다. [14] 어떤 사람이 만든 작품이 그대로 남으면, 그는 상을 받을 것이요, [15] 어떤 사람의 작품이 타 버리면, 그는 손해를 볼 것입니다. 그러나 그 사람은 구원을 받을 것이지만 불 속을 헤치고 나오듯 할 것입니다 (고전 3:10-15 새번역)

고린도전서 3:10-15은 고린도 공동체의 종말에 관한 우화인데, 중요한 것은 건물에 비유된 공동체가 심판의 대상이 되는 것이 아니라, 일꾼들이 심판의 대상이 된다는 점이다. 건축자들은 각자 서로 다른 재료를 가지고 이 공동체를 건축하고 있는 중이다(현재 시제를 주목하라). 그리고 "그 날"이 오면, 여러 방식으로 건축에 참여했던 건축자들의 업적에 대한 준엄한 평가가 이루어질 것이다.

여기서 흥미로운 부분은 바울이 자신의 역할을 가리켜 과거에 "기초"를 놓았던 필수적인 역할로 규정하고 있다는 점이다. 그로써 바울은 그 기초 위에 현재 건축을 진행하고 있는 다른 건축자들과 자신을 의도적으로 분리하고 있다. 즉, 기초를 놓은 우두머리 건축자로서, 바울은 다른 건축자들의 작업 결과를 비판적으로 검토하고 성찰할 수 있는 위치에 서 있다.[20] 어쩌면 자신 외에 다른 건축자들은 자신의 감독권 아래 있는 개별 "건축청부업자들"뿐임을 암시하고 있는 것일지도 모른다.[21]

"그 날"이 오면, 여러 건축자들이 참여해서 건축한 고린도 에클레시아, 곧 하나님의 신전이 그들의 자랑거리이자 "업적"으로 간주

---

20 고린도전서 3:5-9에서 자신과 아볼로 사이의 관계를 예로 들어, 사도들이 서로 우호적으로 협력하고 있다는 점을 말한 것과, 각각의 건축자들이 기초 위에 서로 다른 재료로 쌓아 올리고 있으며 그 결과가 종말에 다르게 평가될 것이라는 3:10-15의 경고적 우화 사이에는 약간의 긴장 관계가 있다. 이 본문에 간접적으로 비친 어조를 생각해 볼 때, 바울은 자신 이후에 고린도에 찾아와 공동체를 건축해 나가는 일에 이런저런 방식으로 참여했던 지도자들 모두에게 호의적이지는 않았던 것 같다.

21 차정식, 『바울신학 탐구』, 31.

될 것이다(고전 9:1; 살전 2:19 참고). 참으로 그들의 업적이 가치가 있는지 여부는 불에 의해 드러난다(고전 3:13-15). 따라서 여기서 불은 일차적으로 처벌의 의미보다는 테스트의 의미를 갖는다. 불로 시험을 해보았을 때, 건축물이 타지 않고 남아 있다면 그 건축자들은 상이나 보수를 받을 것이다. 그러나 자신이 기여한 부분이 불타 없어진다면, 그 건축자는 아무런 보수를 받지 못하고 오히려 손해만 보게 될 것이다. 물론 그 집이 불탄다 해도 건축자 자신의 안전에는 문제가 없을 것이다(고전 3:15). 또한 기초이신 그리스도가 불탈 일은 없으니, 이 건축자들의 결과물이 견고하든 그렇지 않든, 바울이 우두머리 건축자로서 했던 일에 대한 보수에는 변함이 없을 것이다(3:8을 보면 바울은 자신에게도 보수가 주어질 것을 암시한다).

> [16] 너희는 너희가 하나님의 성전인 것과 하나님의 성령이 너희 안에 계시는 것을 알지 못하느냐 [17] 누구든지 하나님의 성전을 더럽히면 하나님이 그 사람을 멸하시리라 하나님의 성전은 거룩하니 너희도 그러하니라 (고전 3:16-17)

고린도전서 3:16-17에서 바울은 사도들(지도자들)에 관한 단락을 마치고 초점을 고린도의 공동체 구성원들 그 자체로 돌리는 것 같다. 하지만 건축과 공간의 비유는 계속되며, 또한 바울의 경고가 향하는 대상 역시 그대로 유지된다. 바울은 수사적 질문을 통해, 고린도 공동체가 하나님의 신전("성전")이며, 하나님의 성령이 그 공동체 안에 거주한다는 점을 강조한다. 주후 2-3세기의 랍비들이 성경 텍스트를 가지고 영원한 성전을 짓고자 시도했다면,[22] 1세기 바울과 다른 지도자들은 고린도의 사람들을 가지고 신전을 짓고 있었던 셈이다.[23] 3:16-17에서 바울이 생각하는 거주 개념은 개별 신자 안에 성령이 거한다는 뜻보다는(고전 6:19), 하나의 공동체 안에 성령이 거한다는 개념에 가깝다.

3장에서 바울의 논지는 분명하다. 바울은 이 성스러운 공간에서 벌어지는 분열의 파괴적인 결과를 예고하고 있는 것이다. 특히 바울은 고린도의 일부 지도자들, 곧 신자들을 데리고 각자의 방식대로 신전을 지어 가다가 분열을 가져온 일부 지도자들에 대해 경고하고 있는 것 같다. 바울은 때가 오면 하나님께서 그들을 파괴하실 것이라고 엄포를 놓는다.

바울과 사도들과 지도자들과 모든 고린도 신자들은 그리스도 안이라는 공간에 있으며 새로워진 시간, 즉 생명의 시간을 산다. 그

---

22 곽계일, 『오리게네스 성경해석학 서사기: 해석, 상징, 드라마』(도서출판 다함, 2023), 141-43.

23 알렉산더 커크(Alexander N. Kirk)는 고린도전서 3:12에 나오는 여러 "재료들"과 3:13-15에 나오는 "업적"(공적)이 흔히 선포나 가르침과 같은 사도적 활동을 가리키는 비유적 표현으로 이해되어 왔던 것을 비판적으로 재고한다. 그리고 이 재료들이나 업적이 고린도 공동체 사람들을 가리킨다고 해석한다. 그 기초로서 놓여진 것이 사람(그리스도)이었듯이, 그 위에 건축물을 쌓아 올릴 때 사용된 재료들 역시 사람들로 보는 편이 더 낫다는 것이다. Alexander N. Kirk, "Building with the Corinthians: Human Persons as the Building Materials of 1 Corinthians 3.12 and the 'Work' of 3.13-15," *NTS* 58 (2012): 549-570.

럼에도 유대인 바울은 미래의 점검과 심판과 보상과 처벌에 대한 그림을 여전히 가지고 있었다(고후 5:6-10; 롬 14:10-12).[24] 바울에게 "그날"은 멀리 있지 않았다.

---

24 보카치니, 『바울이 전하는 세 가지 구원의 길』, 218-261의 자세한 논증을 참고하라. 그러나 나는 칭의(보카치니에게는 "용서"와 거의 동의어로 이해된다)와 구원의 의미를 날카롭게 구분하고, 그것을 직선적 시간의 흐름(칭의/용서는 현재, 구원은 미래 심판의 결과)에 일치시키는 보카치니의 입장에는 동의하지 않는다. 바울은 칭의와 관련된 어휘를 미래 시제로 사용할 수 있었으며(롬 2:13; 3:30), 마찬가지로 구원을 현재적 사건으로 묘사하기도 한다(고후 6:2).

6장 그리스도 안 요약

6장의 초반부에서 우리는 한 지역의 에클레시아와 밀접하게 관련이 되어 있으면서도, 그것을 넘어서는 의미를 갖는 "그리스도 안"이라는 표현을 살펴보았다. 바울에게 있어서 "그리스도 안"은 하나의 공간인 동시에 새로운 시간성을 드러낸다. 세례를 통해 에클레시아에 합류한 이들은 그리스도 안에 들어온 것이며, 그들은 그리스도의 죽음과 매장이라는 과거, 그들의 새로워진 현재의 삶, 그리고 미래의 완성이라는 지평이 서로 포개어진 그리스도의 시간을 살게 된다. 또한 고린도 에클레시아와 세상 사이에 가시적인 방식으로 형성된 공간적 경계는 서로 다른 시간성을 공간적으로 번역하는 통로가 된다. 이 세상은 멸망을 향해 가는 악한 세대의 시간을 표상하고, 에클레시아는 그리스도를 통한 생명의 시간을 공간화한다.

그리스도 안에 있는 이들은 새로워진 시간, 생명의 시간을 살고 있다. 고린도 에클레시아의 구성원들은 이미 새로운 존재 양식으로 옮겨졌다. 그럼에도 바울에게는 미래의 심판과 보상의 그림이 남아 있다. 6장의 후반부에서 우리는 바울이 에클레시아를 건축하는 이들에게 다가올 미래에 관해 말하는 고린도전서 3-4장을 살펴보았다. 이 본문은 일꾼이자 건축자인 고린도 공동체의 지도자들(혹은 사도들)과, 밭인 동시에 건물인 나머지 구성원들을 이분법적으로 바라보는 도식을 전제한다. 우두머리 건축자인 바울은 그리스도로 토대를 놓았고, 다른 건축자들은 각자 다양한 방식을 통해 신전(고린도 신자들로 구성된 신전)을 지어 올리고 있으며, 그 건축자들의 업적이 어떤 가치를 지니는지는 불에 의해 드러날 것이다. 자신이 기여한 부분이 불타 없어진다면, 그 건축자는 보수를 받지 못하고 손해를 볼 뿐이다. 바울의 건축 우화는 고린도 공동체 구성원들을 분열시키는 이들을 향한 은근한 경고를 발한다. 하지만 바울이 여기서 일반적인 그리스도인 개인의 행위와 구원의 관계를 교리적으로 제시하는 것은 아니다.

결혼과 독신

그렇다면 심판과 분별, 그리고 상과 벌이 주어질 때는 언제인가? 바울에게 있어서 그때는 임박해 있었다. 다른 편지들에서도 자주 암시되듯이, 바울은 그때가 자신의 세대에 일어날 것이라 기대했을 가능성이 크다("우리 살아 남은 자들도"[살전 4:17]). 로마서의 수신자들을 향해 바울은 그들이 처음 신자가 되었을 때와 비교하면 이제 그 완성의 날이 성큼 가까워져 있다고 말한다(롬 13:11-12). 그런데 이 말은 어제보다 오늘이, 오늘보다 내일이, 산술적으로 일정한 비율로 더 종말에 가까워지고 있다는 뜻이 아니다. 바울은 그때가 "단축"되었다고(고전 7:29), 곧 시간 자체에 변화가 생겼다고 말한다. 현대물리학이나 천문우주학에서 말하듯, 어마어마하게 큰 중력은 시공간의 휘어짐을 만든다. 물론 21세기 물리학자가 아니라 1세기의 그리스도를 따르던 유대인 바울의 말은 과학적인 진술이 아니라 신학적, 종교적인 언명이다. 그러나 현대인인 우리가 그러한 유비를 사용해 바울의 말을 옮겨 보자면, 우주적인 규모의 중력을 갖는 그리스도의 죽음과 부활의 사건에 참여하는 이들은 그와 같은 시공간의 변화를 경험하게 된다고 볼 수 있다.

여기서 우리가 중점적으로 살펴볼 것은 고린도전서 7장이다. 고린도전서 7장은 흔히 성과 결혼의 문제에 관한 바울의 답변으로 이해된다. 하지만 7장은 "그때"가 단축되었다는 바울의 시간 인식이 어떻게 고린도 신자들의 현재를, 특히 몸을 가지고 맺는 관계들을 다른 각도로 인식하게 만드는지 잘 보여주는 본문이다.

> 너희가 쓴 문제에 대하여 말하면 남자가 여자를 가까이 아니함이 좋으나 (고전 7:1)

서두인 7:1에 나오는 표현을 생각해 보면, 바울은 지금 고린도전서 집필 이전에 고린도의 신자들이 질문했던 문제에 대해 응답을 하고 있는 것 같다. "남자가 여자를 (성적으로) 접촉하지 않는 것이 좋다"라는 맥락을 담은 7:1 하반절은 두 가지 해석의 가능성이 있다.

첫째, 몇몇 고린도 신자들의 말을 바울이 인용(혹은 요약)하고 있는 것일 수 있다. 이 경우, 해당 구절은 "너희가 '남자가 여자를 성적으로 접촉하지 않는 것이 좋다'라고 썼던 문제에 대해 내가 답해보자면"

이라고 번역될 수 있다.

둘째, 바울 자신의 답변의 내용일 수 있다. 이 경우, 해당 구절은 "너희가 썼던 문제에 대해 내가 답해보자면, 남자가 여자를 성적으로 접촉하지 않는 것이 좋다"라고 번역될 수 있다.

여러 현대 해석자들의 견해처럼,[1] 나는 전자의 가능성이 더 크다고 생각한다. 바울은 성관계 자체를 죄악시하지 않는다. 남자가 여자를 접촉하지 않는 게 원칙적으로 좋다는 생각은 고린도전서 7장의 맥락과도 잘 맞지 않는다. 오히려 바울은 결혼한 부부가 성관계의 "의무"를 수행하지 않는 것을 문제 삼으며(고전 7:3-4), 정욕으로 불타는 것보다는 결혼하여 성관계를 맺는 것이 더 낫다고 말한다(고전 7:9). 즉, "남자가 여자를 성적으로 접촉하지 않는 것이 좋다"는 것은 몇몇 고린도 신자들의 입장이었고, 이어지는 7장 전체에서 바울은 그들의 입장을 상당 부분 "수정"(qualify)하고 있는 것이다.

내가 반박이 아니라 수정이라는 용어를 쓴 데에는 이유가 있다. 분명, 바울은 성관계 자체를 죄로 보는 금욕주의자가 아니다. 또한 바울은 인간에게 성적 욕구가 존재한다는 것을 인정한다. 바울에게 문제가 되는 것은 "과다한" 욕망의 상태이다. 그리고 결혼은 자기절제(self-control)를 위한 길을 제공한다.[2] 그러나 분명, 바울이 볼 때,

---

1   Hays, *First Corinthians*, 113을 언급하는 것으로 충분할 것이다.

2   J. Edward Ellis, *Paul and Ancient Views of Sexual Desire: Paul's Sexual Ethics*

결혼은 차선책이다(고전 7:7-8). 바울은 모두가 자신과 같이 결혼에 매이지 않고 홀로 남는 편이 최선이라는 신념을 가지고 있다. 이 점에서, 7:1에서 언급된 몇몇 고린도 신자들의 견해에 대해서 바울은 완전한 긍정도, 또 완전한 부정도 하지 않는다. 만일 "남자가 여자를 접촉하지 않는 것이 좋다"라는 말에 대해 바울이 완전히 부정하는 입장이었다면, "그럴 수 없느니라!(메 게노이토)"와 같은 강한 표현을 썼을 것이다(고전 6:15 참고; 이 표현은 로마서에도 자주 나온다). 정리하자면, 성 관계가 오염을 초래하는 것이 아니며, 부부 사이의 관계는 장려된다. 다만, 바울이 볼 때 단축된 시간, 질적으로 달라진 시간을 살아가는 고린도 신자들을 위해서 더 나은 선택은 바로 독신이다.

성 이해에 있어서 바울은 현대인과도 다르고, 동시대의 로마인들과도 달라 보인다. 특히 바울은 결혼한 이들 사이의 성관계를 의무의 이행과 욕망의 절제라는 차원에서 설명하지, 로맨스나 자녀 출산의 차원에서 설명하고 있지 않다는 점에 주목해야 한다. 현대인의 관점에서 볼 때 부부관계는 주로 부부 사이의 친밀한 사랑을 확인하고 향유하는 목적이 있다. 반면, 고대 로마 제국의 맥락에서 부부관계는 적법한 자녀를 출산하기 위한 목적이 컸다. 그러나 고린도전서 7장에 드러나는 바울의 견해는 이들 모두와 같지 않다.

먼저, 현대적 관점과 비교해 보자. 부부관계는 남편과 아내 양쪽

---

in 1 Thessalonians 4, 1 Corinthians 7 and Romans 1 (London: T&T Clark, 2007), 160. 엘리스(Ellis)는 유대 문헌에서나 그리스-로마 시대 도덕철학자들의 여러 문헌에서도, 문제가 된 것은 욕망의 "과다(excess)"로 인한 파괴적인 결과이지, 욕망 자체는 아니었다는 점을 올바르게 지적한다(97).

모두가 서로에게 동등하게 요구할 수 있는 권리라고 말하는 바울은 마치 현대인과 같이 느껴진다. 실제로 바울은 한 쪽이 다른 쪽을 일방적으로 소유하는 것이 아니라, 상호 간의 헌신적인 관계가 요구된다고 말한다(고전 7:3-4). 그렇지만 부부의 성생활이 과다한 욕망의 절제 차원에서 "허용"된 것(고전 7:2, 5, 9)이라고 말하는 부분은 오늘날의 감수성과는 잘 맞지 않아 보인다.[3] 성생활의 즐거움 및 성적 표현에 대한 현대 사회의 관심사와는 달리, 바울은 "성적인 성취"를 삶의 핵심에 놓은 적이 없다.[4]

다음으로, 로마 세계의 관점과 비교해 보자. 바울의 결혼관은 로마 세계의 주도적 이념과 더욱 맞지 않아 보인다. 바울은 자녀를 낳아(혹은 입양해서) 가문의 이름을 물려 주고, 유무형의 재산을 상속해 주는 것에 전혀 관심이 없다. 바울이 자녀 낳음이나 입양의 관습을 중요하게 언급할 때는, 오직 그리스도를 통해 신자들이 하나님의 자녀로 입양되었다는 것을 말할 때나(갈 4:5), 혹은 그리스도 안에서

---

3 바울이 허용한 "이 말"(고전 7:6, "이것")이 무엇을 가리키는지는 주석적으로 여러 의견이 있다. 많은 해석자들은 이것이 7:5의 내용(일시적 분방)만을 가리킨다고 보지만(Fitzmyer, *First Corinthians*, 281), 나는 7:2-5 전체(즉, 배우자를 두고 성생활하는 것)를 가리키는 것으로 읽는다.

4 리처드 헤이스, 『신약의 윤리적 비전』, 유승원 옮김(IVP, 2002), 592. 하지만 헤이스는 이러한 주석적 통찰을 이성애의 규범성과 동성애의 일탈성이라는 이분법적인 틀 안에서 수사적으로 활용한다. 그는 현대 동성애 기독교인들이 그들의 성생활을 지속하는 것을 "미국의 대중 문화에 의해 침투해 들어온 매끈한 환상" 및 "자기 만족을 경배하는 문화"와 연결시켜 비판하고 독신과 금욕을 권한다. 그러나 내 생각에 1세기의 바울은 이성애 관계에서 성적인 성취를 추구하는 현대인들에 대해서도 동일한 거리감을 두었을 것이다.

자신이 탈-이교적 이교도 신자들을 낳았다고 말할 때 뿐이다(고전 4:15; 또한 갈 4:19). 남자와 여자의 관계에 대해서 전통적 위계 질서를 전제하는 것 같은 본문에서조차(고전 11:3) 바울은 의례화된 에클레시 아 공간에 관해 말하지, 가족 안에서의 질서 유지에는 관심을 보이지 않는다.[5] 물론 고린도전서 7장의 바울이 『바울과 테클라 행전』의 바울만큼 반-사회적으로 나타나지는 않는다. 하지만 7장에서 바울은 그리스도의 시간이 어떻게 제국의 시간 규범성에 균열을 가져올 수 있을지 암시하고 있다.

고린도전서 7장과 관련하여 흥미로운 두 지점을 조금 더 살펴보고 넘어가자. 첫 번째로, 바울은 7장에서 그의 공동체의 상황을 세부적으로 나누어 지침을 주고 있다. 바울은 "[사별한 남자와 사별한 여자들]"(고전 7:8), "결혼한 자들" (고전 7:10), "나머지 사람들"(고전 7:12), "[결혼 경험이 없는 미혼 남녀들]"(고전 7:25)로 나누어 권면한다.

> [8] 내가 결혼하지 아니한 자들과 과부들에게 이르노니 나와 같이 그냥 지내는 것이 좋으니라 [9] 만일 절제할 수 없거든 결혼하라 정욕이 불 같이 타는 것보다 결혼하는 것이 나으니라 [10] 결혼한 자들에게 내가 명하노니 (명하는 자는 내가 아니요 주시라) 여자는 남편에게서 갈라서지 말고 [11] (만일 갈라섰으면 그대로 지내든지 다시 그 남편과 화합하든지 하

---

5   Økland, *Women in Their Place*, 177. 오클랜드(Økland)는 고린도전서에 나오는 이러한 바울의 특징을, 제2바울서신의 가훈표에 나오는 바울의 모습과 대조한다.

라) 남편도 아내를 버리지 말라 ¹² 그 나머지 사람들에게 내가 말하노니 (이는 주의 명령이 아니라) 만일 어떤 형제에게 믿지 아니하는 아내가 있어 남편과 함께 살기를 좋아하거든 그를 버리지 말며 (고전 7:8-12)

- 7:8에 나오는 "결혼하지 아니한 자들"(아가모이)이라는 남성형 표현은 "과부들(케라이)"이라는 여성형 표현과 짝을 이루고 있어서, 배우자와 사별한 남성들을 가리킬 가능성이 있다.[6] 배우자와 사별한 자들은(남자든 여자든) "나[바울]와 같이" 그냥 지내는 것이 권장 사항이다. 그래도 자제할 수 없으면 결혼하는 게 낫다.[7]

---

6 아가모스는 아내와 사별한 남자(즉, 영어의 widower[홀아비])의 의미로 쓰일 수 있다. 물론 고린도전서 7장에서 아가모스는 훨씬 다양한 의미로 사용된다. 32절에 나오듯, 결혼한 자와 대비되는 남자, 즉 결혼 상태에 있지 않은 남자를 가리키는 일반적인 의미로도 사용되며(즉, 꼭 배우자와 사별한 남자가 아니라), 34절에서는 여성형 관사와 더불어 사용되어 결혼 상태에 있지 않은 여자를 가리키기도 한다. 그러나 7:8에서는 남성 복수 명사(아가모이)와 여성 복수 명사(케라이)가 짝을 이루어 나오기 때문에, 문맥상 8절의 아가모이는 배우자와 사별한 남자들을 지칭하는 것으로 보는 것이 낫다. 피츠마이어는 케라이라는 여성 명사에 사별한 남자(widower)도 포함될 수 있다고 보지만(Fitzmyer, *First Corinthians*, 283), 그랬다면 바울은 차라리 케로이(남성 명사 케로스의 복수)를 썼을 것이다. 정리하면, 7:8은 아가모이(아내와 사별한 남자)와 케라이(남편과 사별한 여자)를 향한 권면이다.

7 "나와 같이"(호스 카고)라는 비교의 표현을 얼마나 엄격하게 해석할 지에 관한 문제가 있다. 이 표현은 바울이 한때 결혼했으나 사별하고 독신으로 남아 있다는 것을 암시하는 것일까? 아니면, 한 번도 결혼하지 않은 채로 남아 있는 바울처럼, 사별한 이들도 그 상태 그대로 남아 있으라는, 느슨한 차원의 비교인가?

- 7:10에서 나오는 "결혼한 자들"에 관해서, 바울은 배우자와 이혼할 것을 금한다. 즉, 일부러 독신의 상태가 되지는 말라는 것이다.

- 7:12에 나오는 "나머지 사람들"은, 본인은 신자지만 배우자는 신자가 아닌 경우를 가리킨다(따라서 10절의 "결혼한 자들"은 부부가 같이 신자인 경우를 가리킬 것이다).[8] 바울이 "나머지 사람들"에게 주는 권면은 다음과 같다. 신자가 아닌 배우자가 이혼을 원하면 그리해도 좋고, 같이 살기를 원하면 계속 같이 살도록 하라.

- 마지막으로, 7:25에서 미혼 남녀들을 향해 바울은 임박한 환난을 염두에 두었을 때, 미혼인 상태로 남아 있으라고 권한다.[9] 28절에 나오는 것처럼 결혼하는 것이 죄의 차원이 아니다. 혼기가 지난 처녀 딸을 결혼시키는 것도 죄가 아니다(고전 7:36).[10] 다만 환난의 상

---

8 로마 제정 시대에 이러한 상황이 아주 불가능한 일은 아니었다. 믹스, 『1세기 기독교와 도시 문화』, 91.

9 흔히 "처녀"로 번역되는 7:25의 **파르테노스**는 미혼 여성과 미혼 남성 양쪽 모두를 지칭할 수 있다. 물론, 전자의 경우 여성형 관사가 수반되고, 후자는 남성형 관사가 수반된다. 그러나 7:25에서는 해당 명사가 복수 속격으로 등장하기 때문에, 남성형과 여성형 양쪽 모두로 해석이 가능하다. 참고로, 신약성경에서 **파르테노스**가 명시적으로 남성을 지칭한 경우로는 요한계시록 14:4이 있다.

10 7:36("그러므로 만일 누가 자기의 약혼녀에 대한 행동이 합당하지 못한 줄로 생각할 때에 그 약혼녀의 혼기도 지나고 그같이 할 필요가 있거든 원하는 대로 하라 그것은 죄 짓는 것이 아니니 그들로 결혼하게 하라")에는 여러 주석적 이슈가 있다. **파르테노스**가 젊은 남자의 "약혼녀"를 가리키는 것인지, 혹

황을 고려했을 때, 미혼 상태로 있는 편이 더 낫다.

이처럼 바울은 청중의 세부적인 상황을 염두에 두고 각 상황에 맞는 구체적인 권면을 준다. 왜 유독 여기에서만 그런 것일까?

두 번째로, 바울은 이 모든 권면에 있어서 주님으로부터 받은 명령과 자신의 사견을 명시적으로 구분한다. 남편과 아내 모두 신자일 경우 이혼을 금하는 7:10의 권면은 바울 자신이 아니라 주님의 명령이다(이는 복음서 전승에 대한 공명일 수도 있다). 그러나 7:12에서 "나머지 사람들"을 향한 권면은 바울 자신의 견해라고 밝힌다. 7:25의 미혼 남녀를 향한 권면도 주님의 명령이 아니라 바울 자신의 견해다. 왜 바울은 유독 이 장에서 자신의 말과 주님의 말을 구분한 것일까?

바울의 이러한 세심한 구분은 어쩌면 고린도 공동체의 상황을 가리키는 하나의 표지판일지도 모르겠다.[11] 고린도전서 전체는 바울

은 (나이 많은) 남자의 장성한 "처녀 딸"을 가리키는 것인지가 첫째 문제이다. 둘째는 **휘페르아크모스**를 "(성적 욕구가) 지나치게 큰"이라는 뜻으로 볼지, "(혼기가) 지난"으로 볼지의 문제이다. 셋째는, **휘페르아크모스**가 남자(결혼할 남자든, 아버지든)를 수식하고 있는지, 아니면 여자를 가리키는지의 문제이다. 대표적인 영어성경인 NRSV는 이것을 "약혼녀"와의 관계에서, 그 결혼 상대인 남자의 "성적 욕구가 지나치게 큰" 경우를 가리키는 것으로 번역한다. 개역개정에서는 약혼녀로 보되, 그녀의 "혼기가 지난" 상황으로 번역한다. 그 이전의 개역한글에서는 "처녀 딸"로 보고 "혼기가 지난" 문제로 이해했다. 나는 개역한글에서 채택한 번역에 가깝게 이 본문을 이해한다.

11 김판임은 고린도 공동체 내에 이혼을 원하는 기혼 여성들이 실제로 있었으며, 고린도전서 7장 전체의 메시지가 바로 그 기혼 여성들을 향해 절대로 이혼하지 말라고 권면하는 것이라고 해석한다(즉, 서로 다른 상황에 있는 그

이 자신의 언어로, 수사적으로 그려낸 결과물이며, 그 텍스트 너머에 있는 고린도 공동체의 상황을 우리가 투명한 창문으로 보듯 바라보기는 어렵다. 그러나 7장에서 바울이 결혼 상태와 관련하여 제시하는 여러 상황들의 구분 및 자신의 명령과 주님의 명령을 구분하기까지 하는 조심스러움은, 실제로 그가 이 본문에서 고린도 공동체 안에서 벌어지는 다양한 상황들에 응답하기 위해 애쓰고 있음을 암시한다.

바울은 그리스도 안에 있는 자들에게 새로운 시간이 열렸다고 선포한 바 있다. 그리고 그리스도 안에서 질적으로 새로워진 시간, 생명의 시간을 산다는 신학적 선언이 가장 첨예하게 피부로 다가오는 영역은 바로 개인의 몸으로 맺는 관계, 특히 성생활과 결혼의 문제이다. 이 부활의 시간을 살 때, 더 이상 장가 가고 시집 가고 성관계를 맺고 자녀를 출산하는 것은 의미가 없어지는 것이 아닌가?[12]

룹들을 향한 상이한 권면들로 보지 않는다). 그러나 이렇게 재구성된 동기와 상황에 기초한 해석을 뒷받침하는 과정 중 고린도전서 7:8-16 부분에서는 오히려 그리스어 구문적으로는 개연성이 다소 떨어지는 주석을 제시한다. 김판임, 『바울과 고린도교회』, 95-100.

12 부활을 결혼이 없는 상태, 죽음이 없는 상태, 마치 천사와 같은 상태로 표현한 누가복음 20:34-36 및 평행본문을 참고하라. 거기서는 천사들이 마치 젠더 구분이 없는(agender), 그리고 섹슈얼리티가 없는(asexual) 상태처럼 보인다. 그러나 천사들도 할례를 받은 것으로 간주하는 『희년서』라든가(천사가 남성 젠더로 표현), 천상의 존재들이 인간 여성들과 성관계를 맺은 죄악을 묘사하는 『에녹1서』의 「감찰자의 책」(천사가 남성 섹슈얼리티를 갖는 것으로 표현) 등을 볼 때, 제2성전기에 이 문제를 바라보는 다양한 입장들이 있었음을 유추할 수 있다.

부름받은 그대로

바울은 고린도 공동체의 구성원들이 결혼을 차선책으로 삼아야 된다고 말한다. 하지만 바울이 부활의 몸이 결혼, 성관계, 출산 등을 배제한 상태라고 생각해서 그렇게 말한 것은 아니다. 부활의 몸이 젠더(혹은 섹슈얼리티)와 어떻게 교차할지에 대해 바울이 생각한 바를 우리는 명확히 알 수 없다. 하지만 분명한 것은, 고린도전서 7장에 나오는 결혼에 대한 바울의 권면은 "단축된 시간성"이 현재의 질서에 대해 가지는 함의에 기초해 있다는 것이다. 7:25에서 다시 결혼의 문제로 넘어가긴 하지만, 7:17-24에서 바울은 결혼 외에 다른 종류의 사회적 관계들에 관해서도 이야기한다. 그리고 이 단락에는 7장 전체를 이해하는 데 핵심이 되는 원칙이 등장한다. 곧 각 사람은 주님께서 자신을 부르셨을 때의 (사회적) 자리에 머물러야 한다(고전 7:17, 20, 24). 이것은 바울이 모든 공동체에게 명령하는 바이다(고전 7:17).

오직 주께서 각 사람에게 나눠 주신 대로 하나님이 각 사람을 부르신 그대로 행하라 내가 모든 교회에서 이와 같이 명하노라 (고전 7:17)

고린도전서 7:17에서 이 원칙을 설명한 후, 바울은 두 가지 예시로 그것을 부연 설명한다. 첫째로, 〔유대인-이방인〕이라는 대조적 그룹들이다. 할례를 받은 자로서(즉, 유대인으로서) 그리스도 신앙으로 부름을 받은 자는, 자신의 유대인 됨을 취소하는 수술(epispasm/reverse circumcision)을 받으면 안 된다(마카베오상 1:15 참고). 마찬가지로, 이방인 일 때 그리스도 신앙으로 부름을 받은 자는 할례를 통해 유대인이 되려고 하면 안 된다. 할례나 무할례라는 육체적, 민족적 상태는 상대화되고, 오직 "하나님의 계명을 지키는 것"이 유일한 중요성을 지닌다.[13] 유대인이 이방인이 되는 것을 금하고, 이방인이 유대인이 되는 것을 금하는 까닭은, 바울의 종말론 안에서 유대인과 이방인 사이의 구분을 유지하는 것이 중요했기 때문일 수 있다.[14]

둘째로, 바울은 [노예-자유인]이라는 대조 그룹을 제시하는데, 여기서는 [유대인-이방인]이라는 대조항과는 미세하게 다른 설명이 추가된다. 바울은 노예 신분일 때 부름을 받은 자는 자유 없는 자신의 신세에 대해 크게 괘념치 말아야 하지만, 만약 자유를 얻을 기회가 있다면 그 기회를 활용해도 괜찮다고 말한다.[15] 즉, 바울은 유대인과 이방인들의 경우 민족적 정체성을 바꾸는 것을 철저히 금지

---

13   "A도 B도 아니라, C가 중요하다"는 형태의 구문의 경우 갈라디아서 5:6과 6:15도 참고하라.

14   프레드릭슨, 『바울, 이교도의 사도』, 183-192, 262-273.

15   고린도전서 7:21("네가 종으로 있을 때에 부르심을 받았느냐 염려하지 말라 그러나 네가 자유롭게 될 수 있거든 그것을 이용하라")을 보면, 무엇을 "이용"하라는 것인지 정확히 밝혀져 있지 않고 생략되어 있다. 따라서 문법적으로만 두고 볼 때, 이 구절은 "자유를 얻을 기회가 있다면 그 자유를 얻을 기회를 활용하라"와, "자유를 얻을 기회가 있더라도 노예 상태를 활용하라"라는, 정반대의 해석이 가능하다. 나는 J. Albert Harrill, *The Manumission of Slaves in Early Christianity* (Tübingen: Mohr Siebeck, 1998)에서 상세한 비교 문헌적 증거를 통해 주장한 전자의 입장(자유를 얻을 기회가 있다면, 그 자유를 얻을 기회를 활용하라는 뜻)이 조금 더 설득력 있다고 생각한다.

시켰지만(갈라디아서 참고), 노예와 자유인의 경우는 유동적 변화의 가능성을 열어두었다.[16] 또한 바울은 노예라도 부르심을 받은 이는 주님께 속한 자유인이며, 자유인이라도 부르심을 받은 이는 주님의 노예라고 선언한다. 따라서 이 공동체에서는 궁극적으로 누구도 사람의 종이 될 수 없고, 되어서도 안 된다. 7:17-24 단락의 결론 부분인 24절에서 바울은 다시금 17절과 20절의 원칙을 재진술 하는 방식으로 끝을 맺는다. 모든 신자는 자신이 부르심 받았을 때의 사회적 자리에 머물러야 한다.

> 형제들아 너희는 각각 부르심을 받은 그대로 하나님과 함께 거하라
> (고전 7:24)

여기서 한 가지 의문이 발생한다. 그렇다면 그리스도 안이라는 새롭게 구성된 공간과 시간의 질서는 오직 에클레시아에만 적용되고, 그 바깥에서의 신분이나 정체성 표지를 재편하는 데에는 아무

---

16 바울은 노예가 취할 수 있는 신분 변화의 가능성에 대해 말한다. 바울은 그
    것에 대응될 만한 상황, 곧 자유인이 노예가 되는 상황에 대해서는 직접적으
    로 언급하지 않는다. 물론, 자유인이면서도 스스로 노예가 될 기회가 있기 때
    문에 그렇게 한다는 상황은 사실상 상상하기 힘들다. 그러나 고대 로마 시기
    에 이례적인 상황 가운데 자신을 노예로 파는 경우가 전혀 없었던 것은 아니
    다. 따라서 7:21-23에 전개되는 바울의 권면은, 바로 자신을 노예로 파는 상
    황을 전제하고 있을 수도 있다. 이 논점은 이길하의 미출간 소논문인 Gilha
    Lee, "From a Free Person to a Slave of Christ: 1 Cor 7:21-23 in Light of Self-
    Sale Enslavement in the Roman Empire"에 언급되어 있다(향후 출간 예정).

런 영향을 끼치지 못하는 것인가? 예컨대, 노예든 자유인이든 모두 주님께 속한 노예라는 바울의 선언은 오직 에클레시아 안에서만 유의미한 것인가?

마치 바울에게 사회적 보수주의자와, 과격한 시한부 종말론자와 같은, 다소 이질적인 모습들이 뒤섞여 있는 것처럼 보인다. 그러나 바울이 전한 본문의 특수성은 이러한 유비적 이해에 저항한다.

전자의 경우를 생각해 보자. 주님께 부르심을 받았을 때의 사회적 정체성을 바꾸지 말라는 바울의 권면은 일견 보수주의자의 말처럼 들린다. 물론 바울은 노예의 경우, 자유를 얻을 기회가 있다면 활용하라고 말하지만, 그렇다고 그가 로마의 노예제 자체를 폐지하자고 말한 것은 아니다. 하지만 바울은 시민불복종 운동이 하나의 선택지인 현대 민주사회의 시민이 아니라, 그런 선택지가 아예 존재하지 않았던, 고대 로마 제국 속 소수 민족의 일원이었다. 심지어 그 민족 안에서도 소수로 존재했던 특이한 제의 운동의 일원이었다. 바울은 로마 사회의 질서를 영속적으로 유지하기 위해 고린도 신자들에게 그들의 사회적 자리에 머무르라고 권한 것이 아니다. 오히려 바울은 이 세계의 종말에 관한 전망 속에서 조언한 것이다.

후자를 생각해 보자. 바울은 임박한 종말에 대한 열망에 사로잡혀서 현세의 모든 관계로부터 도피하라고 말하고 있는 것인가? 세상과 담을 쌓고 고린도 공동체 곧 에클레시아 공간 안에만 머무르라는 것인가? 실로, 주님이 곧 오신다는 기대는 다양한 사회적 정체성이 갖는 중요성을 약화시키는 것처럼 보이고, 나아가 현실에서 실질적 변화를 위한 행동의 의욕을 꺾는 것처럼 보인다. "때"가 단축되었고(고전 7:29), 이 세상의 형태가 지나가고 있으므로(고전 7:31), 이 세상의 조건들이나 관계에 얽매일 필요가 없다(고전 7:29-31).

그러나 바울은 세상으로부터 분리된, 전혀 교류가 없는 자급자족적 공동체를 상정하는 것이 아니다. 고린도 신자들은 세상 안에 있다(고전 5:10). 바울이나 고린도 공동체의 신자들이 사유재산 없이 모든 것을 공유하면서 오직 종말이 오기만을 목을 빼고 기다렸다는 증거 또한 없다. 바울은 그가 고린도 공동체의 그 누구에게도 경제적으로 의존하지 않았고, 스스로 일하며 생계를 유지했다는 점을 강조한다(고전 4:12; 9:6). 실제로 고린도 신자들은 공동체, 곧 에클레시아 밖에 있는 사람들에게서 초대를 받아 식사를 함께하기도 했다(고전 10:27). 에클레시아라는 구별된 공간은 그 경계선을 넘어 들어오는 이들에게 개방되어 있었다(고전 14:23-25).

바울은 이 세계의 종말이 임박했음을 확신했다. 고린도전서 7장의 권면은 산술적 의미에서 종료 시간이 다가왔기 때문에, 이제 아무런 액션도 취하지 말라는 뜻이 아니다. 바울은 그리스도 안에서 이미 시작된 새로운 세계, 새로운 시간성을 강조하는 것이다. 존 바클레이(John Barclay)가 옳게 지적한 것처럼, 고린도전서 7:25-35에서 바울의 논리는 "또 다른 세상이 곧 시작될 것이기 때문에 이 세상에 투자하지 말라"가 아니라, "대안적이고 더 중요한 투자가 지금 이미 요구되고 있기 때문에, 이 세상에 투자하지 말라"라는 말이다.[17] 누

---

17   John M. G. Barclay, "Apocalyptic Allegiance and Disinvestment in the World:

구든 그리스도 안에 있으면 새로운 창조물이다(고후 5:17). 그리스도 안에 있는 자들은 그리스도의 시간, 생명의 시간을 산다. 바울에게는 다가올 세대 자체가 최종 목표가 아니라, 그리스도 안에, 그리고 그리스도와 함께 있음이 전부이다. 따라서 더 중요한 일, 지금 여기서 꼭 투자해야 하는 일은 바로 "주님의 일"이다(타 투 퀴리우[고전 7:34]; 토 에르곤 투 퀴리우[고전 15:58]). 바울의 텍스트가 말하는 그리스도의 시간은 로마의 시간, 세상의 시간과 불화한다. 그리스도의 죽음과 부활 안에, 로마 제국의 시간 규범성과 긴장 관계에 있으며 궁극적으로는 그 시간을 폐기할 새로운 시간성이 있다. 비록 세상은 어제와 같고 모든 억압과 고통과 죽음의 구조가 그대로인 것처럼 보일지라도, 그리스도 안에는 분명 생명의 시간이 있다.

초기 기독교의 바울 수용 역사에는 그리스도의 시간이 갖는 시간 비평적 가능성을 더 과격하게 강조하거나, 혹은 반대로 그리스도의 시간을 세상의 시간에 박제시키는, 두 가지 방향성이 함께 존재했다.[18] 주후 2세기 바울 수용사는 아주 거칠게 말하면, 바울을 반-

---

A Reading of 1 Corinthians 7:25–35," in *Paul and the Apocalyptic Imagination*, ed. Ben C. Blackwell et al. (Minneapolis: Fortress, 2016), 268. 인용문에서 강조 표시는 나의 것이다.

18 『바울과 테클라 행전』과 목회서신을 각각 해방적·급진적 바울과, 사회순응적·보수적 바울이라는, 초기 바울 수용사의 두 가지 흐름으로 대조시키는 경향은 지난 세대 학자들 가운데 유행이었다. 특히 『바울과 테클라 행전』 이면에 존재했던 구전 전승에 대한 반박으로서, 목회서신이 기록되었다고 주장한 고전적 논의로는 Dennis R. MacDonald, *The Legend and the Apostle: The Battle for Paul in Story and Canon* (Philadelphia: WJK, 1983)을 참고하

사회적, 반-로마적, 반-가족적 인물로 이해하는가, 아니면 친-사회적, 친-로마적, 친-가족적 인물로 묘사하는가로 나누어진다. 예컨대, 타티아노스는 고린도전서 7:5을 보다 엄격한 규율로 해석하면서, 남편과 아내의 성적 결합까지도 부정적으로 묘사한다.[19]

> 타티아노스는 이렇게 썼다. ⋯ [분방] 합의는 기도를 조화롭게 돕지만, 썩어질 결합은 중보기도를 파괴한다. ⋯ 사탄으로 인해, 그리고 절제 못함으로 말미암아 그들은 다시 합할 수 있으나, 그렇게 하도록 설득된 자는 두 주인을 섬기게 된다는 점을 [사도 바울은] 분명히 했다. (알렉산드리아의 클레멘스, *Strom.* 3.12.81)

또한 『바울과 테클라 행전』 속 바울은 고린도전서 7장보다도 훨씬 더 적극적으로 독신과 금욕을 권하며, 로마의 건전한 질서 유지를 교란한다는 혐의를 받는다. 반대로, 목회서신 속 바울은 혼인을 금하는 것을 비판하고(딤전 4:3), 여성은 해산을 통해 구원을 받는다고 가르친다(딤전 2:15). 이러한 바울상은 고린도전서 7장에 나오는 바울

라. 그러나 오늘날에는 이 두 가지 흐름이 그런 식으로 명료하고 단순하게 대조될 수 있는지에 대해서 의문을 제기하는 학자들도 있다. 나는 맥도널드(MacDonald)의 세부적인 전승사적, 구성사적 재구성에 동의하지는 않지만, 크게 볼 때 두 가지(혹은 그 이상)의 서로 다른 바울의 이미지들이 초기 바울 수용사에 존재했다는 통찰은 여전히 유효하다고 생각한다.

19 타티아노스의 글 자체는 오늘날 전해지지 않고, 알렉산드리아의 클레멘스의 *Strom.* 3.12.81에 언급되어 있다.

보다 주류 사회의 가족 가치에 친화적인 모습을 띤다. 초기 기독교 역사의 발전 과정에서 정경의 일부가 된 것은 타티아노스의 바울이나 『바울과 테클라 행전』의 바울이 아니라, 목회서신의 바울이다.

서구 사회, 특히 미국의 문화는 정상가족에 대한 이념을 곧 기독교적 가치, 성경적 가치와 동일시해 왔다. 하지만 미국적 가족상이 성경의 가족상과 동의어라 볼 수도 없고, 또한 성경이 가족에 대해 한 가지 그림만을 보여 주는 것도 아니다.[20] 1세기 묵시사상가 바울은 남자와 여자가 만나 생물학적 자녀를 낳고, 그 핵가족 안에서 기존의 성 역할에 충실하게 살며, 사회의 이념을 재생산하는 데 기여하는 가족을 만들라고 권하는 데에 큰 힘을 쏟지 않았다.[21] 바울은 시간이 단축된 지금, 투자해야 할 가장 중요한 것, 곧 "주님의 일"에 관해 말한다. 그리스도의 시간에 대한 바울의 담론은 미국에서 하나의 문화비평적 가능성으로 상존한다. 반면, 급격한 사회 변화를 겪으며 더 이상 결혼과 출산이 젊은 사람들에게 매력적인(혹은 현실적인) 선택지가 되지 않는 한국 사회에서는 이 본문과의 공감대가 더 깊어질 수도 있다.

---

20   John J. Collins, *What Are Biblical Values? What the Bible Says on Key Ethical Issues* (New Haven: Yale University Press, 2019), 82-106.

21   본장에서는 고린도전서에만 초점을 맞추었지만, 가족(가족 이념)에 대한 비판은 고린도전서에만 국한된 것이 아니라, 예수 전승을 비롯하여 초기 기독교 전통 안에서 두루 발견된다. 캐롤린 오시에크, 『초기 기독교의 가족』, 10-44. 하지만 로마 시대에 핵가족이 거의 중요하지 않았다는 오시에크의 단언을 일부 수정하는 김선용의 해설, "캐롤린 오시에크의 『초기 기독교의 가족: "가족의 가치" 재고』 소개," 『초기 기독교의 가족』, 7도 참고하라.

7장 단축된 시간 요약

7장에서 우리는 단축된 시간, 곧 그리스도 안에 달라진 시간성에 관한 바울의 인식이, 어떻게 고린도 공동체 구성원들이 현재 몸으로 맺는 관계를 규정하는지를 살펴보았다. 고린도전서 7장에서 바울은 성관계와 결혼의 문제에 대해 여러 상황을 상정하여 상세한 지침을 주는데, 아마도 이것은 고린도 공동체가 겪는 특정한 상황을 반영하는 것일 수 있다. 바울은 인간의 성욕을 인정하며, 성관계 자체를 죄악시하지 않는다. 바울은 그의 에클레시아 구성원들이 자신과 같이 독신으로 남아 있기를 바라지만, 그것을 강요하지는 않는다. 그러나 부부 사이의 성관계를 과다한 욕망에 대한 절제의 길로 보는 바울의 시각은, 부부간의 성관계를 친밀한 사랑의 성취로 보는 현대인의 시각이나, 혹은 적법한 자녀를 출산하기 위한 수단으로 보는 고대 로마인들의 시각 모두와 같지 않다.

성과 결혼에 대한 바울의 권면이 담긴 고린도전서 7장은 결혼 외에 다른 종류의 사회적 관계들(유대인과 이방인, 자유인과 노예)에 대한 내용을 담고 있다. 여기서 우리는 고린도전서 7장을 관통하는 중요한 원칙, 곧 각 사람은 주님께 부르심을 받았을 때의 자신의 사회적 자리에 머물러야 한다는 원칙을 발견한다. 시간이 단축되었으므로 부르심을 받은 그대로 머물라는 권면은 일견 현실도피적인 시한부 종말론으로 보일 수도 있다. 그러나 바울이 단축된 시간에 관해 말할 때 그것은 산술적 의미에서 시간이 얼마 남지 않았다는 뜻이 아니라, 그리스도의 죽음과 부활로 인하여 시간에 질적인 변화가 일어났음을 의미한다. 그리스도 안에 있는 자들에게는 이미 새로운 시간이 시작되었고 대안적인 투자가 "지금 여기서" 요구된다는 것이다. 로마 제국의 시간 규범성과 긴장 관계에 있는 시간성이 그리스도의 죽음과 부활 안에 있다.

귀류법과 시간표

바울은 그리스도에게 소망을 두었다. 바울에게 있어서 궁극적 소망은 미래에 올 세대, 유토피아적인 모습으로 그려진 새로운 세계가 아니라, 그리스도라는 인물 안에 있는 시간이다. 본서에서 마지막으로 살펴볼 것은 고린도전서 15장에 나타나는 종말과 부활에 관한 이야기다. 바울은 그리스도 안에 이미 와 있는 미래가 그 베일이 벗겨질 때, 그것이 과연 어떤 모습일지를 신비의 언어로 기술한다.

고린도전서 15장의 전반부에서 바울은 그리스도의 부활과 현현 이야기를 시작한다. 바울은 15:1-2에서 고린도 신자들에게 자신이 전해 준 "복음"을 상기시킨다.

¹ 형제들아 내가 너희에게 전한 복음을 너희에게 알게 하노니 이는 너희가 받은 것이요 또 그 가운데 선 것이라 ² 너희가 만일 내가 전한 그 말을 굳게 지키고 헛되이 믿지 아니하였으면 그로 말미암아 구원을 받으리라 (고전 15:1-2)

여기 언급된 복음은 바울이 이전에 고린도에서 그들에게 구두로 전하여 준 것이며, 그보다 이전에 바울 또한 누군가로부터 전해 받은 것이다(고전 15:3["내가 받은 것을 먼저 너희에게 전하였노니"], 11:23 참고).[1] 즉, 바울은 전승의 연쇄 과정을 암시한다. 바울이 15장에서 상기시키는 복음의 내용은 다름 아니라 그리스도의 죽음과 매장과 부활, 그리고 현현에 관한 소식이다. 바울은 그리스도의 죽음, 매장, 부활이 성경을 따라 된 것임을 반복하여 강조한다. 그런 후 그리스도의 현현을 목격한 이들을 차례차례 나열한다. 이 목록의 마지막에 바울은 자신의 이름을 집어 넣는데, 아마도 이 부분은 바울이 받은 전승의 일부는 아닐 것이다.

바울이 그리스도의 죽음, 매장, 부활, 현현을 골자로 하는 복음을 상기시킨 이유는 크게 세 가지로 보인다. 첫째로, 바울 자신의 사도적 권위에 대한 방어의 목적이 있었을 것이다. 실제로, 바울은 자신 역시 현현을 목격한 증인이며, 따라서 정당한 사도라는 사실을 힘

---

1   갈라디아서에서 바울은 자신의 복음이 사람에게 온 것이 아니라 그리스도의 계시로 말미암은 것임을 아주 맹렬하게 변호했다. 이것을 감안하면, 자신의 복음이 초기 그리스도 공동체들 가운데 공유된 전승의 일부임을 긍정적으로 서술하는 고린도전서 15:1-3은 흥미로운 대조를 이룬다.

주어 말한다(고전 9:1 참고). 비록 사도 중 가장 작은 자이지만, 바울은 하나님의 은혜로 사도가 되었다(고전 15:9-10). 둘째로, 바울은 자신을 비롯한 사도들이 이 복음의 기본적인 내용에 있어서 일치한다는 점을 강조한다(고전 15:11; 동역에 관한 3:9 참고). 이는 다시금 고린도 공동체의 일치를 위한 모범으로서 기능한다(고전 4:6 참고). 셋째로, 고린도 공동체 내에서 신자들의 부활을 믿지 않는 이들이 있었고(소위, 부활 부인자들[deniers]), 이에 대해 바울이 긴 응답을 전개하기 위한 전제로서 이 그리스도 복음 전승을 언급한 것이다(고전 15:12). 이 세 가지는 각기 분리된 이유가 아니라, 하나로 엮여 있다.

고린도전서 15:1-11에서 닦아 놓은 전제, 곧 그리스도의 부활과 현현 위에서 바울은 이제 수사적인 질문과 논증을 전개한다(고전 15:12-34).

> 그리스도께서 죽은 자 가운데서 다시 살아나셨다 전파되었거늘 너희 중에서 어떤 사람들은 어찌하여 죽은 자 가운데서 부활이 없다 하느냐 (고전 15:12)

15:12에서 바울은 그리스도의 부활이 현재 고린도의 신자들 가운데 선포되고 있다는 점을 일깨운다. 15:1-11에서 바울이 전승을 인용하여 뒷받침한 것처럼, 그리스도께서 부활하신 것은 명확하다. 바울의 논리를 풀어 보자면, (1) 부활한 그리스도의 현현을 본 여러 증인들이 있으며, (2) 바울 자신도 그 증인들의 목록에 있고, (3) 이 부활의

현현이 담긴 복음은 곧 바울이 전수받은 복음이며, (4) 바울도 그것을 고린도 신자들에게 전했기에 그들도 알고 있고, (5) 이 부활의 현현이 담긴 복음에 대해 바울과 다른 사도들의 견해가 일치한다는 것이다. 그리스도의 부활과 현현에 관한 이 모든 사실을 고린도 신자들도 이미 알고 있다면, 그리고 그것이 그들 가운데 선포되고 있다면(고전 15:12), 어째서 그들 중에서 어떤 사람들은 "죽은 자 가운데서 부활이 없다"고 말하고 다니는가?

공유된 기반을 자극하는 15:12의 수사적 질문에 이어서 15:13-15과 15:16-19에서 바울은 일종의 사고 실험을 전개한다(두 단락은 거의 평행한다).

> [13] 만일 죽은 자의 부활이 없으면 그리스도도 다시 살아나지 못하셨으리라 [14] 그리스도께서 만일 다시 살아나지 못하셨으면 우리가 전파하는 것도 헛것이요 또 너희 믿음도 헛것이며 [15] 또 우리가 하나님의 거짓 증인으로 발견되리니 우리가 하나님이 그리스도를 다시 살리셨다고 증언하였음이라 만일 죽은 자가 다시 살아나는 일이 없으면 하나님이 그리스도를 다시 살리지 아니하셨으리라 (고전 15:13-15)

바울은 신자들의 부활을 부인했을 때 어떠한 결과가 파생될 수 있는지를 다소 과장된 논리로 보여준다. 그런데, 15:1-11과 15:12-20을 함께 살펴보면, 고린도 신자들 중 어떤 사람들이 부인하고 있는 것은 그리스도의 부활이 아니라 신자들의 부활임을 알 수 있다. 그들은 그리스도의 부활은 받아들였다. 하지만 죽은 자들 가운데서 사람들이 살아나는 것(즉, 신자들의 부활을 포함하여)에 대해서는 회의적이었던 것 같다. 이들을 반박하기 위해서 바울은 다음과 같이 귀류법(歸謬法)을 전개한다(고전 15:13-19).

(1) 만일 죽은 자들로부터의 부활이 없다면,

(2) 그리스도도 부활하지 않았다는 것이고,

(3) 이는 고린도 신자들의 삶과 신앙을 무의미하게 만들어 버린다.

고린도 공동체 안에서 부활을 부인하는 자들이 일종의 영지주의자들이었다거나, 혹은 "과도한 실현된 종말론"에 빠져 있었기에 부활을 거부했다고 보는 것은 설득력이 떨어진다.[2] 다른 본문을 보면, 오히려 바울 자신이 소수에게만 접근 가능한 지식이 있다는 식의 모호한 어법을 쓰기도 했고(고전 2:6-16), 그리스도 안에서 이미 실현된 새 창조를 강조하기도 했으며(고후 5:17), 또한 성령의 은사를 누구보다도 강하게 체험하고 있다고 자신하기도 했다(고전 14:18).

고린도전서 15:12-19에서 바울이 교정하고자 하는 사람들은 그리스도의 부활을 인정하되, 신자들의 부활에 대해서는 확신하지 못

---

2   Martin, *The Corinthian Body*, 105-106. 또한 Jervis, *Paul and Time*, 102에 나오는 다음의 논평을 보라. "바울의 의도는 부활을 부인하는 자들의 열광주의를 억제하는 데 있는 것이 아니라, 그것을 재설정하고 확장하는 데 있다." 열광주의라는 용어를 사용하는 것에 대한 문제는 본서 5장의 각주 25번을 참고하라.

하는 사람들이다. 바울은 신자들의 부활을 부인하면, 그들의 삶과 신앙도 결국 헛된 것이 된다고 경고한다.

현대 기독교인들의 시선으로 본다면, 어떻게 그리스도의 부활과 신자들의 부활을 따로 떼어서 생각할 수 있을까 하는 의문이 들 수 있지만, 1세기의 이교적 환경에서는 충분히 가능한 일이었다. 고린도 공동체 곧 에클레시아의 신자들은 그리스-로마 세계의 이교적 맥락에서 살았던, 탈-이교적 이교도들이었다. 그들 중 몇몇 이들이 볼 때 그리스도의 부활의 경우, 당시 여러 영웅들, 반(半)신들의 소생 및 승천 등을 이해했던 인식의 틀 속에서 유비적인 사건으로 이해될 수 있었다.[3] 하지만 영웅적 존재인 그리스도가 부활했다고 해서 그것이 자동적으로 신자들도 종말에 부활할 것이라는 신념으로 연결되지는 않았다.[4] 그러나 유대인 바울이 보기에 그리스도의 부활

---

3   라이트(Wright)는 초기 그리스도인들이 선포한 부활의 의미를 좁고 전문적인 차원에서 정의한다. 이 때문에, 이교 세계에 존재했던 다양한 방식의 죽음 및 죽음 이후의 상태에 대한 생각들이, 바울의 이교도 출신 청중들의 인식의 틀을 빚었을 가능성을 과도하게 축소한다. "정의상 '부활'은 사람이 죽음 직후에 들어갈 수 있는(또는 들어갈 수 없는) 그런 실존이 아니었다; 부활은 육신을 입지 않은 '천상에서의' 삶이 아니었다; 부활은 그 모든 것 너머의 또 하나의 추가적인 단계였다. 부활은 죽음에 대한 재진술 또는 재정의가 아니라 죽음의 역전이었다." N. T. 라이트, 『하나님의 아들의 부활』, 박문재 옮김(크리스챤 다이제스트, 2005), 153. 나는 라이트의 이 말을 신학적 차원에서는 동의하지만, 역사적 차원에서는 보류적이다. 나는 이것이 1세기 이교적 환경에 있던 초기 그리스도 공동체의 일반적 구성원들이 당연하게 전제했던 부활의 정의라고 생각하지 않는다.
4   고린도 공동체에서 부활을 부인하는 자들이, 그리스 신화적 세계관의 영향 즉, 죽음 후 지복의 상태를 소수의 영웅들에게 국한시키고 일반적인 사람

은 단지 독립적인 영웅의 신화화(deification)가 아니라, 죽은 자들의 부활을 선취하는 첫 열매로서의 의미가 있었다. 죽은 자들의 부활이 오히려 더 큰 전제가 되는 것이다. 이처럼 바울은 고린도 신자들의 사고 순서를 뒤집는다. 마치 이렇게 말하고 있는 것이다. "여러분이 죽은 자들의 부활을 받아들여야, 그리스도의 부활도 가능합니다."

비록 고린도전서 15:1-11에서 바울이 그리스도의 부활을 "증명"하려는 것처럼 보일 수 있지만, 사실 이 단락에서 바울의 의도는 그리스도의 부활을 믿지 못하는 이들에게 빼도 박도 못할 증거를 내보여 설득하려는 것이 아니었다. 앞서 말했듯이, 바울과 고린도의 신자들 모두는 그리스도의 부활에 대해 이미 동의했다. 고린도에서의 쟁점은 과거의 사건인 그리스도의 부활이 아니라, 그것이 고린도의 신자들에게 어떤 의의가 있는지에 관한 문제였다. 이 지점은 오늘날에도 마찬가지로 적용된다. 셜리 거스리(Shirley Guthrie)가 잘 지적하였듯이, "설령 예수 부활을 확증하는 의학적 기록이 있다고 할지라도, 여전히 그것은 하나님께서 예수를 일으키셨음을 증명하는 것이 아니며, 예수의 부활이 죄와 악의 권세에 대한 승리를 의미한다는 점도 증명해주지 않는다."[5]

로마식의 십자가형을 당한 한 유대인 남자, 예수 그리스도가 부

들에게는 그러한 기대를 하지 않았던 그리스 신화적 세계관의 영향을 받았을 것으로 재구성하는 Paul J. Brown, *Bodily Resurrection and Ethics in 1 Cor 15: Connecting Faith and Morality in the Context of Greco-Roman Mythology*, WUNT 2/360 (Tübingen: Mohr Siebeck, 2014)을 참고하라.

5   Guthrie, *Christian Doctrine*, 273.

활했다고 말하는 것은, 이 세계와 인간의 구원을 향한 하나님의 결정적 행동에 대한 신앙고백이다. 그리고 그리스도의 부활과 그 의미를 고백하는 것은 신앙의 신비다. 기독교는 그러한 증인들의 신앙의 고백 위에 세워졌다.

어떻게 그리스도의 부활이 첫 열매가 되어 최종적인 단계에 이르는지, 바울은 고린도전서 15:20-28에서 그 시간표를 빠른 속도로 펼쳐 보인다. 먼저, 바울은 그리스도의 부활이 갖는 의의를 설명하기 위해, 아담과 그리스도를 대조한다(롬 5장 참고). 한 사람 아담 안에서 모든 이들이 죽었던 것처럼, 그리스도 안에서 모든 이들이 삶을 얻을 것이라는 바울의 말은 그리스도 사건이 갖는 광범위한 측면을 강조한다. 이어 바울은 종말의 시나리오를 "차례대로"(고전 15:23)라는 군사적인 용어를 사용하여 순서대로 제시한다. 유대 묵시문학이나 사해문서에서 종종 발견되는 종말론적 전쟁의 모티프가 여기 15:20-28에도 암시된 것처럼 보이지만, 바울은 이 종말의 하나님의 백성이 전쟁에 참여할 것이라고 말하지 않으며, 또한 악한 자들(the wicked)에게 닥칠 파멸에 대해서도 말하지 않는다.[6] 바울은 하나님께서 종말에 주권적으로 진행하실 일들을 간략하게 기술할 뿐이다. 가장 먼저는 첫 열매인 그리스도가 있고, 그 다음으로는 그리스도의 재림 시에 그리스도께 속한 자들이 부활할 차례가 올 것이다. 그

---

6 이 부분에 관한 자세한 설명은 *Biblica*에서 출간 예정인 Donghyun Jeong, "The Resurrection of the Messiah's End-time People: Describing Paul's Resurrection Discourse in Jewish Apocalyptic Terms"를 참고하라.

다음에는 **텔로스**(끝 혹은 목표라는 뜻)가 온다.

바울은 끝이 온다는 것을 알았다. 훨씬 더 노골적으로 로마를 적대적으로 묘사한 요한계시록의 저자에 비하면 바울은 반-로마적인 언사를 직접적으로 내뱉는 스타일은 아니었다. 그럼에도, 세상의 끝이 온다는 바울의 시나리오는 "끝이 없는 제국"(*imperium sine fine*, 베르길리우스, 『아이네이스』 1.279), 로마의 권세에 대한 주장과 불협화음을 이루는 유언비어처럼 보일 수 있었다. 여기서 끝이 없다는 것은 공간적인 동시에 시간적인 표현이다. 로마 제국은 모든 민족들(에트네)을 복속시켜 전 세계를 포괄하며 영속하는 보편적인 통치를 이루었다고 선전했다.[7] 유대인 바울은 유대인의 하나님이 그리스도를 통하여 자신을 불러, 이제 모든 민족들(에트네)을 그리스도에게로 복속시키는 일("믿어 순종하게 [하는 일]"[롬 1:5])에 선봉이 되게 하셨다고 믿었다.

---

7   잘 알려진 비문인 레스 게스타이(*Res Gestae*)는 아우구스투스가 복속시킨 민족들을 열거함으로써 그 황제의 업적을 칭송한다. 더 신화적인 방식의 선전으로는 율리우스-클라우디우스 왕조의 업적을 칭송하는 아프로디시아스의 세바스테이온에 있는 부조(relief)를 들 수 있다. 여기에는 아우구스투스가 땅과 바다로부터 기림을 받는 모습이 등장하며, 또한 아우구스투스가 정복한 민족들이 민족명과 더불어 개인의 얼굴로 형상화된다. 로마가 전 세계를 아우르는 보편적인 통치를 이루었다는 이념적 선전은 아우구스투스 이전에도 존재했다(예: 주전 2세기 폴리비우스의 글). 그런 점에서, 아우구스투스 제정 로마의 선전 방식은 이전의 이념을 이어받는 동시에 그것을 초월한다. 온 세계가(비록 이전에 알려져 있는 지역이라도) 이제 아우구스투스에 의해 새롭게 발견되고 복속되었으며, 따라서 "새로운 세계"가 된 것이다. Claude Nicolet, *Space, Geography, and Politics in the Early Roman Empire* (Ann Arbor: University of Michigan Press, 1991), 15-56.

그러나 고린도전서 15:20-28의 시나리오는 세상의 정치적 권세의 끝을 가리키는 것에 한정되지 않는다. 끝이 온다는 선언에는 하나님께서 우주적인 악의 권세들을 복속시킬 것에 대한 확신이 포함되어 있다. 어쩌면 바울이 말하는 우주적 권세들은 의인화된 추상적 세력이기보다는 이교의 신들을 가리키는 표현일 수도 있다.[8] 물론 이 두 가지는 상호 배타적인 선택지가 아닐 것이다. 끝이 올 때 하늘과 땅의 모든 권세, 그리고 이교의 신들이 그리스도에게 복종하게 되며, 최종적인 대적인 사망도 멸망 당할 것이다. 이것은 분명 전사적 이미지지만, 회복된 이스라엘과 예루살렘 재건 등의 모티프가 부재하기 때문에 "다윗 계열"의 메시아적 희망이라는 틀에 15:20-28을 넣기는 어려워 보인다.[9] 우주적 세력들을 포함하여 만물이 그리스도에게 복종하게 되면, 그리스도 자신도 하나님 아버지에게 복종하게 되어, 하나님께서 "모든 것 가운데 모든 것"이 되실 것이다. 또한 시간의 마지막이 되면 우주 공간 전체가 갱신될 것이다.

---

8   Emma Wasserman, "Gentile Gods at the Eschaton: A Reconsideration of Paul's 'Principalities and Powers' in 1 Corinthians 15," *JBL* 136 (2017): 727-746; 또한, 동일 저자의 책인 *Apocalypse as Holy War: Divine Politics and Polemics in the Letters of Paul* (New Haven: Yale University Press, 2018)을 참고하라.

9   우리는 바울이 명시적으로 다윗을 언급하는 본문도 극히 적다는 점을 생각해 볼 수 있다. 다윗이라는 이름은 바울서신 중 로마서에서만 언급되는데(롬 1:3; 4:6; 11:9), 이 중에서 다윗 계열의 메시아상을 유의미하게 연결할 수 있는 것은 로마서 1:3뿐이다. 고린도전서에서는 그와 같은 흔적을 찾기가 더 어렵다. 그러나 프레드릭슨은 개선장군처럼 귀환하는 다윗 계열의 메시아상을 바울의 종말론에서 핵심적 위치에 놓았다. 프레드릭슨, 『바울, 이교도의 사도』, 302-375.

바울의 종말의 복음은 피조세계 전체, 온 우주에 관한 것이다.[10] 하지만 우리의 시각에서 볼 때, 시간의 마지막이 온다는 것, 우주 전체가 새로워진다는 진술은 인간에게 영향을 미친다는 점에서 그 의미값을 갖는다. 우주는 표현할 길이 없이 광활하며 인간의 지각은 유한하다. 밤하늘의 수많은 별들을 바라볼 때, 이미 우리는 무수히 많은, 서로 다른 시간들을 바라본다. 5광년 떨어진 별의 빛과 10광년 떨어진 별의 빛을 우리는 현재의 것으로 여기지만, 그 둘은 서로 다른 공간에서 서로 다른 시간을 산다. 현대물리학에서는 우주 전체에 적용되는 "공통적인 현재"가 없다고 한다. "우주의 모든 사건과 그 사건들의 시간 관계를 표현하고 싶어도 … 과거, 현재, 미래를 구분하는 단 하나의 보편적 기준으로는 불가능하다"는 것이다.[11] 바울이 생각한 우주/세계(코스모스)와 우리에게 있는 우주 개념은 동일하지 않다. 나는 바울을 우주론적 지평에서 바라보는, 케제만(Käse-mann) 이후의 묵시적 바울 읽기 경향에 기본적으로 동의한다. 그러나 또한 오늘날 우리가 바울의 우주적 복음에 관해 말하거나, 모든 피조세계의 종말론적 회복에 관한 비전을 나눌 때, 나는 우리가 인간과의 관계 속에 계신 하나님이 역사하시는 공간과 시간, 즉 인간에게 유의미한 공간과 시간에 관해 말하고 있음을 인식한다.[12]

---

10 가벤타, 『로마서에 가면』, 97, 229.

11 로벨리, 『시간은 흐르지 않는다』, 58-61.

12 "하나님에 관한 모든 단언은 동시에 인간에 대한 단언이며, 그 역도 마찬가지다." Rudolf Bultmann, *Theology of the New Testament*, trans. Kendrick Grobel (Waco: Balyor University Press, 2007 [1951]), 1:191. 그러나 불트만의

다시 바울로 돌아가 보자. 제2성전기의 묵시사상은 바울의 신학 형성에 중요한 한 부분이었지만, 바울은 장르로서의 묵시록(apoca-lypse)을 남기지는 않았다.[13] 서신 기록자 바울이 묵시문학의 저자들과 가장 비슷하게 보일 때가 있다면 바로 이 고린도전서 15:20-28일 것이다. 하지만 묵시록의 저자들과 달리, 바울은 각각의 차례가 얼마나 빨리 올지, 혹은 얼마나 긴 시간일지를 계수하는 데에는(예: 단 7:25와 12:7, 계 12:14에 나오는 "한 때, 두 때, 반 때"와 같은 용어들; 계 20:3, 7에 나오는 "천년"이나 에스라4서 7:28의 "400년" 등) 그다지 관심이 없었다. 그는 종말에 이르는 역사 전체를 시대별로 나누어 훑고 지나가는 작업도 하지 않는다(예: 에녹1서 93:1-10, 91:11-17에 나오는 주간의 묵시; 에녹1서 85-90장에 나오는 동물 묵시 등). 데살로니가전서 5:1에서 바울은 특정한 시기나 절기와, 이 종말의 시나리오를 상세히 연결시켜 설명하려 하지 않는다. 묵시문학의 전통 바깥에서 생각해 보아도, 바울의 시간 관념은 특이해 보

이 유명한 문장에서는, "그 역도 마찬가지다(vice versa)"라는 표현이 간과되어서는 안 된다. 다시 말해, 인간에 관해 말할 때, 또한 우리는 하나님에 관해 말한다. 따라서 불트만에 반대하면서 바울의 인간론은 곧 우주론이라고 말한 케제만의 주장은 불트만의 말하기 방식에서 아주 멀리 떨어져 있지는 않다. 개인주의적으로 흐를 수 있는 불트만의 해석을 비판하면서도, 루터파 전통의 주된 강조점인 이신칭의를 여전히 붙들고 있었던 케제만의 딜레마에 관해서는 샌더스, 『바울과 팔레스타인 유대교』, 765-767(특히 각주 41번)을 보라.

13 묵시록(apocalypse), 묵시종말론(apocalyptic eschatology), 묵시주의(apocalypticism) 등의 용어 구분에 대해서는 John J. Collins, *The Apocalyptic Imagination: An Introduction to Jewish Apocalyptic Literature*, 3rd Edition (Grand Rapids: Eerdmans, 2016), 1-52을 보라.

인다. 농사와 전쟁과 의례와 삶의 모든 측면을 위하여 날과 월을 계수하고 천체와 계절의 움직임을 중요하게 관찰하던 고대 맥락에서 볼 때, 바울은 이례적인 방식으로 시간성을 재현했다.

어쩌면 바울에게는 이 모든 것이 바로 코앞에 있었기 때문에, 시간을 계수하거나 예측할 필요가 없었을지도 모른다. 그리스도의 부활(이미 일어난 사건)과 그리스도 안에 있는 신자들의 부활(살전 4장도 참고)은 서로 멀리 떨어져 있지 않았다. 고린도전서 7장에 있는 표현대로 말하자면, "때가 단축"(고전 7:29)되었다. 더 과격하게 말하자면, 가장 중요한 것은 신자들이 그리스도와 현재 누리는 연합이다. 미래는 그 연합의 완전한 드러남으로서만 의미를 가질 것이기에, 바울은 언제 그 부활의 때가 올지 계산하는 데에는 관심이 없었다.[14] 예컨대, 온 피조세계의 신음과 하나님의 해방의 비전을 향해 달려가던 로마서 8장은, 놀랍게도 그 회복된 세계의 지형에 관한 자세한 묘사가 아니라(예컨대, 요한계시록의 마지막 부분을 생각해보라) 그리스도 안에 있는 하나님의 사랑에 관한 이야기로 끝난다. 바울에게 있어서 그 어떤 것도, 그리스도 안에서 현재 존재하는 사랑의 관계를 끊을 수 없다.

---

14 Jervis, *Paul and Time*, 103. 저비스는 고린도전서 15:20-28에서 그리스도 안에 있는 자들의 몸의 부활이 사망의 패퇴에 앞서서 일어날 것이라 바울이 말했다는 점을 강조한다. 즉, 사망의 패퇴는 그리스도 안에 있는 자들이 현재와 미래에 누리는 부활과 별개로 일어나는 것이지, 그리스도 안에 있는 자들이 부활하기 위한 필요조건이 아니라는 것이다. 논쟁의 여지가 있지만, 저비스는 하나님의 승리가 이미 일어났다는 견해를 취한다. 하나님의 승리는 종말에 있을 하나님의 대적의 절멸(total annihilation)에서 성취되는 것이 아니라, 현재 이루어진 그 세력의 약화(diminishment)에서 이미 일어난 것이다(156).

영적인 몸

그런데 바울은 여기서 멈추지 않고, 부활의 몸에 관한 다소 사변적으로 보이는 논의를 15:35-58에 길게 덧붙인다. 앞서 15:12에서는 "죽은 자 가운데서 부활이 없다"라고 말하는 복수의 사람들이 고린도 공동체 안에 있었음을 수사적인 질문을 통해 엿볼 수 있었다. 그런데 15:35에서는 약간 다른 종류의 질문, "죽은 자들이 어떻게 다시 살아나며, 어떠한 몸으로 오[는가?]"라는 질문을 하는 단수의 인물이 공동체 안에 있다는 암시를 준다.

> 누가 묻기를 죽은 자들이 어떻게 다시 살아나며 어떠한 몸으로 오느냐 하리니 (고전 15:35)

바울은 그 인물의 어리석음을 꾸짖으면서, 자신의 설명을 시작한다.[15] 바울은 고린도전서 1-4장에서처럼, 고린도 신자들의 참 부모이자 스승으로 자신의 페르소나를 제시하며 그들을 교육한다.

---

15 실제로 죽은 자들의 몸의 본질이 무엇인지를 묻는 사람이 고린도 공동체 안에 있었을 가능성도 있지만, 이는 바울의 수사의 일부일 수 있다. 상상의 대화상대자(imaginary interlocutor)를 세워 놓고 그의 입장의 어리석음을 폭로하며 청중들에게 가르침을 주는 방식은 당시의 수사적인 기법 중 하나였고, 고린도전서 15:35에 나오는 단수의 질문자 역시 그러한 상상의 대화상대자로 이해될 수 있다. Jeffrey R. Asher, *Polarity and Change in 1 Corinthians 15: A Study of Metaphysics, Rhetoric, and Resurrection*, HUT 42 (Tübingen: Mohr Siebeck, 2000), 64-66.

고린도전서 15:35-58은 크게 세 부분으로 나누어진다(35-41절, 42-49절, 50-58절). 논의 전체의 전제가 되는 첫째 부분(고전 15:35-41)에서 바울은 자연에서 찾아볼 수 있는 사례들(동식물, 천체들 등)을 통해, "몸"의 다양성을 상기시킨다. 몸이라 해서 다 같은 몸이 아니다. 종말이라는 시간에 관한 바울의 담론에서, 해와 달과 별과 같은 천체들(하늘의 몸)이 언급되는 것이 흥미롭다. 고대 세계에서 천체의 움직임은 곧 시간의 움직임과 동일시되었다. 천체의 일정한 공간적 움직임이 시간의 흐름을 가시화하는 것이다. 하지만 4세기 교부인 아우구스티누스는 시간이 곧 천체들의 움직임이라는 사상을 거부하고, 그두 가지 사이를 분리했다(『고백록』 11.23.29). 그에게 천체들의 움직임은 하나님의 손에 달려 있을 뿐이었다. 이 점에서 아우구스티누스는 천체들과 시간에 관한 고대의 믿음을 탈신화화했다.[16] 바울은 아우구스티누스만큼 시간에 대해 길고 자세한 성찰을 내 놓지는 않지만, 그 역시 천체의 움직임이 시간을 나타낸다는 고대의 보편적 관점을 탈신화화한 것처럼 보인다. 고린도전서 15장에서 천체들은 단지 다양한 몸에 대한 예시로 기능할 뿐이다. 바울에게 있어서 시간은 하나님의 손에 있다.

둘째 부분(고전 15:42-49)에서 바울은 앞서 말한 유비를 가지고 부활의 몸과 현재의 몸에는 차이가 있다는 주장을 뒷받침하려 한다. 자연에서 찾아볼 수 있는 다양한 몸들이 서로 차이를 보이는 것을

---

16   Johannes Zachhuber, *Time and Soul: From Aristotle to St. Augustine* (Berlin: De Gruyter, 2022), 72.

미루어 볼 때, 신자들의 현재 몸과 부활의 몸 사이에 큰 차이가 있다는 주장이 그리 터무니 없는 생각은 아니라고 암시하는 것이다. 이를 위해 바울은 앞서 15:35-41의 예시만을 사용하는 것이 아니라 추가적인 장치들도 동원한다. 바울이 15:22에서 사용했던 아담-그리스도의 대조를, 15:45에서는 창세기 2:7을 인용하며 조금 다른 각도에서 활용한다.

> 마찬가지로 성경에 이렇게 적혀 있기도 합니다. "첫 사람 아담은 생명체가 되었다." 그런데 마지막 아담은 생명을 주시는 영이 되셨습니다. (고전 15:45 새한글성경)

바울은 "첫째 사람 아담은 살아 있는 **프쉬케**가 되었지만, 마지막 아담은 생명을 주는 **프뉴마**가 되었다"고 말한다. 그리고 마지막 셋째 부분(고전 15:50-58)에서 바울은 종말의 시나리오(고전 15:20-28)에서 간략하게만 지나갔던 신자들의 부활에 관한 순간을(고전 15:23), 특히 몸과 관련하여 현미경으로 확대하는 것처럼 상술한다.

고린도전서 15:35-58에 그려지는 부활의 몸은 지상의 몸인 "프쉬케적인 몸"(소마 프쉬키콘, 개역개정에서는 "육의 몸")과 다른, 영의 몸 곧 "프뉴마적인 몸"(소마 프뉴마티콘)이다(고전 15:44). 여기서 "영의 몸"이라는 표현이 갖는 어색함은 주석가들을 오랫동안 곤혹스럽게 만들어 왔다. "영"과 "몸"을 서로 반대되는, 혹은 적어도 구별되는 부분으로 인식해 온 사람들에게 있어서 "영의 몸"이라는 표현은 형용모순

(oxymoron)처럼 보였던 것이다.[17] 그러나 데일 마틴(Martin)과 엥그버그-페데슨(Engberg-Pedersen)을 비롯한 몇몇 학자들은 스토아 철학의 우주론과 인간론을 통해 이 표현을 해석하는 길을 열었다.[18] 비물질과 물질의 이원론을 견지했던 플라톤 철학과는 달리, 스토아 철학에서는 영(프뉴마)을 비롯한 만물이 물질성을 가지고 있다고 보았다. 이러한 스토아 철학의 우주론을 가져와 고린도전서 15:35-58을 보면, 바울이 말하는 영의 몸은 형용모순이 아니게 된다. 바울은 무거운 물질로 이루어진 지상의 몸이 아니라 가장 가볍고 미세한 물질(프뉴마)로 이루어진, 마치 천체와 같이 하늘에 거주할 수 있는 몸을 가리켜 영의 몸(프뉴마적인 몸)이라고 부른 것이다.

이러한 스토아 철학적 관점의 사용은, 고린도 공동체의 몇몇 구성원들이 신자들의 몸의 부활을 부인한 이유가 우주론적 차원의 불일치 때문이라고 상정할 경우 그 장점을 발휘한다.[19] 이러한 재구성에 따르면, 고린도 공동체 가운데 부활을 부인한 자들(이 경우 이들은 엘리트 그룹으로 여겨진다)은 스토아 철학, 혹은 스토아적 색채를 띤 헬레니즘 대중 철학의 영향을 받은 이들이었다. 그들이 보았을 때 몸의 구성 요소와 그 몸이 위치한 공간은 서로 호응해야 마땅했다. 그런데 바울이 초창기에 가르쳤던 죽은 자들의 부활 사상(데살로니가전서 4장 등

---

17   Fitzmyer, *First Corinthians*, 596.

18   Martin, *The Corinthian Body*, 104-136; Troels Engberg-Pedersen, *Cosmology and Self in the Apostle Paul: The Material Spirit* (New York: Oxford University Press, 2010), 8-38.

19   Asher, *Polarity and Change in 1 Corinthians*, 126-129.

에 나오는 형태)은 무겁고 열등한 물질로 이루어진 지상의 몸이 다시 살아나서 하늘, 곧 가볍고 우월한 물질의 처소로 올라가 거주하게 되리라고 말하는 것처럼 들렸다. 이는 몸의 구성 요소와 몸의 위치가 서로 어긋나는 상황이기 때문에, 철학적 지식을 지닌 고린도 공동체 속 엘리트들은 신자들의 몸의 부활을 부인한 것이다. 이러한 오해에 응답하기 위해 바울은 고린도전서 15장에서, 부활의 몸이 지상의 몸과 같지 않고 프뉴마, 곧 가볍고 미세하고 우월한 물질로 이루어진 몸이라고 답한 것이다. 그리하여 몸의 구성 물질과 거주 공간 사이의 우주론적 불균형의 오해를 해소했다는 것이다.

나는 이러한 재구성과 해석에 반대한다. 고린도전서 15장에 대한 스토아적 해석은 실제 스토아 철학자들의 글이나 파편과 비교해 보아도, 또 바울의 논지의 흐름을 살펴 보아도, 잘 들어맞지 않는 부분이 있다.[20] 또한 고린도 공동체 가운데 몇몇 이들이 이와 같은 철

---

20 스토아 철학으로 고린도전서 15장의 부활 담론 및 영의 몸을 해석하는 것의 문제점을 자세히 비판한 Donghyun Jeong, "1 Corinthians 15:35-58: An Assessment of Stoic Interpretation," *KJCS* 109 (2018): 45-70을 보라. 또한 James Ware, "Paul's Understanding of the Resurrection in 1 Corinthians 15:36-54," *JBL* 133 (2014): 809-835; John Granger Cook, "1Cor 15,40-41: Paul and the Heavenly Bodies," *ZNW* 113 (2022): 159-79도 참고하라. 물론 크게 보아 바울서신의 윤리적 권면은 스토아 철학의 윤리의 구조와 흥미로운 비교가 가능하다. 예컨대 Troels Engberg-Pedersen, *Paul and the Stoics* (Louisville: WJK, 2000)는 광범위한 비교 작업을 통해 스토아 철학과 바울서신 양쪽 모두를 I → X → S 모델로 해석한다(I: 개인; X: 이성/신/그리스도; S: 공동체). 내가 여기서 지적하는 것은, 고린도전서 15장에 나오는 "영의 몸"이 스토아적 의미의 물질적 프뉴마로 구성된 몸이라고 보는 견해는, 스토아 철학의 문

학적 이유 때문에 신자들의 몸의 부활을 부인했다고 보는 것도 설득력이 떨어진다. 앞서 말한 것처럼, 나는 고린도 공동체 가운데 부활을 부인한 자들이 철학적 이유 때문에 부활을 부인했다기보다는 (고전 15:12), 그리스-로마 세계의 통속적, 신화적인 세계관을 공유하던 이들이었기 때문이라고 생각한다. 신격화된 영웅적 인물인 그리스도의 부활은 이례적이기는 해도 이해 가능한 사건이었으나, 그것이 신자들의 부활과 반드시 연결된다고는 생각하지 않았던 것이다. 또한 스토아적 관점에서 고린도전서 15장을 해석하게 되면, 바울이 마치 지상의 물질과 그것으로 이루어진 세계를 열등하다고 보는 견해를 가졌던 것처럼 오해할 수 있다.

바울은 몸이 없는 상태(disembodied)의 인간 존재를 상상할 수 없었고, 또한 현재 지상에서의 몸의 물질성 자체를 악하다거나 열등하다고 말하지 않았다. 물론 성령의 신전이 된 신자들의 현재의 몸(고전 6:19)이 비록 육(사륵스), 곧 하나의 우주적 세력으로서의 육에 끊임없이 시달리며 도전받는 것이 사실이다(갈 5:17). 바울은 고난으로 점철된(고후 4:7-12; 6:4-10; 11:23-33) 자신의 육체가 날마다 쇠약하고 낡아감을 경험했다(고후 4:16). 그럼에도 그리스도 안에 있는 이들에게는 현재의 몸과 부활의 몸 모두가 주인이신 그리스도에게 속한 몸이다. 따라서 부활한 자들의 영의 몸은 전적으로 하나님의 영에 의해 움직이는 몸이 될 것이다. 부활의 몸은 그 구성물질의 우월함에 의해 정의되는 것이 아니라, "하나님의 영으로부터 흘러나오며 그 영에

___

헌들과 바울서신 모두를 공정하게 다루지 못한 해석이라는 점이다.

합당한 삶"으로 완전히 정의되는 몸이다.[21] 혹은 오늘날 소통될 수 있는 표현으로 바꾸어 말한다면, 고린도전서 15장에서의 부활은 "'참 사람', '새 사람'이 될 것이라는 희망"을 가리킨다.[22]

비록 바울이 몇몇 부분에서 철학자들의 분류법(taxonomy)을 상기시키는 표현을 쓰기는 하지만,[23] 그는 부활의 몸의 본질을 철학적으로 정교하게 정의하는 데에는 큰 관심이 없었다. 오히려 고린도전서 15장 후반으로 향해 치달을 수록, 바울의 말은 점점 더 묵시적으로 고조된다. 혈과 육은 하나님의 나라를 유업으로 받을 수 없고, 썩을 것이 썩지 않을 것을 유업으로 받을 수 없다는 근본적이고 좌절스러운 문제 앞에서(고전 15:50), 바울은 마치 마지막 단계에 이른 신비 제의의 사제(hierophant)처럼 하나의 신비(비밀)를 발화한다(고전 15:51).

> 보라 내가 너희에게 비밀을 말하노니 우리가 다 잠 잘 것이 아니요
> 마지막 나팔에 순식간에 홀연히 다 변화되리니 (고전 15:51)

마지막 나팔이 불 때, 죽은 자들은 일어날 것이고, 살아 있는 자들은 변화될 것이다. 그때의 몸은 하나님의 영에 의해 온전히 생명을 부여받은 몸이 될 것이다. 썩을 몸, 죽을 몸이 썩지 않음과 죽지 않음을 옷처럼 입게 될 때, 하나의 우주적 인격체처럼 권능을 가지고 있

---

21 폴라 구더, 『마침내 드러난 몸』, 오현미 옮김(도서출판 학영, 2023), 144.

22 진규선, 『부활의 위로』(서울: 수와진, 2024), 109.

23 Asher, *Polarity and Change in 1 Corinthians*, 100-110.

던 사망 역시 사라지게 될 것이다(고전 15:54; 15:26도 참고). 그러나 이례적 묵시가였던 바울이 꿈꾸는 최종적인 그림은, 다른 묵시문헌에서 나타나는 것처럼 천사들과 같이 변하여(angelic transformation) 하늘의 천사들의 무리에 합류하는 것도 아니고, 지상의 새로워진 메시아 나라에서 장구한 삶을 누리는 것도 아니었다. 바울에게는 그리스도와의 연합이 곧 지복이었다.[24]

바울의 부활 담론은 세상의 시간성에 관해 무엇을 말해 주는가? 바울은 시간과 인간의 최종적 상태가 그리스도와 하나님의 권세 아래 있다고 말함으로써, 고대 지중해 세계에서 흔히 신격화되었던 시간이나 운명 자체를 탈신화화한다.[25] 시간도 신이 아니며, 운명도 신이 아니다. 하지만 다른 한편, 바울이 그리는 종말의 시간, 죄, 사망, 그리스도의 우주적 권세에 관한 이야기는 그의 이교도 청중들에게 충분히 신화적으로 들렸을 수도 있다(로마서 5-8장 참고). 그러한 시각에서 본다면, 바울은 그리스도를 중심으로 하는 초기 그리스도제의 공동체들의 신화를 창의적으로 해석하고 수사적으로 활용하고 의례 안에서 구체화함으로써, 고린도의 공동체의 신앙과 삶을 빚어내는데 매진했던 인물이다. 부활의 몸과 관련된 고린도전서 15장이 현재의 공동체적 윤리로 끝을 맺는 것은 바울의 급선무가 어

---

24 추가적인 논증은 Jeong, "Describing Paul's Resurrection Discourse in Jewish Apocalyptic Terms"를 참고하라.

25 고대 지중해 세계를 비롯해서 여러 문화권에서 이루어진 시간의 신격화 사례는 S. G. F. Brandon, *History, Time and Deity* (Manchester: Manchester University Press, 1965), 31-64을 참고하라.

디에 있었는지를 보여주는 증거이다(고전 15:58). 그리스도와 연합한 상태가 완전하게 드러나게 될 영의 몸에 관한 바울의 비전은 새로운 가치 체계의 확립을 요구한다.[26]

> 그러므로 내 사랑하는 형제들아 견실하며 흔들리지 말고 항상 주의 일에 더욱 힘쓰는 자들이 되라 이는 너희 수고가 주 안에서 헛되지 않은 줄 앎이라 (고전 15:58)

이 장의 논의를 마치며, 부활이라는 시간을 다시 에클레시아 공간과 의례의 차원에 잇대어 생각해 보고자 한다. 바울은 "하나님의 시간표에서 지금이 몇 시인지를 자신이 잘 알고 있다고 확신"했다.[27] 자신이 그리스도의 시간을 살고 있음을 확신한 묵시사상가 바울은 시간을 재편하는 그리스도 의례의 수행자이자 해석자로 살았다. 세례를 통해 에클레시아로 들어온 이들, 즉 그리스도와 연합하여 그리스도 안이라는 공간에 머무는 이들은 곧 부활을 사는 사람들이다. 죽음의 시간이 아니라 생명의 시간(그리스도의 시간)을 사는 것이다. 에클레시아에서 실행되는 세례와 주의 만찬, 그리고 은사의 사용은 이 그리스도의 시간이 개인의 몸과 사회적 몸으로, 즉 공간적으로 경험되는 통로이다.[28] 이 같은 의례는 에클레시아를 빚으며,

---

26 김덕기, "몸의 부활의 신학적 쟁점을 해결하기 위한 바울의 융합의 전략 – 고린도전서 15장의 주석을 중심으로," 「한국기독교신학논총」 118(2020): 71-72.

27 프레드릭슨, 『바울, 이교도의 사도』, 28.

28 Rappaport, *Ritual and Religion*, 220에 나온 문장을 번역하여 길게 인용해 본

그리스도 안이라는 새로운 공간과 시간이 에클레시아 가운데 구현되도록 한다. 에클레시아 구성원들이 몸을 통해 의례에 참여한다는 것은 곧 몸을 매개로 그들이 관계를 맺는 피조세계 전체를 해방시키시며 새롭게 하시는 하나님의 일하심을 증언한다는 의미이기도 하다.[29] 누구든지 그리스도 안에—세례를 통해 들어가며, 주의 만찬을 통해 다른 지체들과 더불어 거하는 시간과 공간—있으면 새로운 창조다. 그들은 그 비밀, 부활을 산다.

다(강조 표시는 원 저자의 것이다). "타인과 더불어 노래하는 것, 의례를 수행하는 가운데 함께 움직이는 것은 단지 연합만을 상징하는 것이 아니다. 그러한 행동은 **그 자체로** 더 큰 질서의 재생산 가운데 재연합하는 것이다. 한 목소리로 노래하는 것은 그 질서를 단지 상징하는 데 그치는 것이 아니라 그 질서를 **가리키며**, 또한 그 질서를 받아들인다는 것을 **가리킨다**. 참여자들은 단지 그 질서에 **관하여** 다른 이들과 **의사소통**을 하는 것이 아니라, 그 질서 안에서 서로 **교통한다**." 라파포트(Rappaport)에 따르면, 의례는 그 의례가 약속하는 바를 단순히 상징한다기보다는 지시한다(indicate). 그는 군사적 도움을 나타내는 파푸아 뉴기니 마링 부족의 춤을 상징이 아니라 지시적 행위로서의 의례로 본다(57). 라파포트의 이러한 용어 구분은 상징(symbol)과 지표(index)를 구분하는 퍼스(Charles Sanders Peirce)의 기호학에 근거하지만, 몇몇 부분에서 차이를 보이기도 한다(58-68 참고). 세례와 주의 만찬과 같은 의례는 그리스도의 시간을 가리킨다. 세례를 받고 주의 만찬을 나누는 자들은 곧 주님과 연합한 사람들이다.

29 케제만이 지적했듯, 인간이 몸으로 산다는 것, 즉 인간의 체성(corporeality)은 인간의 피조성을 가리킬 뿐 아니라, 피조세계 전체와의 관계 안에 있다는 것을 의미한다. 그런 차원에서, 바울의 인간론은 곧 우주론이며, 그 역도 성립한다. Ernst Käsemann, "On Paul's Anthropology," in *Perspectives on Paul*, trans. Margaret Kohl (Philadelphia: Fortress Press, 1971), 21-23.

8장 종말과 부활 요약

8장에서 우리는 고린도전서 15장에 나오는 종말과 부활 담론을 통해, 그리스도 안에 있는 새로운 시간이 완전히 드러날 것에 대한 바울의 소망을 살펴보았다. 고린도에 있었던 소위 "부활 부인자들"은 그리스도의 부활은 받아들였지만, 그것이 신자들의 부활과 연결된다고 생각하지는 않았다.

이에 바울은 먼저 고린도전서 15:1-11에서 그리스도의 부활과 현현 전승을 통해 바울 자신과 다른 사도들, 그리고 그의 청중들이 공유하고 있는 전제인 그리스도의 부활을 상기시킨다. 그리고 이를 기반으로 15:12-19에서는 귀류법을 사용한다. 곧 죽은 자들의 부활을 받아들여야만 그리스도의 부활도 가능하고 신자들의 신앙도 의미가 있을 수 있다는 점을 논증한 것이다. 이어서 바울은 고린도전서 15:20-28에서 그리스도의 부활과 그리스도 안에 있는 이들의 부활 뿐 아니라 이 종말의 시나리오가 우주적 세력의 패퇴, 사망의 멸절 등을 포함한 피조세계의 갱신으로 이어질 것임을 간략하게 제시한다. 이와 같은 묵시종말적 시나리오는 바울의 유대 묵시사상을 반영하지만, 바울은 미래에 올 유토피아적 메시아 나라에 소망을 둔 것이 아니라 현재 그리스도 안에 있는 이들이 이미 누리고 있는 그리스도와의 연합이 갖는 함의에 소망을 둔다.

고린도전서 15:35-58은 신자들의 부활의 몸이 어떤 모습일지에 관한 긴 담론을 제시한다. 바울은 그 몸은 지상의 프쉬케적인 몸과 대비되는 "영의 몸", 곧 프뉴마적인 몸이라고 말한다. 몇몇 근래 해석자들이 스토아 철학의 우주론 및 인간론을 통해 이 프뉴마적인 몸을 우월한 구성 물질(프뉴마)로 구성된 몸으로 이해했던 것과 달리, 이 본문의 핵심은 몸의 구성 물질의 우월함과 열등함의 대비, 혹은 몸의 물질과 그 몸이 차지할 공간과의 합치성 여부에 있지 않다. 바울이 상상하는 프뉴마적인 몸, 즉 "영의 몸"은 전적으로 하나님의 영에 의해 움직이는 몸을 말한다. 앞선 15:20-28의 종말 시나리오와 마찬가지로 부활의 몸 단락(고전 15:35-58) 역시 스토아 철학보다는 유대 묵시사상의 배경 속에서 더욱 잘 이해되지만, 바울은 천사와 같은 존재들로의 변화(angelic transformation)나 지상의 새로워진 메시아 왕국에서의 장구한 삶을 소망한 것이 아니다. 바울은 오직 영의 몸을 통한 그리스도와의 연합의 완성을 지복으로 여겼다. 이러한 부활의 몸에 관한 비전은 현재 그리스도 안에 있는 이들에게 새로운 가치 체계를 따라 살 것을 요구한다.

| 에필로그: 여담(餘談), 바울의 집 |

본서에서 나는 고린도전서의 공간, 시간, 의례의 구성에 관해 살펴보았다. 한 마디로, 나는 고린도전서의 교회론을 그 세 가지의 범주들을 활용해서 탐구해 본 것이다. 그러나 건물과 거소의 은유는 비단 교회에만 해당되는 것은 아니다. 나는 프롤로그에서 집과 고향, 이주에 관한 개인적 이야기를 풀어내며 본서를 시작했다. 그리고 에필로그에서는 책 전체의 논의를 요약하기보다는, 바울의 집, 바울의 고향(둘 다 영어로는 home이다)에 관한 여담으로 고린도전서로의 여정을 마무리하려고 한다.

호메로스의 서사시, 『일리아스』와 『오뒷세이아』는 고대 지중해 세계의 문화 형성에 크게 기여했다. 『일리아스』가 트로이아라는 한 장소를 둘러싼 전쟁 이야기에 초점을 맞추었다면, 『오뒷세이아』는 지중해 여러 지역을 배경으로 벌어지는 여행기이다. 더 자세히 말하자면, 『오뒷세이아』는 그리스 연합군의 장수인 오뒷세우스가 트로이아 원정 전쟁을 마친 후, 어쩌면 전쟁보다도 더 거칠고 험한 바닷길의 위험을 뚫고 고향 이타카에 있는 자신의 집을 찾아가는 이야기, 그리하여 결국 자신의 자리를 회복하는 이야기다. 집/고향으로 돌아오기(homecoming)를 나타내는 그리스어 **노스토스**는 오뒷세이아 이후, 그리스-로마 세계의 문학에서 중요한 하나의 주제, 패턴, 문학적 장치가 되었다.

사도행전에 그려진 바울의 여정은 『오뒷세이아』에 가득한 항해 모티프를 떠올리게 한다. 바울 역시 그 여행길에서 난파를 당하기도 하고, 여러 차례 죽을 고비를 넘기기도 한다. 또 낯선 땅에 상륙하여 낯선 이들과 조우하기도 하고 칭송과 환대, 오해와 핍박을 번갈아 경험하기도 한다. 그런데 『오뒷세이아』와 비교했을 때 흥미로운 것은 사도행전에 나오는 바울 이야기의 경우 집으로 돌아가는 길, 즉 귀향의 여정이 아니라는 점이다. 사도행전에 따르면 바울의 고향은 소아시아 남쪽, 길리기아 지방의 다소라는 도시다. 그러나 난관으로 가득 찬 그 여행의 끝에 바울은 다소의 집으로 돌아가지 않았다. 그는 지인들의 만류에도 예루살렘으로 가서 체포되고, 황제에게 항소하여 결국 로마까지 이르게 되는 것으로 그 이야기는 끝을 맺는다. 사도행전의 바울 항해기는 **노스토스**를 결여하고 있다(아니면, 사도행전에서 로마 시민으로 그려진 바울에게 있어서 그의 여행 종착지인 로마가 바로 그의 고향, 그의 집이었던 것일까?)

바울서신으로 돌아가 보자. 바울의 집은 어디였을까? 그는 어디를 고향으로 여겼을까? 우리는 본서의 첫머리에서 고린도와 에베소에 관해 살펴보며 고린도전서에 관한 이야기를 시작했다. 그러나 바울은 그 도시들에 잠시 체류했을 뿐, 그 도시 출신도 아니었고 전적으로 그 도시에 속한 사람도 아니었다. 또한 사도행전은 바울을 로마 시민으로 기억하지만, 바울서신에서 바울이 스스로를 로마 시민이라 부른 적은 단 한 번도 없다. 사도행전이 기억하는 바울의 전기에 따르면 바울은 다소 출신이지만, 바울은 자신이 다소 출신이라는 점을 그의 편지에서 언급하지 않는다. 바울을 마주치는 누군가는 분명 그에게, "당신은 어디에서 왔는가"라는 질문을 했을 것이다. 그러나 그의 편지에서 바울은 고향을 밝히지 않는다.

바울에게 예루살렘은 특별하지 않은가? 바울 사역의 중요한 한 축은 이교도 출신 신자들에게서 걷은 연보를 예루살렘에 전달하는 것이었다(고전 16:1-4 참고). 이교도 출신들로 구성된 공동체들로부터 모금한 것을 가지고 다윗의 성, 예루살렘으로 향하는 바울의 걸음에는 예언을 성취하는 신학적 의미가 있었을 것이다.[1] 또한 그 여정은 자신의 집, 조상들의 고향을 찾아가는(homecoming) 여정으로 이해될 수도 있었을 것이다.[2] 그러나 바울의 존재가 과연 환영을 받았을지, "고향"에 있는 가난한 신자들을 돕기 위한 모금이 온전히 수납되었을지, 그리고 그곳에서의 환대를 업고 그토록 염원했던 대로 로마를 거쳐 마침내 스페인까지 도달할 수 있었을지, 우리는 확실히 알

---

1   Paula Fredriksen, "Judaism, the Circumcision of Gentiles, and Apocalyptic Hope: Another Look at Galatians 1 and 2," *JTS* 42 (1991): 564.

2   Ronald Charles, *Paul and the Politics of Diaspora* (Minneapolis: Fortress, 2014), 237-239.

길이 없다. 어쩌면 바울은 그 반대의 상황을 겪었을 수도 있다.[3] 환대를 거절당했다고 해서, 그곳이 고향이 아니라는 의미는 아니다. 고향은 늘 "안전의 장소이자 동시에 공포의 장소이다."[4] 디아스포라 유대인들에게 있어서 영원한 모도시였던 예루살렘이 바울에게도 집/고향이었다면, 그곳은 오직 양가적인 의미에서만 그럴 수 있었을 것이다.

바울은 자신이 히브리인이며, 이스라엘 사람이고, 아브라함의 자손이며, 베냐민 지파 출신이고, 특히 바리새인이라고 말한다(고후 11:22; 빌 3:5). 우리에게 알려진 1세기 중엽 문서들 가운데 저자가 자신을 바리새인이라고 밝히는 경우는 오직 바울의 편지밖에 없다.[5] 바울은 자기 동족에 대한 애끓는 마음을 로마서에서 세 장에 걸쳐 보여주었다(롬 9-11장). 그러나 이런 전기적 본문에서도 바울이 애착을 갖는 장소—예루살렘이든, 다소든, 로마든, 아니면 다른 어떤 장소든—에 관한 언급은 없다. 많은 디아스포라 유대인들에게는 자신이 사는 그 도시가 곧 파트리스(조국)이었다.[6] 하지만 바울서신에 그려진

---

3   Charles, *Paul and the Politics of Diaspora*, 252-253.

4   Charles, *Paul and the Politics of Diaspora*, 239. 그는 아브타 브라(Avtar Brah)를 인용하며 말한다.

5   Paula Fredriksen, "Paul, the Perfectly Righteous Pharisee," in *The Pharisees*, ed. Joseph Sievers and Amy-Jill Levine (Grand Rapids: Eerdmans, 2021), 112.

6   프레드릭슨은, 디아스포라 유대인들이 예루살렘을 모도시(메트로폴리스)로, 그리고 자신들이 태어나고 자라게 된 곳곳의 도시들을 조국(파트리스)으로 여겼다는 필론의 보도를 인용한다(Philo, *In Flaccum* 46). 프레드릭슨, 『바울, 이교도의 사도』, 90-91. 또한 128도 참고.

바울은 떠돌아 다니는 존재, 곧 집도 조국도 없는 존재처럼 보인다. 개역개정 고린도전서 4:11에서 "정처가 없다"에 해당하는 그리스어 단어는 영어성경에서 homeless(집 없는, 고향 없는)로 번역되곤 한다. 계속해서 길 위에 있었던 바울은 "이례적 디아스포라 유대인"이었다.[7]

바울은 그리스도의 노예, 그리스도의 사도, 그리스도의 대사라고 스스로를 지칭하며 로마 세계 이곳 저곳을 순회했다. 어떤 이들은 바울이 허풍선이 내지는 협잡꾼이 아닌가 하며 의심의 눈초리를 보냈고, 또 어떤 이들은 이방인 교회들을 향한 주도권을 놓고 바울과 경쟁했다. 고린도전서를 포함해서 바울이 남긴 편지들은 바울이 공을 들였던 공동체들로부터 물리적으로 떨어진 상태에서, 그 공동체들에게 영향력을 행사하려고 애쓰는 바울의 모습을 떠올리게 한다. 그들이 바울을 필요로 했던 것 이상으로, 바울은 그들을 필요로 했을 수 있다. 바울은 그들의 존재가 종말에 있을 자신의 상급이라고 생각했다. 그들은 바울의 소망, 기쁨, 영광, 자랑의 면류관이었다 (살전 2:19-20; 빌 4:1). 복음 전파에 하나님의 능력이 나타난다고 굳게 믿었던 바울은(롬 1:16; 고전 2:4) 어쩌면 "구원받는 사람이 없으면 말씀이

---

7   이 표현(anomalous diaspora Jew)은 바클레이에게서 가져왔다. John M. G. Barclay, *Jews in the Mediterranean Diaspora: From Alexander to Trajan (323 BCE – 117 CE)* (Berkely; Los Angeles: University of California Press, 1996), 381-395. 물론 바클레이의 요점은 나와 다르다. 바클레이는 바울이 전통적인 유대적 범주를 재편성하고 이방인들과의 사회적 관계에 있어서는 포용적 태도를 취하면서도, 헬레니즘 문화의 가치 기준에 대해서는 반대하는 입장을 취했다는 점을 지적하며, 이러한 조합이 바울을 이례적 디아스포라 유대인으로 만든다고 말한다.

올바로 선포된 것이 아니"라고 생각했을지도 모른다.[8] 바울이 낳은 구원의 공동체들은 바울의 사도적 존재의 이유였다. 그럼에도 바울은 그들 가운데 정주하지 않았다. 바울은 "가난하고 외롭고 높고 쓸쓸하니 그리고 언제나 넘치는 사랑과 슬픔 속에" 살았다.

기억이 머무는 곳, 그곳이 곧 집이며 고향이다. "나의 매인 것을 기억하라"고 권면했던 골로새서 속 바울과 달리(골 4:18), 고린도전서 속 바울은 그리스도를 기억하고 선포하라고 말했다. 고린도전서 11:23-25에서 바울은 고린도 공동체에게 그리스도에 관한 근원적인 기억의 의례를 상기시켰다(주의 만찬에서 떡과 잔을 나누며 주를 기억하라는 명령). 바울은 그들의 기억이 그리스도에게 머물기를 원했다. 익명의 히브리서 저자와 달리(히 11:14-16; 13:14), 바울은 하늘에 있는 "조국/고향"(파트리스)이나 "다가올 영구한 도시" 등을 명시적으로 호출한 적이 없다.[9] 아니, 바울에게는 하늘의 것이든, 땅의 것이든, 땅 아래의

---

8   나는 스탠리 하우어워스가 자신이 어릴 때 다니던 교회를 회고한 부분을 가져와서 사용했다. "플레전트마운드 감리교회 교인들은 감리교 신자였지만 그 지역 사람들이 대부분 그렇듯 실은 침례교 신자였다. 즉 침례를 받고 교회의 일원이 되었어도 여전히 '구원받을' 필요가 있었다. 침례와 교인 등록이 주일 오전의 일이라면 구원은 주일 저녁의 일이었다 … 우리가 왜 부흥해야 하는지는 잘 몰랐지만, 언제나 교인들 중 일부는 분명히 구원을 받았다. 그런데 매년 같은 사람들이 구원을 받는 경우가 많았다. 그들이 구원받고 싶었던 이유는 설교자를 구원하기 위해서가 아니었을까 하는 생각이 가끔 든다. 구원받는 사람이 없으면 말씀이 올바로 선포된 것이 아니라는 인식이 있었기 때문이다." 스탠리 하우어워스, 『한나의 아이』, 홍종락 옮김(IVP, 2016), 27-29.

9   고린도전서와는 조금 다른 은유를 사용하는 빌립보서에서, 바울은 "우리의

것이든, 고향이라는 것이 필요하지 않았다. 바울은 그리스도 안에 살았으며, 자신이 거기 영주할 것임을 확신했다. 그리스도로 옷 입은 바울은 이 땅에서의 장막이 벗겨질 때에도, 그리스도와 더불어 "집에 있게 될" 것이다(고후 5:8).[10] 바울은 어디를 가든지, 그리스도라는 공간과 시간 안에 있었다. 그리스도가 곧 바울의 집이었다.

시민적 연합체(**폴리튜마**)가 하늘에 있다"고 말한 적이 있다(빌 3:20). 그러나 바울은 하늘의 건물을 상상했다기보다는, 수신자들이 이 땅에서, 하늘에 기원을 둔 그리스도 복음에 합당하게 시민 생활을 하라는 권면을 위해 이 은유를 사용한 것이었다(빌 1:27).

10　고린도후서 5:8에 쓰인 그리스어 동사 **엔데메인**에는 공간의 이미지가 들어 있다. 개역개정에서는 이러한 이미지가 빠지고 주와 "함께 있다"로만 번역 되었다.

한국어 자료

곽계일. 『오리게네스 성경해석학 서사기: 해석, 상징, 드라마』. 도서
　　출판 다함, 2023.

김규섭. "고린도전서에 나타난 바울 교회의 형성." 『ACTS 신학저
　　널』 58(2023): 9-60.

김덕기. "몸의 부활의 신학적 쟁점을 해결하기 위한 바울의 융합의
　　전략 – 고린도전서 15장의 주석을 중심으로." 『한국기독교신학
　　논총』 118(2020): 35-80.

김선용. "캐롤린 오시에크의 『초기 기독교의 가족: "가족의 가치" 재
　　고』 소개." 『초기 기독교의 가족: "가족의 가치" 재고, 개정판』.
　　임충열 옮김. 알맹e, 2024.

김성종. 『고린도전서 14장 회고적 읽기와 성령의 은사』. 바울, 2019.

김세윤. 『고린도전서 강해』. 개정판. 두란노아카데미, 2008.

김판임. 『바울과 고린도교회: 1세기 지중해지역 초기 교회 현장을 찾
　　아서』. 도서출판 동연, 2014.

박영호. 『우리가 몰랐던 1세기 교회: 오늘의 그리스도인을 위한 사회
　　사적 성경 읽기』. IVP, 2021.
소광희. 『시간의 철학적 성찰』. 문예출판사, 2001.
안용성. 『현상학과 서사 공간: 성서의 이야기 공간에 대한 현상학적
　　고찰』. 새물결플러스, 2018.
왕인성. "고린도전서 8:1-11:1의 '우상제물' 문제에 대한 사회문화
　　적 접근과 전통적 해석 재고(再考)." 『신약논단』 17(2010): 623-
　　656.
이상환. 『Re: 성경을 읽다』. 도서출판 학영, 2023.
정동현. "사순절: 십자가의 사랑, 가치, 공동체." 『기독교사상』 2024
　　년 2월호: 104-115.
진규선. 『부활의 위로』. 수와진, 2024.
차정식. 『바울신학 탐구』. 대한기독교서회, 2005.

번역서

Barclay, John M. G. / 존 M. G. 바클레이. 『왜 로마 제국은 바울에게
　　중요치 않았는가』. 임충열 옮김. 알맹e, 2024.

Boccaccini, Gabrielle. / 가브리엘레 보카치니. 『바울이 전하는 세 가
　　지 구원의 길』. 이상환 옮김. 도서출판 학영, 2023.

Fredriksen, Paula. / 파울라 프레드릭슨. 『바울, 이교도의 사도』. 정동
　　현 옮김. 도서출판 학영, 2022.

Gaventa, Beverly Roberts. / 비벌리 로버츠 가벤타. 『로마서에 가면』.
　　이학영 옮김. 도서출판 학영, 2021.

Gooder, Paula. / 폴라 구더. 『마침내 드러난 몸』. 오현미 옮김. 도서출
　　판 학영, 2023.

Hauerwas, Stanley. / 스탠리 하우어워스. 『한나의 아이』. 홍종락 옮김. IVP, 2016.

Hays, Richard B. / 리처드 헤이스. 『신약의 윤리적 비전』. 유승원 옮김. IVP, 2002.

McKnight, Scot and B. J. Oropeza. / 스캇 맥나이트, B. J. 오로페자 엮음. 『바울에 관한 다섯 가지 관점』. 김명일, 김선용, 김형태, 이영욱, 정동현 옮김. 감은사, 2023.

McKnight, Scot and Nijay K. Gupta. / 스캇 맥나이트, 니제이 K. 굽타 엮음. 『신약학 연구 동향』. 정동현 옮김. 비아토르, 2023.

Meeks, Wayne. / 웨인 믹스. 『1세기 기독교와 도시 문화: 바울 공동체의 사회 문화 환경』. 박규태 옮김. IVP, 2021.

Osiek, Carolyn. / 캐롤린 오시에크. 『초기 기독교의 가족: "가족의 가치" 재고, 개정판』. 임충열 옮김. 알맹e, 2024.

Rovelli, Carlo. / 카를로 로벨리. 『시간은 흐르지 않는다』. 이중원 옮김. 쌤앤파커스, 2019.

Sanders, E. P. / E. P. 샌더스. 『바울과 팔레스타인 유대교』. 박규태 옮김. 알맹e, 2017.

Smith, Jonathan Z. / 조너선 스미스. 『자리 잡기: 의례 내의 이론을 찾아서』. 방원일 옮김. 이학사, 2009.

Stendahl, Krister. / 크리스터 스텐달. "사도 바울과 서구의 성찰적 양심." 『유대인과 이방인 사이에 있는 바울』. 김선용, 이영욱 옮김. 감은사, 2021.

Theissen, Gerd. / 게르트 타이쎈. 『기독교의 탄생: 예수 운동에서 종교로』. 박찬웅, 민경식 옮김. 개정판. 대한기독교서회, 2018.

Thiselton, Anthony C. / 앤서니 C. 티슬턴. 『고린도전서: 해석학적 & 목회적으로 바라 본 실용적 주석』. 권연경 옮김. SFC, 2011.

Turner, Max. / 막스 터너. 『성령과 은사』. 김재영, 전남식 옮김. 새물결플러스, 2011.

Wright, N. T. / N. T. 라이트. 『하나님의 아들의 부활』. 박문재 옮김. 크리스챤 다이제스트, 2005.

외국어 자료

Adams, Edward. *The Earliest Christian Meeting Places: Almost Exclusively Houses?* London; New York: Bloomsbury, 2013.

Asher, Jeffrey R. *Polarity and Change in 1 Corinthians 15: A Study of Metaphysics, Rhetoric, and Resurrection.* HUT 42. Tübingen: Mohr Siebeck, 2000.

Auffarth, Christoph. "The Materiality of God's Image: The Olympian Zeus and Ancient Christology." Pages 465-480 in *The Gods of Ancient Greece: Identities and Transformations.* Edited by Jan N. Bremmer and Andrew Erskine. Edinburgh: Edinburgh University Press, 2010.

Aune, David E. "Magic in Early Christianity." *ANRW* 2.23.2 (1980): 1507–57.

Austin, J. L. *How to Do Things with Words.* Oxford: Oxford University Press, 1970.

Balch, David L. "The Suffering of Isis/Io and Paul's Portrait of Christ Crucified (Gal. 3:1): Frescoes in Pompeian and Roman Houses and in the Temple of Isis in Pompeii." *JR* 83 (2003): 24–55.

Barclay, John M. G. *Jews in the Mediterranean Diaspora: From Alexander to Trajan (323 BCE – 117 CE).* Berkely; Los Angeles: University of California Press, 1996.

_____. "Apocalyptic Allegiance and Disinvestment in the World: A Reading of 1 Corinthians 7:25–35." Pages 257-274 in *Paul and the Apocalyptic Imagination.* Edited by Ben C. Blackwell, John K. Goodrich, and Jason Maston. Minneapolis: Fortress, 2016.

Bell, Brigidda. "The Cost of Baptism? The Case for Paul's Ritual Compensation." *JSNT* 42 (2020): 431-452.

Bell, Catherine. *Ritual Theory, Ritual Practice*. New York: Oxford University Press, 2009 (1992).

Beyer, Barbara. *Determined by Christ: The Pauline Metaphor 'Being in Christ.'* Leiden; Boston: Brill, 2024.

Bookidis, Nancy. "Religion in Corinth: 146 B.C.E. to 100 C.E.." Pages 141-164 in *Urban Religion in Roman Corinth: Interdisciplinary Approaches*. Edited by Daniel N. Schowalter and Steven J. Friesen. Cambridge, MA: Harvard Theological Studies, 2005.

Borgen, Peder. "'Yes,' 'No,' 'How Far?': The Participation of Jews and Christians in Pagan Cults." Pages 30-59 in *Paul in His Hellenistic Context*. Edited by Troels Engberg-Pedersen. Minneapolis: Fortress, 1995.

Brandon, S. G. F. History, *Time and Deity*. Manchester: Manchester University Press, 1965.

Brettler, Marc. "Cyclical and Teleological Time." Pages 111-128 in *Time and Temporality in the Ancient World*. Edited by Ralph M. Rosen. Philadelphia: University of Pennsylvania Museum of Archaeology and Anthropology, 2004.

Broneer, Oscar. "Paul and the Pagan Cults at Isthmia." *HTR* 64 (1971): 169-187.

Brown, Paul J. *Bodily Resurrection and Ethics in 1 Cor 15: Connecting Faith and Morality in the Context of Greco-Roman Mythology*. WUNT 2/360. Tübingen: Mohr Siebeck, 2014.

Castelli, Elizabeth. *Imitating Paul: A Discourse of Power*. Louisville: Westminster John Knox, 1991.

Charles, Ronald. *Paul and the Politics of Diaspora*. Minneapolis: Fortress, 2014.

Ciampa, Roy E. and Brian S. Rosner. *The First Letter to the Corinthians*. PNTC. Grand Rapids: Eerdmans, 2010.

Cianca, Jenn. *Sacred Ritual, Profane Space: The Roman House as Early Christian Meeting Place*. Montreal: McGill-Queen's University Press, 2018.

Collins, Adela Yarbro. "The Function of 'Excommunication' in Paul." *HTR* 73 (1980): 251-263.

_____. "Paul's Disability: The Thorn in His Flesh." Pages 165-183 in *Disability Studies and Biblical Literature*. Edited by Candida R. Moss and Jeremy Schipper. New York: Palgrave Macmillan, 2011.

Collins, John J. *The Scepter and the Star: Messianism in Light of the Dead Sea Scrolls*. 2nd Edition. Grand Rapids: Eerdmans, 2010.

_____. *The Apocalyptic Imagination: An Introduction to Jewish Apocalyptic Literature*. 3rd Edition. Grand Rapids: Eerdmans, 2016.

_____. *What Are Biblical Values? What the Bible Says on Key Ethical Issues*. New Haven: Yale University Press, 2019.

Concannon, Cavan W. *"When You Were Gentiles": Specters of Ethnicity in Roman Corinth and Paul's Corinthian Correspondence*. New Haven: Yale University Press, 2014.

Cook, John Granger. "1Cor 15,40–41: Paul and the Heavenly Bodies." *ZNW* 113 (2022): 159–79.

Cullmann, Oscar. *Christ and Time: The Primitive Christian Conception of Time and History*. Translated by Floyd V. Filson. Philadelphia: Westminster, 1962.

DeMaris, Richard E. *The New Testament in Its Ritual World*. London; New York: Routledge, 2008.

Douglas, Mary. *Purity and Danger: An Analysis of Concept of Pollution and Taboo*, with a new preface by the author. London; New York: Routledge, 2002 (1966).

Eastman, Susan Grove. *Recovering Paul's Mother Tongue: Language and Theology in Galatians*. Eugene: Cascade: 2022.

Edmonds, Radcliffe G. *Drawing the Moon: Magic in the Ancient Greco-Roman*

World. Princeton: Princeton University Press, 2019.

Ellis, J. Edward. *Paul and Ancient Views of Sexual Desire: Paul's Sexual Ethics in 1 Thessalonians 4, 1 Corinthians 7 and Romans 1*. London: T&T Clark, 2007.

Engberg-Pedersen, Troels. *Paul and the Stoics*. Louisville: WJK, 2000.

_____. *Cosmology and Self in the Apostle Paul: The Material Spirit*. New York: Oxford University Press, 2010.

Engels, Donald. *Roman Corinth: An Alternative Model for the Classical City*. Chicago: University of Chicago Press, 1990.

Fee, Gordon D. *The First Epistle to the Corinthians*, Revised Edition. NICNT. Grand Rapids: Eerdmans, 2014.

Fellows, Richard G. "The Interpolation of 1 Cor. 14.34-35 and the Reversal of the Name Order of Prisca and Aquila at 1 Cor. 16.19." *JSNT* (2024): 1-39.

Fitzmyer, Joseph A. *First Corinthians: A New Translation with Introduction and Commentary*. AB 32. New Haven: Yale University Press, 2008.

Frede, Michael. "The Case for Pagan Monotheism in Greek and Graeco-Roman Antiquity." Pages 53-81 in *One God: Pagan Monotheism in the Roman Empire*. Edited by Stephen Mitchell and Peter Van Nuffelen. Cambridge: Cambridge University Press, 2010.

Fredriksen, Paula. "Judaism, the Circumcision of Gentiles, and Apocalyptic Hope: Another Look at Galatians 1 and 2." *JTS* 42 (1991): 532-564.

Fürst, Alfons. "Monotheism between Cult and Politics: The Themes of the Ancient Debate between Pagan and Christian Monotheism." Pages 82-99 in *One God: Pagan Monotheism in the Roman Empire*. Edited by Stephen Mitchell and Peter Van Nuffelen. Cambridge: Cambridge University Press, 2010.

Garroway, Joshua D. *Paul's Gentile-Jews: Neither Jew nor Gentile, but Both*. New York: Palgrave Macmillan, 2012.

Gaventa, Beverly Roberts. "'You Proclaim the Lord's Death': 1 Corinthians 11:26

and Paul's Understanding of Worship." *RevExp* 80 (1983): 377-387.

_____. *Our Mother Saint Paul*. Louisville: WJK, 2007.

Given, Mark D. *Paul's True Rhetoric: Ambiguity, Cunning, and Deception in Greece and Rome*. Harrisburg: Trinity Press International, 2001.

Glancy, Jennifer. *Slavery in Early Christianity*. Minneapolis: Fortress, 2006.

Grimes, Ronald L. *The Craft of Ritual Studies*. New York: Oxford University Press, 2014.

Guthrie, Shirley C. *Christian Doctrine*. 50th Anniversary Edition. Louisville: WJK, 2018.

Harrill, J. Albert. *The Manumission of Slaves in Early Christianity*. Tübingen: Mohr Siebeck, 1998.

Hays, Richard B. *First Corinthians*. Louisville: WJK, 1997.

Hogeterp, Albert L. A. *Paul and God's Temple: A Historical Interpretation of Cultic Imagery in the Corinthian Correspondence*. Leuven: Peeters, 2006.

Horrell, David G. "Domestic Space and Christian Meetings at Corinth: Imagining New Contexts and the Buildings East of the Theatre." *NTS* 50 (2004): 349–69.

Hylen, Susan E. "Public and Private Space and Action in the Early Roman Period." *NTS* 66 (2020): 534-553.

_____. *Finding Phoebe: What New Testament Women Were Really Like*. Grand Rapids: Eerdmans, 2023.

Jeong, Donghyun. "1 Corinthians 15:35-58: An Assessment of Stoic Interpretation." *KJCS* 109 (2018): 45-70.

_____. *Pauline Baptism among the Mysteries: Ritual Messages and the Promise of Initiation*. BZNW 257. Berlin: De Gruyter, 2023.

_____. "Translating 1 Corinthians 12.31a as a Rhetorical Question." *BT* 75 (2024): 65-81.

_____. "The Resurrection of the Messiah's End-time People: Describing

Paul's Resurrection Discourse in Jewish Apocalyptic Terms." *Bib* (2025, forthcoming).

Jervis, L. Ann. *Paul and Time: Life in the Temporality of Christ.* Grand Rapids: Baker Academic, 2023.

Johnson, Luke Timothy. *Religious Experience in Earliest Christianity.* Minneapolis: Fortress, 1998.

Jung, UnChan. *A Tale of Two Churches: Distinctive Social and Economic Dynamics at Thessalonica and Corinth.* BZNW 252. Berlin: De Gruyter, 2021.

Käsemann, Ernst. "On Paul's Anthropology." Pages 1-31 in *Perspectives on Paul.* Translated by Margaret Kohl. Philadelphia: Fortress, 1971.

_____. *Commentary on Romans.* Translated by Geoffrey W. Bromiley. Grand Rapids: Eerdmans, 1980.

Kim, Seon Yong. *Curse Motifs in Galatians.* WUNT 2/531. Tübingen: Mohr Siebeck, 2020.

Kim, Yung Suk. *Christ's Body in Corinth: The Politics of a Metaphor.* Minneapolis: Fortress, 2008.

Kirk, Alexander N. "Building with the Corinthians: Human Persons as the Building Materials of 1 Corinthians 3.12 and the 'Work' of 3.13-15." *NTS* 58 (2012): 549-570.

Klauck, Hans-Josef. *The Religious Context of Early Christianity: A Guide to Graeco-Roman Religions.* Translated by Brian McNeil. Minneapolis: Fortress, 2003.

Klawans, Jonathan. *Impurity and Sin in Ancient Judaism.* New York: Oxford University Press, 2000.

Kloppenborg, John S. *Christ's Associations: Connecting and Belonging in the Ancient City.* New Haven: Yale University Press, 2019.

Lakey, Michael. *The Ritual World of Paul the Apostle: Metaphysics, Community and Symbol in 1 Corinthians 10-11.* London; New York: T&T Clark, 2019.

Lee, Gilha. "From a Free Person to a Slave of Christ: 1 Cor 7:21–23 in Light of Self-Sale Enslavement in the Roman Empire" (unpublished paper).

Lee, Jin Hwan. *The Lord's Supper in Corinth in the Context of Greco-Roman Private Associations*. Lanham: Lexington Books/Fortress Academic, 2018.

Lee, Michelle V. *Paul, the Stoics, and the Body of Christ*. Cambridge; New York: Cambridge University Press, 2006.

Lefebvre, Henri. *The Production of Space*. Translated by Donald Nicholson-Smith. Oxford: Blackwell, 1991.

Liu, Yulin. *Temple Purity in 1–2 Corinthians*. WUNT 2/343. Tübingen: Mohr Siebeck, 2013.

MacDonald, Margaret Y. *The Pauline Churches: A Socio-historical Study of Institutionalization in the Pauline and Deutero-Pauline Writings*. Cambridge: Cambridge University Press, 1988.

Mack, Burton L. "Rereading the Christ Myth: Paul's Gospel and the Christ Cult Question." Pages 35-73 in *Redescribing Paul and the Corinthians*. Edited by Ron Cameron and Merrill P. Miller. Atlanta: SBL, 2011.

Magda, Ksenija. *Paul's Territoriality and Mission Strategy: Searching for the Geographical Awareness Paradigm Behind Romans*. WUNT 2/266. Tübingen: Mohr Siebeck, 2009.

Marchal, Joseph A. (ed.). *Studying Paul's Letters: Contemporary Perspectives and Methods*. Minneapolis: Fortress, 2012.

_____. (ed.). *After the Corinthian Women Prophets: Reimagining Rhetoric and Power*. Atlanta: SBL, 2021.

Marshall, Jill E. *Women Praying and Prophesying in Corinth: Gender and Inspired Speech in First Corinthians*. WUNT 2/448. Tübingen: Mohr Siebeck, 2017.

Martin, Dale B. *Slavery as Salvation: The Metaphor of Slavery in Pauline Christianity*. New Haven: Yale University Press, 1990.

_____. *The Corinthian Body*. New Haven: Yale University Press, 1995.

_____. "*Arsenokitēs* and *Malakos*: Meanings and Consequences." Pages 37-50 in *Sex and the Single Savior: Gender and Sexuality in Biblical Interpretation*. Louisville: WJK, 2006.

McGinn, Thomas A. J. *Prostitution, Sexuality, and the Law in Ancient Rome*. New York: Oxford University Press, 1998.

Mitchell, Alan C. "Rich and Poor in the Courts of Corinth: Litigiousness and Status in 1 Corinthians 6.1-11." *NTS* 39 (1993): 562-586.

Mitchell, Margaret M. *Paul and the Rhetoric of Reconciliation: An Exegetical Investigation of the Language and Composition of 1 Corinthians*. Louisville: WJK, 1993.

Moore-Keish, Martha L. *Do This in Remembrance of Me: A Ritual Approach to Reformed Eucharistic Theology*. Grand Rapids: Eerdmans, 2008.

Morales, Isaac Augustine. "Baptism and Union with Christ." Pages 157-179 in *"In Christ" in Paul: Explorations in Paul's Theology of Union and Participation*. Edited by Michael J. Thate, Kevin J. Vanhoozer, and Constantine R. Campbell. WUNT 2/384. Tübingen: Mohr Siebeck, 2014.

Morgan, Teresa. *Roman Faith and Christian Faith:* Pistis *and* Fides *in the Early Roman Empire and Early Churches*. Oxford: Oxford University Press, 2015.

_____. *Being 'in Christ' in the Letters of Paul*. WUNT 449. Tübingen: Mohr Siebeck, 2020.

Moss, Candida R. *The Other Christs: Imitating Jesus in Ancient Christian Ideologies of Martyrdom*. New York: Oxford University Press, 2010.

Murphy-O'Connor, Jerome. *Paul: A Critical Life*. Oxford: Oxford University Press, 1996.

_____. *St. Paul's Corinth: Text and Archaeology*. Third Revised and Expanded Edition. Collegeville: Liturgical Press, 2002.

Nasrallah, Laura Salah. "Judgment, Justice, and Destruction: *Defixiones* and 1 Corinthians." *JBL* 140 (2021): 347-367.

Neyrey, Jerome. "Body Language in 1 Corinthians." *Semeia* 35 (1986): 129–70.

Nicolet, Claude. *Space, Geography, and Politics in the Early Roman Empire*. Ann Arbor: University of Michigan Press, 1991.

Økland, Jorunn. *Women in Their Place: Paul and the Corinthian Discourse of Gender and Sanctuary Space*. London; New York: T&T Clark International, 2004.

Park, Young-Ho. *Paul's Ekklesia as a Civic Assembly: Understanding the People of God in their Politico-Social World*. WUNT 2/393. Tübingen: Mohr Siebeck, 2015.

Patterson, Stephen J. "A Rhetorical Gem in a Rhetorical Treasure: The Origin and Significance of 1 Corinthians 13:4-7." *BTB* 39 (2009): 87-94.

Punt, Jeremy. "Who's the Fool, and Why? Paul on Wisdom from a South African Perspective." *R&T* 20 (2013): 107-128.

Purves, Alex. "Topographies of Time in Hesiod." Pages 147-168 in *Time and Temporality in the Ancient World*. Edited by Ralph M. Rosen. Philadelphia: University of Pennsylvania Museum of Archaeology and Anthropology, 2004.

Rappaport, Roy A. *Ritual and Religion in the Making of Humanity*. Cambridge: Cambridge University Press, 1999.

Rives, James. "Religious Choice and Religious Change in Classical and Late Antiquity: Models and Questions." *ARS* 9 (2011): 265-280.

Rudolph, David J. *A Jew to the Jews: Jewish Contours of Pauline Flexibility in 1 Corinthians 9:19-23*. 2nd Edition. Eugene: Pickwick, 2016.

Schellenberg, Ryan S. "Did Paul Refuse an Offer of Support from the Corinthians?" *JSNT* 40 (2018): 312-336.

Scherrer, Peter. "The City of Ephesus from the Roman Period to Late Antiquity." Pages 1-25 in *Ephesos, Metropolis of Asia: An Interdisciplinary Approach to Its*

Archaeology, Religion, and Culture. Edited by Helmut Koester. Valley Forge, Pa.: Trinity Press International, 1995.

Schnackenburg, Rudolf. *Baptism in the Thought of St. Paul*. Translated by G. R. Beasley-Murray. Oxford: Blackwell, 1964.

Schnelle, Udo. *Apostle Paul: His Life and Theology*. Translated by M. Eugene Boring. Grand Rapids: Baker Academic, 2005.

Schrage, Wolfgang. *Der erste Brief an die Korinther (1Kor 6,12–11,16)*. EKK VII/2. Zürich: Benziger Verlag; Neukirchener Verlag, 1995.

Schweitzer, Albert. *The Mysticism of the Apostle Paul*. Translated by William Montgomery. Baltimore: The Johns Hopkins University Press, 1998.

Scott, James M. *Paul and the Nations: The Old Testament and the Jewish Background of Paul's Mission to the Nations with Special Reference to the Destination of Galatians*. Tübingen: Mohr Siebeck, 1995.

Smit, Peter-Ben "Ritual Failure, Ritual Negotiation, and Paul's Argument in 1 Corinthians 11:17-34." *JSPL* 3 (2013): 165-193.

Snoek, Jan A. M. "Defining 'Rituals.'" Pages 3-14 in *Theorizing Rituals: Issues, Topics, Approaches, Concepts*. Edited by Jens Kreinath, J. A. M. Snoek, and Michael Stauberg. Leiden: Brill, 2006.

Staal, Frits. "The Meaninglessness of Ritual." *Numen* 26 (1979): 2-22.

Stanley, Christopher D. (ed.). *The Colonized Apostle: Paul through Postcolonial Eyes*. Minneapolis: Fortress, 2011.

Suh, Michael K. W. *Power and Peril: Paul's Use of Temple Discourse in 1 Corinthians*. BZNW 239. Berlin: De Gruyter, 2020.

Thate, Michael J., Kevin J. Vanhoozer, and Constantine R. Campbell. *"In Christ" in Paul: Explorations in Paul's Theology of Union and Participation*. WUNT 2/384. Tübingen: Mohr Siebeck, 2014.

Theissen, Gerd. *The Social Setting of Pauline Christianity: Essays on Corinth*. Edited and translated by John H. Schütz. Philadelphia: Fortress, 1982.

Thiselton, Anthony C. *The First Epistle to the Corinthians*. NIGTC. Grand Rapids: Eerdmans, 2000.

Trebilco, Paul. *Self-Designation and Group Identity in the New Testament*. New York: Cambridge University Press, 2012.

_____. *Outsider Designations and Boundary Construction in the New Testament: Early Christian Communities and the Formation of Group Identity*. New York: Cambridge University Press, 2017.

Tupamahu, Ekaputra. *Contesting Languages: Heteroglossia and the Politics of Language in the Early Church*. New York: Oxford University Press, 2023.

Turley, Stephen Richard. *The Ritualized Revelation of the Messianic Age: Washings and Meals in Galatians and 1 Corinthians*. London; New York: T&T Clark, 2015.

Uro, Risto. *Ritual and Christian Beginnings: A Socio-Cognitive Analysis*. Oxford: Oxford University Press, 2016.

Ware, James. "Paul's Understanding of the Resurrection in 1 Corinthians 15:36–54." *JBL* 133 (2014): 809-835.

Wasserman, Emma. "Gentile Gods at the Eschaton: A Reconsideration of Paul's 'Principalities and Powers' in 1 Corinthians 15." *JBL* 136 (2017): 727-746.

_____. *Apocalypse as Holy War: Divine Politics and Polemics in the Letters of Paul*. New Haven: Yale University Press, 2018.

Welborn, L. L. *Paul, the Fool of Christ: A Study of 1 Corinthians 1-4 in the Comic-philosophic Tradition*. London; New York: T&T Clark International, 2005.

Wendt, Heidi. *At the Temple Gates: The Religion of Freelance Experts in the Early Roman Empire*. New York: Oxford University Press, 2016.

White, Devin L. *Teacher of the Nations: Ancient Educational Traditions and Paul's Argument in 1 Corinthians 1-4*. BZNW 227. Berlin: De Gruyter, 2017.

Wills, Lawrence M. *Not God's People: Insiders and Outsiders in the Biblical World*. Lanham: Rowman & Littlefield, 2008.

Winter, Bruce W. *After Paul Left Corinth: The Influence of Secular Ethics and Social Change*. Grand Rapids: Eerdmans, 2001.

Wire, Antionette Clark. *The Corinthian Women Prophets: A Reconstruction through Paul's Rhetoric*. Minneapolis: Fortress, 1990.

Witherington, Ben. *Conflict and Community: A Socio-Rhetorical Commentary on 1 and 2 Corinthians*. Grand Rapids: Eerdmans, 1995.

Wolter, Michael. *Paul: An Outline of His Theology*. Translated by Robert L. Brawley. Waco: Baylor University Press, 2015.

Zachhuber, Johannes. *Time and Soul: From Aristotle to St. Augustine*. Berlin: De Gruyter, 2022.

구약성경

신약성경

마태복음
26:26 117

마가복음
14:17 118
14:20 118
14:22 117

누가복음
20:34-36 250
22:14 118
22:19 117

사도행전
2장 181
4:11 20
14:8-10 108
16:16-18 108
18장 45
18:1 33
18:2 45
18:11 33
18:12 45
18:18 33
19장 45
19:10 46
20:31 46
28:1-6 108

로마서
1:3 270
1:5 269
1:16 291
2:13 238
3:30 238
5장 268
6장 217
6:3 214
8장 228
9-11장 290
10:17 105
12:3-8 169
12:9 176
13:4 201
13:11-12 241
14:10-12 238
14:20 137, 153
15:1-7 155
15:8 201
15:19 108
16:1-2 34
16:5 58
16:7 202

고린도전서
1:2 35, 47, 49, 220
1:4 216
1:10 100, 127
1:10-17 99
1:11 100
1:12 100, 228

건축자 바울: 공간, 시간, 의례

초판1쇄   2024. 08. 14
저 자   정동현
편집자   노힘찬 박선영 박이삭 이학영

발행처   도서출판 학영
이메일   hypublisher@gmail.com
총판처   기독교출판유통

ISBN   9791193931059 (93230)
정 가   18,000원